Jaime Corpas
Agustín Garmendia
Carmen Soriano

Coordinación pedagógica
Neus Sans

Conoce Aula Plus

AULA nació con la ilusión de ofrecer una herramienta moderna, eficaz y comprensible, con la que llevar a las aulas de español en España los enfoques comunicativos más avanzados. La respuesta fue muy favorable: cientos de centros de enseñanza de lenguas y miles de docentes han confiado en este manual y muchos cientos de miles de estudiantes lo han usado durante estos años en todo el país.

AULA PLUS es una cuidadosa actualización de esa propuesta y mantiene intactos los mismos objetivos: poner a los alumnos y las alumnas en el centro del proceso de aprendizaje, primar el uso significativo de la lengua, ofrecer una visión moderna y no estereotipada de España y de los países de habla hispana, facilitar la labor docente, etc. Pero, además, esta edición recoge las aportaciones de más de mil usuarios del manual, actualiza temas, enfoques y textos, renueva su lenguaje gráfico, ofrece mayor flexibilidad e incorpora las nuevas tecnologías de la información.

El manual que tienes en tus manos está hecho para ti y por ti. Gracias por confiar en **AULA PLUS**.

ASÍ SON LAS UNIDADES DE AULA PLUS

EMPEZAR

En esta primera doble página de la unidad, se explica qué tarea vamos a realizar al final de la unidad y qué recursos comunicativos, gramaticales y léxicos vamos a incorporar. Entramos así en la temática de la unidad mediante una actividad que nos ayuda a activar nuestros conocimientos previos y nos permite tomar contacto con el léxico que vamos a necesitar.

ASÍ SON LAS UNIDADES DE AULA PLUS

COMPRENDER

En esta doble página encontramos textos y documentos muy variados (páginas web, correos electrónicos, artículos periodísticos, folletos, test, anuncios, etc.) con los que vamos a trabajar. Estos textos contextualizan los contenidos lingüísticos y comunicativos básicos de la unidad. Con ellos, vamos a desarrollar fundamentalmente actividades de comprensión.

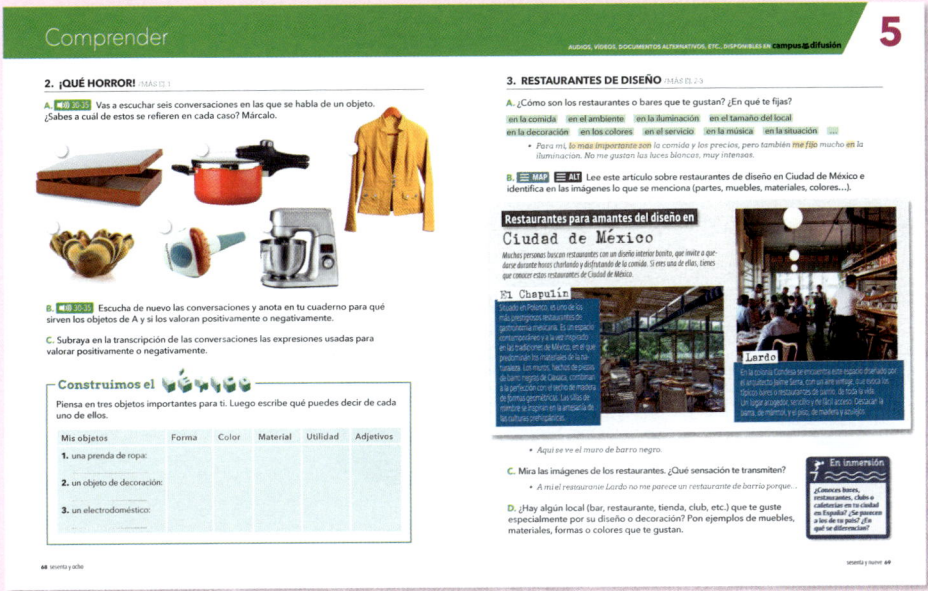

EXPLORAR Y REFLEXIONAR

En estas cuatro páginas realizamos un trabajo activo de observación de la lengua —a partir de textos o de pequeños corpus— y practicamos de forma guiada lo aprendido. De este modo, descubrimos el funcionamiento de la lengua en sus diferentes aspectos (morfológico, léxico, sintáctico, funcional, textual, etc.) y reforzamos nuestro conocimiento explícito de la gramática.

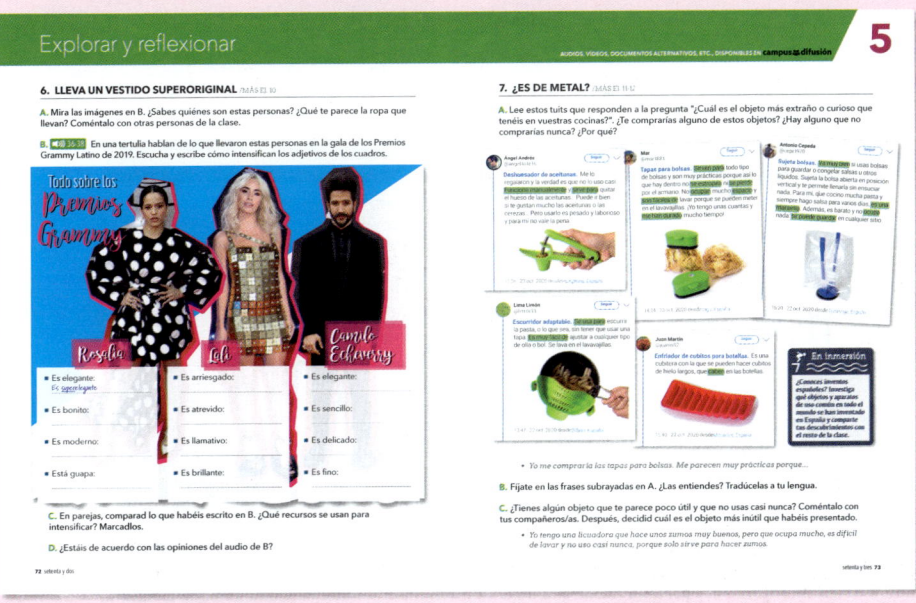

Conoce Aula Plus

LÉXICO

Aquí encontramos el léxico básico de la unidad organizado de manera muy visual y descubrimos colocaciones léxicas que nos ayudan a aprender cómo se combinan las palabras en español.

GRAMÁTICA Y COMUNICACIÓN

En esta página disponemos de esquemas gramaticales y funcionales que nos permitirán entender cómo funciona la lengua española y cómo se usa en la comunicación.

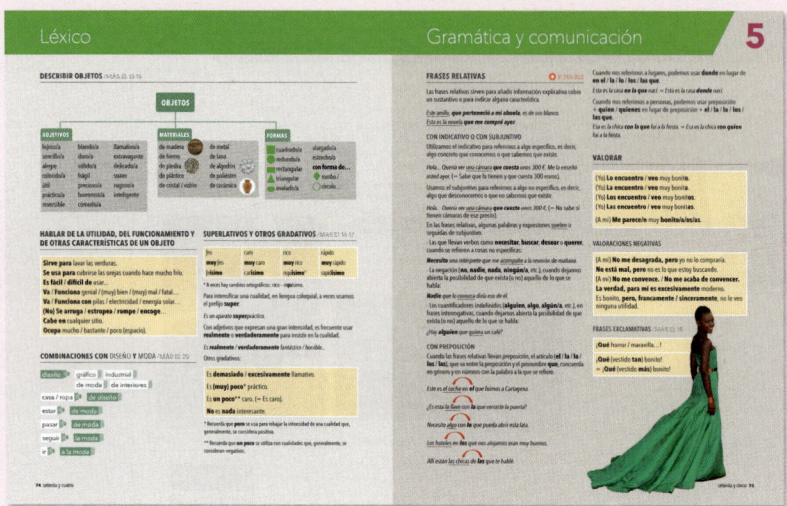

PRACTICAR Y COMUNICAR

Las tres páginas de esta sección están dedicadas a la práctica lingüística y comunicativa, e incluyen propuestas de trabajo muy variadas. Aquí experimentamos el funcionamiento de la lengua a través de microtareas comunicativas en las que activamos los contenidos de la unidad. Muchas de las actividades están basadas en nuestro propio bagaje como personas, como aprendientes y como grupo; así, usamos nuestras experiencias y nuestra percepción del entorno para llevar a cabo interacciones comunicativas reales y llenas de significado.

Al final de esta sección, el manual propone una o varias tareas que implican diversas destrezas y que se concretan en un producto final —escrito u oral— que nos permite conocer nuestro progreso y comprobar qué somos capaces de hacer en español.

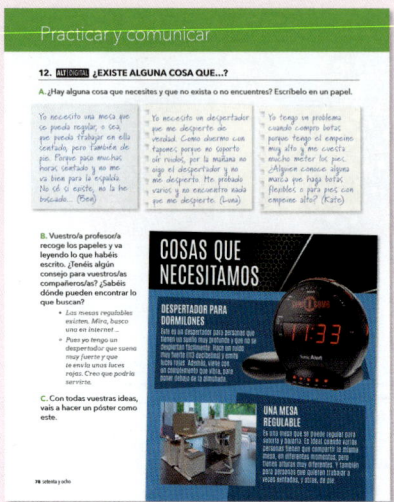

ASÍ SON LAS UNIDADES DE AULA PLUS

VÍDEO

Todas las unidades se cierran con un vídeo de diferente tipo: reportajes, entrevistas, cortos de ficción, etc. Estos documentos audiovisuales, disponibles en **campusdifusión**, nos acercan a la realidad sociocultural de España y de otros países de habla hispana.

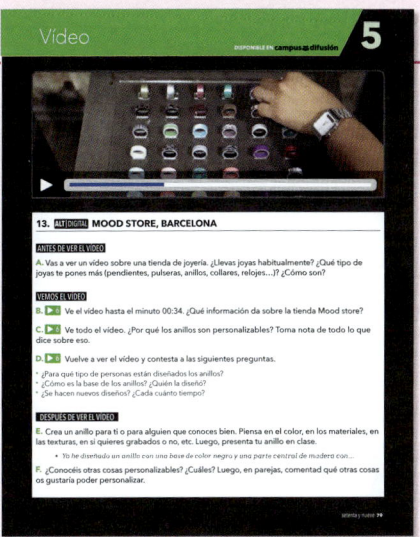

LAS UNIDADES SE COMPLETAN, AL FINAL DEL LIBRO, CON LAS SIGUIENTES SECCIONES

MÁS EJERCICIOS

Aquí encontramos siete páginas por unidad con actividades de práctica formal que ayudan a fijar los aspectos lingüísticos estudiados. Si bien los ejercicios están diseñados para el trabajo autónomo, también se pueden usar en clase.

MÁS GRAMÁTICA

Como complemento a las páginas de Gramática y comunicación de las unidades, en esta sección encontramos explicaciones más extensas y modelos de conjugación para todos los tiempos verbales estudiados en este nivel.

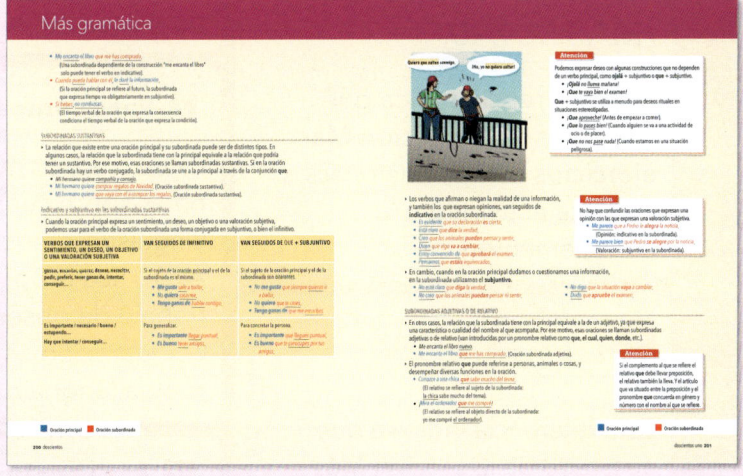

Conoce Aula Plus

PARA ENTENDER EL MANUAL

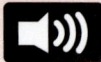

Este icono indica en qué actividades se debe escuchar un audio, disponible en **campusdifusión**.

ALT | CO

Este icono indica que, en **campusdifusión**, hay un texto oral diferente, en una variedad del español distinta a la que se ofrece en el libro (indicada con las iniciales del país).

En algunos casos, podemos encontrar, a lo largo de la unidad, documentos audiovisuales que ilustran fenómenos léxicos, gramaticales, culturales, etc.

/MÁS EJ. 9, 10

Esta referencia indica qué ejercicios de la sección **Más ejercicios** están relacionados con una actividad o la complementan.

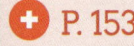

P. 153

Esta referencia indica a qué apartado de la sección **Más gramática** podemos ir para saber más sobre este tema gramatical.

Construimos el léxico

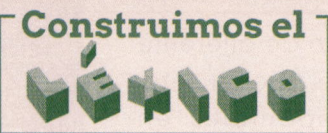

Este apartado nos permite trabajar con el vocabulario más importante y útil (para nuestras necesidades) de una manera personal y significativa.

CÁPSULA DE FONÉTICA

CÁPSULA DE ORTOGRAFÍA

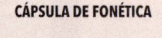

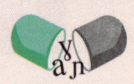

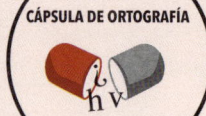

Las cápsulas de fonética y de ortografía, disponibles en **campusdifusión**, proponen animaciones en vídeo con explicaciones muy visuales para ayudarnos a mejorar nuestra pronunciación y nuestra ortografía en español.

Para comunicar

En estos cuadros encontramos recursos lingüísticos que nos ayudan a expresarnos y a producir textos más ricos.

Para comparar

Estos cuadros nos ofrecen notas sobre cuestiones diversas (lingüísticas, socioculturales, etc.) y nos proponen un trabajo de observación y de comparación con nuestra propia lengua o cultura.

Para evaluar

Estos cuadros proponen preguntas que nos permiten evaluar nuestras producciones y nos ayudan a mejorarlas.

En inmersión

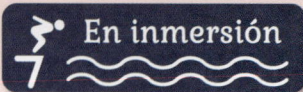

Estas actividades están pensadas para sacar el máximo partido de nuestra estancia en España y aprender también fuera del aula. Cuentan con fichas de apoyo en **campusdifusión** y, gracias a ellas, entramos en contacto con la realidad española y desarrollamos, en el contexto perfecto, nuestros conocimientos socioculturales y lingüísticos.

MAP

Los textos marcados con este icono cuentan con una versión mapeada en **campusdifusión**. Estos documentos nos permiten observar el uso de las colocaciones léxicas y de las preposiciones en español, y facilitan su aprendizaje.

ALT

Además de los textos que proporciona el libro, las actividades marcadas con este icono cuentan con un texto alternativo en **campusdifusión**. Así, podemos trabajar los contenidos de la unidad con textos y temas diferentes.

ALT | DIGITAL

Este icono identifica las actividades que podemos realizar usando herramientas digitales (*apps*, webs, etc.). En **campusdifusión** disponemos de una ficha de trabajo con las pautas que se deben seguir.

Aula Plus y Campus Difusión

Todos los recursos digitales de **AULA PLUS**, para vivir una experiencia aún más interactiva, se encuentran disponibles en:

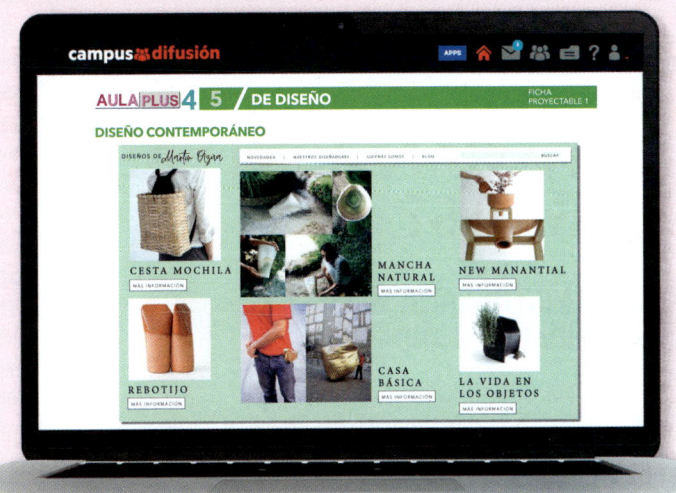

campusdifusión

- ✓ Audios y vídeos
- ✓ Cápsulas de fonética y de ortografía
- ✓ Textos mapeados
- ✓ Alternativas digitales
- ✓ Textos y audios alternativos
- ✓ Libro digital interactivo en dos formatos (flipbook y HTML)
- ✓ Transcripciones de los audios
- ✓ Fichas proyectables
- ✓ Fichas de trabajo complementario
- ✓ Fichas de trabajo en inmersión
- ✓ Edición anotada para docentes
- ✓ Exámenes y evaluaciones
- ✓ Itinerarios para programar los cursos

campus.difusion.com

Recursos para estudiantes y docentes
campusdifusión

PÁG. 10

1/ ¿SE TE DAN BIEN LAS LENGUAS?

HACER UNA INFOGRAFÍA SOBRE LAS HABILIDADES BLANDAS

RECURSOS COMUNICATIVOS
hablar de habilidades · hablar de emociones · conectar frases

RECURSOS GRAMATICALES
verbos que llevan pronombre (**hacerse, ponerse, quedarse, sentirse**…) · **aunque** y **y eso que**

RECURSOS LÉXICOS
dársele bien / mal algo a alguien · **dar vergüenza / miedo** · **ponerse nervioso/a / triste**… · adjetivos **buen** y **gran** · **ser bueno/a / malo/a** + gerundio

FONÉTICA
la entonación de las frases con **aunque** y **y eso que**

PÁG. 24

2/ ¡BASTA YA!

ESCRIBIR UNA CARTA ABIERTA PARA EXPONER UN PROBLEMA

RECURSOS COMUNICATIVOS
expresar deseos, reclamaciones y necesidad · proponer soluciones · escribir una carta abierta denunciando un problema

RECURSOS GRAMATICALES
el presente de subjuntivo · **querer / pedir / necesitar** + infinitivo · **querer / pedir / necesitar que** + subjuntivo · **deberían / habría que**… · **cuando** + subjuntivo

RECURSOS LÉXICOS
aspectos de la vida social y administrativa · activismo social

ORTOGRAFÍA
mismo sonido, distintas letras

PÁG. 66

5/ DE DISEÑO

HACER UN PÓSTER CON LOS OBJETOS QUE NECESITAMOS

RECURSOS COMUNICATIVOS
describir las características y el funcionamiento de algo · opinar sobre objetos

RECURSOS GRAMATICALES
los superlativos en **-ísimo/a/os/as** · las frases exclamativas: **¡qué… tan / más…!**, etc. · las frases relativas con preposición · indicativo y subjuntivo en frases relativas

RECURSOS LÉXICOS
vocabulario para describir objetos (formas, materiales…) · vocabulario para valorar el diseño de objetos · superlativo y otros gradativos

FONÉTICA
la entonación de las parentéticas

PÁG. 80

6/ UN MUNDO MEJOR

PRESENTAR ALGUNOS PROBLEMAS Y PROPONER SOLUCIONES

RECURSOS COMUNICATIVOS
valorar situaciones y hechos · opinar sobre acciones y conductas

RECURSOS GRAMATICALES
es injusto / una vergüenza… + infinitivo / **que** + presente de subjuntivo · **está bien / mal** + infinitivo / **que**… + presente de subjuntivo · **me parece bien / mal / ilógico**… + infinitivo / **que** + presente de subjuntivo · el condicional · **esto / eso / lo + de (que)** + sustantivo / verbo

RECURSOS LÉXICOS
acciones para un mundo mejor · características y materiales de los objetos

ORTOGRAFÍA
¿ge o jota?

PÁG. 38

3 / EL TURISTA ACCIDENTAL

CONTAR ANÉCDOTAS REALES O INVENTADAS

RECURSOS COMUNICATIVOS
recursos para contar anécdotas · recursos para mostrar interés al escuchar un relato · hablar de causas y consecuencias

RECURSOS GRAMATICALES
algunos conectores para hablar de causas y consecuencias: **como**, **porque**, **así que**, **o sea que**, etc. · el pretérito pluscuamperfecto de indicativo · combinar los tiempos del pasado en un relato (pret. perfecto, indefinido, imperfecto y pluscuamperfecto)

RECURSOS LÉXICOS
viajes y turismo · anécdotas

FONÉTICA
la entonación de partículas narrativas

PÁG. 52

4 / TENEMOS QUE HABLAR

REPRESENTAR UNA DISCUSIÓN

RECURSOS COMUNICATIVOS
expresar intereses y sentimientos · hablar de relaciones · mostrar desacuerdo en diversos registros · suavizar una expresión de desacuerdo · contraargumentar

RECURSOS GRAMATICALES
me fascina / me encanta / odio / no aguanto… que + subjuntivo · **me fascina/n / me encanta/n / odio / no aguanto…** + sustantivo / infinitivo

RECURSOS LÉXICOS
verbos para expresar intereses, sentimientos y sensaciones · manías · recursos para mostrar desacuerdo

FONÉTICA
la entonación de las preguntas eco

PÁG. 94

7 / MISTERIOS Y ENIGMAS

ESCRIBIR UN BLOG SOBRE MISTERIOS DE LA CIENCIA

RECURSOS COMUNICATIVOS
hacer hipótesis y conjeturas · relatar sucesos misteriosos · expresar grados de seguridad

RECURSOS GRAMATICALES
algunos usos del futuro simple y del futuro compuesto · construcciones en indicativo y en subjuntivo para formular hipótesis

RECURSOS LÉXICOS
sucesos misteriosos y fenómenos paranormales · psicología y ciencia · **creer algo** / **creerse algo** / **creer en algo** · los verbos **pensar** y **recordar**

ORTOGRAFÍA
¿be o uve?

PÁG. 108

8 / ¿Y QUÉ TE DIJO?...

TOMAR PARTIDO EN UN CONFLICTO ENTRE DOS PERSONAS

RECURSOS COMUNICATIVOS
transmitir órdenes, peticiones y consejos · referir lo que han dicho otros en el pasado

RECURSOS GRAMATICALES
estilo directo e indirecto

RECURSOS LÉXICOS
ir y **venir** · **llevar** y **traer** · el trabajo · estafas, conflictos y reclamaciones · discriminación laboral

ORTOGRAFÍA
la tilde en las palabras con secuencias vocálicas

PÁG. 122

MÁS EJERCICIOS

PÁG. 179

MÁS GRAMÁTICA

nueve 9

1 / ¿SE TE DAN BIEN LAS LENGUAS?

Inteligencias MÚLTIPLES

Según la **teoría de las inteligencias múltiples de Howard Gardner** (1983), la inteligencia no es un conjunto unitario, sino una red de conjuntos. **Las personas poseemos una serie de capacidades** que desarrollamos en distinto grado.

Lingüístico-verbal
Está relacionada con la capacidad para comunicar, informar, persuadir... A quien tiene esta inteligencia desarrollada se le da bien escribir y aprender idiomas, y tiene facilidad para memorizar cosas.

Espacial
A quien posee esta inteligencia le resulta fácil entender la relación entre las formas y los tamaños de los objetos y percibir las distancias. Por eso, se le da bien hacer maquetas, leer mapas y disciplinas como la escultura o el dibujo. Además, tiene facilidad para usar la tecnología.

Naturalista
A quienes tienen este tipo de inteligencia más desarrollada les preocupa el medioambiente y les gusta interactuar con la naturaleza: saben reconocer las especies de animales y de vegetales, y se les da bien cultivar plantas y cuidar a los animales.

Interpersonal
La persona que tiene esa inteligencia desarrollada tiene facilidad para entender las necesidades de los demás y saber cómo se sienten. Por eso, es bueno trabajando en equipo. No le cuesta establecer relaciones y suele ser un buen líder.

AUDIOS, VÍDEOS, DOCUMENTOS ALTERNATIVOS, ETC., DISPONIBLES EN campus difusión

EN ESTA UNIDAD VAMOS A

HACER UNA INFOGRAFÍA SOBRE LAS HABILIDADES BLANDAS

RECURSOS COMUNICATIVOS
- hablar de habilidades
- hablar de emociones
- conectar frases

RECURSOS GRAMATICALES
- verbos que llevan pronombre (**hacerse, ponerse, quedarse, sentirse**…)
- **aunque** y **y eso que**

RECURSOS LÉXICOS
- **dársele bien / mal** algo a alguien
- **dar vergüenza / miedo**
- **ponerse nervioso/a / triste**…
- adjetivos **buen** y **gran**
- **ser bueno/a / malo/a** + gerundio

Lógico-matemática
Esta inteligencia tiene que ver con la capacidad para pensar de forma lógica, estableciendo relaciones de causa-efecto y haciendo abstracciones. Los que la poseen son buenos resolviendo problemas de lógica u operaciones matemáticas.

Musical
Quien tiene esta inteligencia es capaz de percibir distintos tonos y de crear melodías. Se le da bien cantar, tocar o componer. También tiene facilidad para imitar acentos.

Cinestésica
Las personas que poseen esta inteligencia se mueven con facilidad y suelen ser buenas creando objetos manualmente. Tienen una gran habilidad para expresar ideas y sentimientos con el cuerpo. Por eso, se les da bien hacer deporte, bailar o la artesanía.

Intrapersonal
Quien tiene esta inteligencia posee una gran capacidad para analizarse y conocer sus defectos y virtudes. No le resulta difícil concentrarse y puede ser muy disciplinado. Es bueno escribiendo diarios personales o autobiografías.

Empezar

1. INTELIGENCIAS MÚLTIPLES
/MÁS EJ. 1

A.  Lee este artículo sobre las inteligencias múltiples. ¿Cuáles crees que tienes más desarrolladas? ¿Cuáles menos? Coméntalo con otra persona de la clase.

- Yo no tengo nada de inteligencia espacial, porque me cuesta mucho leer mapas…
- Ah, yo tampoco. Yo no sé dibujar, por ejemplo…

B. ¿Qué inteligencias asocias con las personas que ejercen estas profesiones? Comentadlo en grupos.

- un ingeniero / una ingeniera
- un cirujano / una cirujana
- un actor / una actriz
- un psicólogo / una psicóloga
- un profesor / una profesora de yoga
- un/a guionista
- un bailarín / una bailarina
- un mecánico / una mecánica

- Un ingeniero o una ingeniera tiene que tener una inteligencia lógico-matemática muy desarrollada porque…

Comprender

2. ALT|DIGITAL HABLA UN MONTÓN DE LENGUAS

A. MAP Lee esta entrevista a una profesora de alemán que habla muchas lenguas. ¿Cuáles? ¿Cómo las ha aprendido? ¿Las habla todas bien?

actualidad DE HOY

LA ENTREVISTA

MARTES, 8 DE JUNIO 2021

Ser políglota

Johanna Conte ha sido **profesora de alemán** durante años. Actualmente **vive en Barcelona** y **trabaja en una editorial**.

Johanna, ¿cuál es tu lengua materna?
Soy medio italiana y medio alemana, pero mi lengua materna es el alemán. Mi madre es alemana y mi padre, italiano, así que en mi casa se hablaban las dos lenguas: italiano cuando estábamos en Italia y alemán cuando estábamos en Alemania.

¿Vivíais en los dos países?
Bueno, mis padres se conocieron en Roma pero, cuando yo tenía 3 años, nos fuimos a vivir a Alemania. Yo viví de los 3 a los 19 años en Alemania y me eduqué en alemán, pero nunca perdí el italiano porque íbamos 4 o 5 veces al año a Italia.

¿Y a los 19 años...?
Me fui a Milán a estudiar Filología. Y lo pasé en grande, me encantó la carrera y aprendí mucho.

¿Fue fácil estudiar la carrera en italiano?
Relativamente. En realidad, me costó un poco al principio. En aquel momento, mi italiano no era muy bueno. Por eso, tuve que estudiar bastante e incluso hice un curso de dicción para mejorar mi pronunciación.

¿Y las otras lenguas que hablas?
Bueno, estudié inglés y francés en la escuela y en la universidad. El inglés lo empecé a estudiar a los 10 años, cinco horas por semana, como casi todos los niños en Alemania, y luego seguí en la universidad.

¿En qué ámbitos has usado el inglés?
En primer lugar, durante la carrera. Luego usé mucho el inglés cuando trabajaba de secretaria. Y durante un año viví con mi marido en Sudáfrica y, claro, allí mi inglés mejoró mucho. Además, me encanta la literatura inglesa y siempre he leído mucho en inglés.

Eres una gran lectora...
Sí, me encantan los libros y leo mucho. Algunas semanas leo tres o cuatro libros. E intento leerlos en la lengua en la que se escribieron.

Claro, eso ayuda. ¿Y el francés?
Empecé a estudiarlo a los 14 años, cinco horas semanales también. Y como mi tía favorita vive en Lyon, he estado muchas veces en Francia. El francés es una lengua que me apasiona: el teatro, la literatura, el cine... Aunque últimamente se me ha olvidado un poco, la verdad.

¿Y el español?
Lo empecé a aprender cuando vine a vivir a Barcelona, hace 12 años. La verdad es que nunca he ido a clase. El primer año me compré un buen libro de autoaprendizaje y estudiaba en casa.

¿Y estudiando sola en casa aprendiste a hablar tan bien?
Bueno, hacía más cosas: leía periódicos, memorizaba muchas frases, hablaba con nuestros nuevos amigos y tenía un cuaderno donde anotaba todas las palabras nuevas que aprendía. Me encantaba anotar palabras, me sentía muy realizada cuando aprendía una nueva palabra.

¿Y el catalán?
Bueno, el catalán lo entiendo, pero todavía no lo hablo muy bien. Lo estoy aprendiendo aquí, en Barcelona, escuchando a la gente hablar. Y veo obras de teatro en catalán, leo libros... A veces algunos amigos o compañeros de trabajo se quedan sorprendidos cuando digo algo muy bien, pero en realidad mezclo mucho con el español, el italiano, el francés... Me lo invento casi todo. ¡Y me da un poco de vergüenza porque digo unas cosas...!

¿Qué lenguas hablas mejor?
Creo que no puedes tener la misma relación con todas las lenguas que hablas, igual que no tienes la misma relación con dos personas diferentes. La lengua que hablo mejor es el alemán, que es mi lengua materna y la que siento más mía.

¿Tienes un talento para los idiomas o es que has crecido en un ambiente favorable?
Es difícil de decir. Tuve la suerte de aprender dos idiomas desde pequeña. Creo que eso despertó mi interés por los idiomas y quizás también por eso tengo facilidad para aprenderlos. Sí, creo que siempre se me han dado bastante bien, ¡aunque ya noto que me hago mayor y me cuesta más!

B. Ahora responde tú a estas preguntas.

1. ¿Qué lengua/s se habla/n en tu casa? ¿Es la lengua materna de tus padres?
2. En tu país, ¿hay una o varias lenguas oficiales? ¿Se hablan otras lenguas además de la/s oficial/es? ¿Tienes contacto con ellas?
3. ¿Qué lengua/s has estudiado o estudias tú?
4. ¿Qué lenguas es obligatorio estudiar en tu país?
5. ¿Cuáles son las lenguas más importantes de tu país en el ámbito profesional?
6. ¿Cuál es la lengua que te gusta más de todas las que has oído?
7. ¿En cuántas lenguas sabes decir "gracias"?
8. ¿Crees que tienes facilidad para aprender idiomas?

En inmersión

Investiga qué lenguas oficiales hay en España y qué lenguas extranjeras se estudian en la escuela hasta los 18 años.

C. 🔊 01 Johanna participó una vez en un curso sobre plurilingüismo. Lee en la hoja de la derecha la actividad que hizo. Luego, escucha y marca dónde colocó Johanna las seis lenguas que habla.

D. 🔊 01 Vuelve a escuchar y anota las razones que da Johanna para colocar una lengua en un sitio u otro.

E. ¿Dónde pondrías tú las lenguas que hablas?

- Yo el árabe lo pondría en mis ojos porque veo el mundo a través de este idioma…

¿Con qué partes del cuerpo humano relacionas las lenguas que hablas? ¿Por qué?

Coloca en este dibujo las lenguas que hablas. Luego, explica por qué lo has hecho así.

Construimos el

A. Escribe en tu cuaderno el nombre de personas (famosas o de tu entorno) sobre las que podrías afirmar estas cosas.

1. Es **un/a gran** actor / actriz. (= Excelente y, en ocasiones, reconocido/a).
2. Es **un/a gran** lector/a. (= Lee mucho).
3. Tiene **una gran** habilidad para expresarse. (= Mucha habilidad).
4. Es **un/a buen/a** profesor/a. (= Hace bien su trabajo).

B. Escribe frases parecidas para hablar de otras personas que conoces.

Mi amigo Antoine es un gran cantante, aunque no es famoso.

Explorar y reflexionar

3. SE LE DA MUY BIEN PLANCHAR /MÁS EJ. 2-4

A. Vincent trabaja como *au pair* en España. Relaciona cada frase con una imagen. ¿Crees que es un buen *au pair*? ¿Por qué?

1. **Le cuesta** levantarse temprano para llevar a los niños al colegio.
2. **No se le dan bien** las matemáticas y **le resultan difíciles** los deberes de los niños.
3. **Le resulta imposible** controlar a los niños.
4. **Es muy bueno** cocinando.
5. **Le resulta difícil** recordar los horarios de las actividades extraescolares de los niños.
6. **Se le da muy bien** planchar.
7. **Es un desastre** hablando español.
8. **No se le da mal** el fútbol.

B. Observa cómo funcionan los verbos en negrita de A. ¿Cuáles funcionan gramaticalmente como el verbo **gustar**? ¿Cómo funciona la expresión **dársele bien / mal** (algo a alguien)? ¿Qué expresiones funcionan con gerundio?

C. Escribe cinco frases sobre ti usando los verbos y expresiones de A. Luego léeselas a otras personas de la clase. ¿Coincidís en algo?

D. Pregunta a un/a compañero/a sobre sus habilidades en los siguientes temas.

las manualidades   la cocina   los deportes
las matemáticas   dibujar   cantar

• ¿Se te dan bien las manualidades?
○ ¡Qué va! Se me dan fatal.

➕ Para comunicar

→ ¿Se te da bien cantar / dibujar / la cocina?
→ ¿Se te dan bien las matemáticas / manualidades?
→ ¿Eres bueno/a dibujando / cantando?
→ ¿Te resulta fácil dibujar / cantar?
→ ¿Te resultan fáciles las matemáticas / las manualidades?

4. ME PONÍA SUPERNERVIOSO /MÁS EJ. 5-6

A. 🔲 **ALT** Lee lo que dicen estas personas sobre sus recuerdos de las asignaturas que tenían en el colegio. ¿Coincides en algo? ¿En qué? Coméntalo con un/a compañero/a.

> • *A mí me encantaban las clases de Inglés, como a Raquel, y las de Literatura, como a Javi. En cambio…*

enseñando_con_humor ✓
¿Cuáles eran vuestras asignaturas favoritas cuando ibais al colegio? ¿Cuáles odiabais? ¿Cuáles no se os daban bien?

● **Raquel** ✓ ¡A mí **me encantaba** el Inglés! **Me gustaba** aprender cosas sobre otras culturas y **me encantaban** las actividades que hacíamos. Era muy divertido: veíamos vídeos, aprendíamos canciones… Teníamos Inglés los lunes y los jueves, y **me ponía** muy contenta esos días.

● **Javi** ✓ Pues yo **me sentía** ridículo hablando inglés delante de mis compañeros. No sé, **me daba** vergüenza… Mi asignatura preferida era Literatura. **Lo pasaba** en grande leyendo novelas clásicas. Además, tenía una profesora buenísima que siempre me animaba a escribir y **me daba** mucha seguridad.

● **Míriam** ✓ A mí **me apasionaban** las Ciencias Naturales. **Lo pasaba** genial cuando íbamos al laboratorio a hacer prácticas. Y, de hecho, en esa época me hice socia de un club de jóvenes científicos. La asignatura que no me gustaba nada era Historia. **Me daba** pereza tener que aprenderme las fechas de memoria y no conseguía recordarlas. ¡En los exámenes siempre **me quedaba** en blanco!

● **Jamal** ✓ Mi asignatura favorita eran las Matemáticas. **Me apasionaba** hacer problemas de mates. ¡Me podía pasar una tarde entera intentando resolver un problema! Y cuando lo conseguía **me sentía** superrealizado. Pero odiaba la Educación Física. **Lo pasaba** fatal en clase. Sobre todo cuando teníamos que saltar el potro. **Me daba** miedo.

● **Teo** ✓ Uf, yo no tengo muy buenos recuerdos del colegio. Lo peor eran las Matemáticas. No conseguía resolver los problemas. Lo intentaba, pero no me salían y **me sentía** muy frustrado. Y cuando me daban las notas, **me ponía** supertriste, **me quedaba** hecho polvo.

B. Completa con las expresiones en negrita que aparecen en los textos del apartado A.

1. Sentirse…
2. Quedarse…
3. Ponerse…
4. Pasarlo…
5. Dar…

C. ¿Qué expresiones de B sirven para describir emociones y sentimientos positivos? ¿Cuáles negativos? Clasifícalas en tu cuaderno.

D. ¿Qué verbos en negrita del texto de A funcionan como el verbo **gustar**? ¿Y cuáles se conjugan como un verbo reflexivo como, por ejemplo, **levantarse**?

Explorar y reflexionar

5. RECONOZCO QUE SE ME DA FATAL /MÁS EJ. 7-10

A. 🔊 02-05 Vas a escuchar cuatro conversaciones en las que se habla de personas que, aunque han vivido en un ambiente propicio para aprender algo, no lo hacen bien. ¿Qué es lo que no se les da bien? ¿Qué dicen de su familia?

1. CARLA

2. MARISA

3. MARCOS

4. ÁFRICA

B. Lee estos fragmentos de las conversaciones y fíjate en cómo usan **aunque** y **y eso que**. ¿Entiendes qué significan?

1
- ¿Ah, sí? No lo sabía…
- Sí, y **aunque** yo fui a clases de canto durante varios años, la verdad es que no lo hago bien, se me da fatal.

2
- ¿Pero tú no sabías coser?
- A ver, coso, **aunque** no me gusta nada.

3
- Marcos habla muchos idiomas, ¿no?
- ¿Marcos? ¡Qué va! **Y eso que** sus padres son diplomáticos y se ha pasado la vida en el extranjero, pero se le dan fatal los idiomas.

4
- ¿Sí? ¿Y cómo es que a vosotros no?
- Pues mira, nunca lo consiguieron… **y eso que** lo intentaron.

C. Lee estas afirmaciones e indica en cada caso si se refieren a **aunque** o a **y eso que**.

1. Puede usarse al principio de una oración (delante de la primera información) o dentro de una oración (entre la primera información y la segunda).
2. Introduce siempre la segunda información, en una oración compleja.
3. Con ese conector se expresa siempre que la información que se da es sorprendente. Por eso se pronuncia siempre con una entonación exclamativa.

D. ¿Conoces casos similares a los de A? Escribe frases usando **aunque** y **y eso que**. Luego léelas en clase.

Mi hermano es muy bueno esquiando. Y eso que nunca fuimos a la nieve de pequeños…

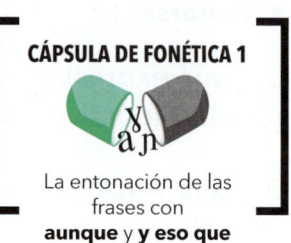

CÁPSULA DE FONÉTICA 1

La entonación de las frases con **aunque** y **y eso que**

6. SIEMPRE SE LE PIERDEN LAS LLAVES DE CASA /MÁS EJ. 11

A. Javi es un manazas y Rosario es muy despistada. Marca qué crees que le pasa a cada uno.

- ○ Siempre **se le pierden** las tarjetas de crédito.
- ○ **Se le olvidan** las llaves de casa en las tiendas.
- ○ A menudo **se le rompen** los platos.
- ○ Cuando intenta poner una bombilla, **se le cae** al suelo.
- ○ **Se le estropean** los aparatos eléctricos porque no sabe usarlos.
- ○ **Se le olvida** la sartén en el fuego y **se le quema** la comida.

1. JAVI

2. ROSARIO

B. Fíjate en los verbos en negrita y contesta a las preguntas.

- ¿Cuál es el sujeto de cada frase? Subráyalo. ¿Con qué concuerda?
- ¿Qué pronombre hace referencia a la persona a la que le pasan esas cosas?

C. Y a ti, ¿qué te pasa?

- se te olvida…
- se te pierde…
- se te rompe…
- se te cae…
- se te estropea…

• A mí siempre se me pierden los paraguas.
○ Ah, pues a mí se me pierden los anillos porque me los quito y se me olvidan…

D. Hoy en la oficina de Javi la cafetera no funciona y alguien pregunta por qué. Lee las respuestas y qué implican. ¿En tu lengua existen mecanismos para expresar lo mismo? ¿Cuáles?

PREGUNTA: ¿LA CAFETERA NO FUNCIONA?	¿SE DICE QUIÉN LO HA HECHO?	¿HA SIDO VOLUNTARIO?
1. No, la **ha roto** Javi.	Sí.	No se sabe.
2. No, **se le ha roto** a Javi.	Sí.	No.
3. No, **se ha roto**.	No.	No se sabe.

Léxico

TALENTOS Y HABILIDADES

COMBINACIONES PARA HABLAR DE HABILIDADES

- ser bueno/a en → idiomas | Matemáticas
- ser bueno/a → hablando en público | cocinando | dibujando | actuando
- ser un genio de → las matemáticas | la pintura
- tener capacidad para → escuchar | comunicar
- tener facilidad para → dibujar | comunicar | los idiomas | el dibujo
- tener habilidad para → aparcar | convencer a los demás
- dársele → bien | mal | fatal
- resultarle → fácil | difícil

LOS ADJETIVOS GRAN Y BUEN /MÁS EJ. 12

Los adjetivos **grande** (masculino y femenino singular) y **bueno** (masculino singular), cuando van delante del nombre, se transforman en **gran** y **buen**.

*Manuela es una **gran** deportista.*   *David es un **buen** cocinero.*
*Marcos es un **gran** escritor.*   *Mi padre es un **buen** conversador.*
*Tiene un **gran** poder de convicción.*

El adjetivo **grande**, que va después de un nombre, se refiere al tamaño. La forma **gran** va delante del nombre y, en muchas ocasiones, expresa una valoración subjetiva: puede expresar la idea de algo destacable por su cantidad o la idea de algo muy bueno o reconocido.

*Es una escuela **grande**.* (= de tamaño grande)
*Es una **gran** escuela.* (= una escuela muy buena y reconocida)
*Es una tenista **grande**.* (= de tamaño grande)
*Es una **gran** tenista.* (= muy buena y reconocida o que practica mucho)
*Julia tiene una **gran** habilidad para expresar ideas.* (= Tiene mucha habilidad).

❗ El plural de **gran** cuando va delante del nombre es **grande**. Y el plural de **buen/a** es **buenos/as**:
   *María y Rubén son **buenos** amigos.*
   *En este restaurante hay **grandes** cocineros.*

EMOCIONES

* La forma con **lo** (como en **pasarlo bien**) es la más común en el español europeo, y la forma con **la** (como en **pasarla bien**) se usa más en español americano.

VERBOS DE CAMBIO: PONERSE, QUEDARSE, HACERSE
/MÁS EJ. 13

PONERSE

Ponerse indica un cambio de estado temporal. Se aplica generalmente a cambios de estado físicos o anímicos.

*De repente, no vio a su hija y **se puso histérico** porque pensaba que se había perdido.*
*Cada vez que María lo saluda **se pone rojo** como un tomate; se nota un montón que le gusta.*

QUEDARSE

Con **quedarse** nos referimos a la nueva situación de una persona, lugar o cosa, como consecuencia de un hecho. La situación puede ser duradera o no.

*Después de la discusión con Raquel, **me quedé** muy **triste**.*
*Cuando vi que había suspendido el examen **me quedé hecha polvo**.*

HACERSE

Hacerse indica un cambio estable en las características de alguien. Muchas veces expresa un cambio decidido por el sujeto. Por eso, se suele usar para expresar transformaciones que tienen que ver con la edad, la profesión o la adscripción a una ideología.

*Me estoy **haciendo viejo** y ya no puedo caminar tanto como antes.*
*Montó una empresa, la vendió al cabo de unos años y **se hizo rica**.*
*Mi hermano quiere **hacerse vegetariano**.*
*Mónica **se ha hecho traductora**.*

Gramática y comunicación

1

VERBOS QUE LLEVAN PRONOMBRES /MÁS EJ. 14-15
➕ P. 182, 184, 185, 200

ME / TE / LE / NOS / OS / LES

(a mí)	**me**	**da** miedo **cuesta** **resulta** fácil	hablar en público *(infinitivo)* esta situación *(sustantivo singular)*
(a ti)	**te**		
(a él / ella, usted)	**le**		
(a nosotros/as)	**nos**		
(a vosotros/as)	**os**	**dan** miedo **cuestan** **resultan** fáciles	estas situaciones *(sustantivo plural)*
(a ellos / ellas, ustedes)	**les**		

Otros verbos: **gustar**, **apasionar**, **interesar**, **molestar**…

El sujeto es aquello que nos provoca el sentimiento de interés, miedo, etc.

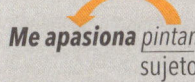
Me apasiona pintar.
sujeto

Me dan miedo las alturas.
sujeto

ME / TE / SE / NOS / OS / SE

QUEDARSE + ADJETIVO		
(yo)	**me** quedo	
(tú)	**te** quedas	
(él / ella, usted)	**se** queda	triste/s
(nosotros/as)	**nos** quedamos	sorprendido/a/os/as
(vosotros/as)	**os** quedáis	
(ellos / ellas, ustedes)	**se** quedan	

Otros verbos: **ponerse**…, **sentirse**…

Me pongo nerviosa cuando tengo que cocinar algo para mucha gente.
Me siento un poco ridículo cuando tengo que hablar en inglés.

⚠️ Algunos verbos, como **poner**, funcionan de dos maneras:
Me pongo nervioso/a cuando tengo que hablar en público.
Me pone nervioso/a hablar en público.

SE ME / SE TE / SE LE / SE NOS / SE OS / SE LES

(a mí)	**se me**	**da** bien mal	cocinar *(infinitivo)* la cocina *(sustantivo singular)*
(a ti)	**se te**		
(a él / ella, usted)	**se le**		
(a nosotros/as)	**se nos**		
(a vosotros/as)	**se os**	**dan** bien mal	las matemáticas *(sustantivo plural)*
(a ellos / ellas, ustedes)	**se les**		

A Diana **se le da fatal** la cocina… No sabe ni hacer un huevo frito.

(a mí)	**se me**	
(a ti)	**se te**	
(a él / a ella, a usted)	**se le**	olvida/n
(a nosotros/as)	**se nos**	
(a vosotros/as)	**se os**	
(a ellos / a ellas, a ustedes)	**se les**	

Otros verbos: **perdérsele (algo a alguien)**, **rompérsele (algo a alguien)**, **caérsele (algo a alguien)**, etc.

Con este tipo de estructura expresamos una idea de involuntariedad. En estos casos, los verbos solo se usan en tercera persona del singular y del plural.

● ¿**Se te han olvidado** los documentos*?
○ No. Están aquí, pero **se me ha perdido** uno.

* El sujeto es aquello que hemos olvidado, no la persona.

AUNQUE, Y ESO QUE
 P. 189

Con **aunque** y **y eso que** unimos dos informaciones que son, en apariencia, contradictorias. Es decir, estos conectores presentan una información que, "lógicamente", debería tener una consecuencia diferente.

Aunque puede usarse al principio de una oración compleja o dentro de la oración.
Aunque vive de manera sencilla, es muy rico.
Es muy rico **aunque** vive de manera sencilla.

Y eso que introduce la segunda información en una oración independiente. Este conector es más frecuente en la lengua oral que en la escrita y se pronuncia con una entonación exclamativa. Así se subraya el carácter sorprendente de la información.

Marco solo habla español. ¡**Y eso que** sus padres son diplomáticos y se ha pasado la vida en el extranjero! (= Es sorprendente que no hable otros idiomas si ha vivido muchos años en el extranjero).

diecinueve **19**

Practicar y comunicar

7. HABLABA INGLÉS FATAL /MÁS EJ. 17

A. Vas a escuchar a estas tres personas hablando de experiencias de aprendizaje. Antes, lee lo que dicen al principio y al final de cada conversación, y, en parejas, haced hipótesis de lo que les pasó. Escribidlo.

> **1. Aitor García:** Estudié piano de los 10 a los 16 años. (...) Nunca más volví a tocar.

> **2. Jordi Alvarado:** Empecé a esquiar de mayor, con casi 30 años. (...) Desde entonces, el esquí es mi deporte favorito.

> **3. Carlos Duato:** Cuando llegué a Estados Unidos, hablaba fatal. (...) Ahora me resulta casi tan natural hablar en inglés como en español.

B. 🔊 06-08 🔊 ALT|CO/MX Escucha y comprueba. ¿Quién de vosotros/as se ha acercado más a lo que pasó?

C. Ahora, piensa en cosas que has aprendido a hacer bien. Luego, en grupos de tres, compartid vuestras experiencias. Intentad llegar a conclusiones sobre qué cosas influyen en el éxito a la hora de aprender algo.

- *Una cosa que creo que hago bien es bailar tango.*
- *¿Ah, sí? ¿Y cuándo aprendiste?*
- *Empecé hace dos años en un curso que hice. Aprendí rápido porque el profesor era muy bueno.*

En inmersión

¿Qué cursos están de más de moda en España en gimnasios, centros culturales, etc.? Investiga y pregunta a personas de tu entorno. ¿Y en tu país?

D. ¿Has tenido alguna experiencia de aprendizaje negativa? Cuéntasela a tus compañeros/as.

8. NUESTROS HÉROES Y HEROÍNAS

A. Piensa en personas de tu entorno a las que admiras por algo que hacen. Serán tus héroes y heroínas cotidianos/as. Escríbelo.

> Mis héroes y heroínas
> 1. Mi hija: tiene mucha facilidad para ayudar a la gente.
> 2. Mi vecino: se le dan muy bien los niños y...

B. Comenta con otras personas de la clase lo que has escrito. ¿Admiráis cosas parecidas en las demás personas?

9. ALT|DIGITAL MIS EMOCIONES

A. Vas a hacer un mapa mental de tus emociones. Piensa en qué personas, lugares o situaciones asocias a estas emociones u otras. Escríbelo y preséntalo en forma de mapa mental.

- Dar miedo / vergüenza / pereza
- Poner(se) nervioso/a
- Poner(se) triste
- Pasarlo genial
- Sentirse frustrado/a
- Pasarlo fatal
- Sentirse ridículo/a
- Quedarse hecho/a polvo

B. Presenta y explica tu mapa mental en clase. ¿Hay coincidencias entre vosotros/as?

- *A mí me dan miedo las abejas y también me da miedo quedarme encerrado en un ascensor.*

10. CÓMO DESCUBRIR TUS TALENTOS

A. ¿Qué es un talento? En grupos, anotad palabras o ideas que relacionáis con esa palabra.

B. ¿Qué talentos crees que tienes tú? Escríbelos en un papel.

C. ▶1 Ve este vídeo hasta el minuto 00:24 y revisa tus respuestas de A y B. ¿Cambiarías algo?

D. ▶1 Ve el resto del vídeo y anota qué ejercicios propone para descubrir tus talentos.

E. Haz los ejercicios que propone la *coach*. Escribe tus respuestas a las preguntas.

F. Poned en común, en grupos, lo que habéis pensado en E. Luego, haced una lista de talentos.

- *A mí siempre me dicen que se me da muy bien organizar cosas: salidas, fiestas...*

TALENTOS
- buen/a organizador/a
- capacidad para escuchar a otras personas

+ Para comunicar

→ Se me da/n bien / mal / fatal...
→ Me resulta/n fácil/es...
→ (No) Me cuesta/n nada / mucho...
→ Soy bueno/a...
→ Soy un desastre...
→ Tengo facilidad / habilidad para...

Practicar y comunicar

11. ALT|DIGITAL HABILIDADES BLANDAS /MÁS EJ. 16

A. Vais a hacer una infografía sobre las habilidades blandas. Primero, comentad en grupos si habéis oído hablar de ellas y qué creéis que son.

B. En parejas, elegid dos de las siguientes habilidades blandas y buscad más información. ¿Cómo son las personas que tienen esas habilidades muy desarrolladas (qué hacen bien, qué son capaces de hacer, etc.)? Tomad notas.

HABILIDADES BLANDAS IMPORTANTES EN EL SIGLO XXI

- empatía
- adaptabilidad y flexibilidad cognitiva
- inteligencia emocional
- orientación a resultados
- facilidad en las relaciones interpersonales
- paciencia
- resolución de problemas
- comunicación asertiva
- manejo del tiempo
- tolerancia a la presión
- actitud positiva
- atención al detalle
- iniciativa y proactividad
- pensamiento analítico y crítico
- autoconocimiento y autodesarrollo
- creatividad e innovación
- negociación
- trabajo en equipo
- aprendizaje rápido
- capacidad para escuchar
- perseverancia

C. Presentad en clase lo que habéis anotado en B. Los/as demás pueden añadir ideas.

- *Las personas que tienen habilidad para el manejo del tiempo son buenas priorizando tareas y organizando calendarios. Además, normalmente les resulta fácil concentrarse...*

D. En clase, comentad las respuestas a estas preguntas.

- ¿Conocéis a personas que tengan alguna de esas habilidades muy desarrolladas? ¿Cómo son?
- ¿Qué habilidades blandas creéis que tenéis más desarrolladas vosotros/as? ¿Y menos? ¿Por qué?

- *Yo tengo una compañera de trabajo que tolera muy bien la presión. No se pone nada nerviosa cuando hay mucho trabajo y poco tiempo para hacerlo. Es muy buena...*

E. Con las ideas que se han comentado en C y en D, cada pareja escribe un pequeño texto sobre las dos habilidades blandas que ha elegido en B. Con los textos de todos/as haced una infografía.

Vídeo

DISPONIBLE EN campus difusión

1

12. TERESA PERALES, EJEMPLO DE SUPERACIÓN

ANTES DE VER EL VÍDEO

A. ¿Qué sabes de los Juegos Paralímpicos? Coméntalo con otras personas de la clase. Si lo necesitáis, podéis buscar información en internet.

VEMOS EL VÍDEO

B. ▶2 Ve el vídeo hasta el minuto 01:60 y anota las respuestas a estas preguntas.

1. ¿A qué se dedica profesionalmente Teresa Perales y qué ha logrado hacer?
2. ¿Por qué usa una silla de ruedas para desplazarse y desde cuándo?
3. ¿Qué dice que es necesario para lograr lo que ella ha logrado, aparte de la motivación?
4. ¿Qué tiene de particular la natación? ¿Por qué le gusta?

C. ▶2 Ve el resto del vídeo. ¿Qué cree Teresa que le puede enseñar a su hijo? ¿Y qué cree que enseña el deporte?

DESPUÉS DE VER EL VÍDEO

D. Busca información sobre otras cosas que ha hecho Teresa Perales. A partir de la información del vídeo y de lo que has encontrado, ¿cómo la describirías?

E. Teresa dice en el vídeo que no cree en los límites. ¿Qué opinión tienes tú de eso?

F. Piensa en otra persona que para ti es un ejemplo de superación. Preséntala en clase.

2 / ¡BASTA YA!

¿QUÉ PROBLEMAS EXISTEN EN ESPAÑA?

Una encuesta del Centro de Estudios Sociológicos hecha en enero de 2020 muestra cuáles son los problemas que más preocupan a la población en España. El paro es el mayor problema, seguido de los problemas económicos y de los problemas políticos.

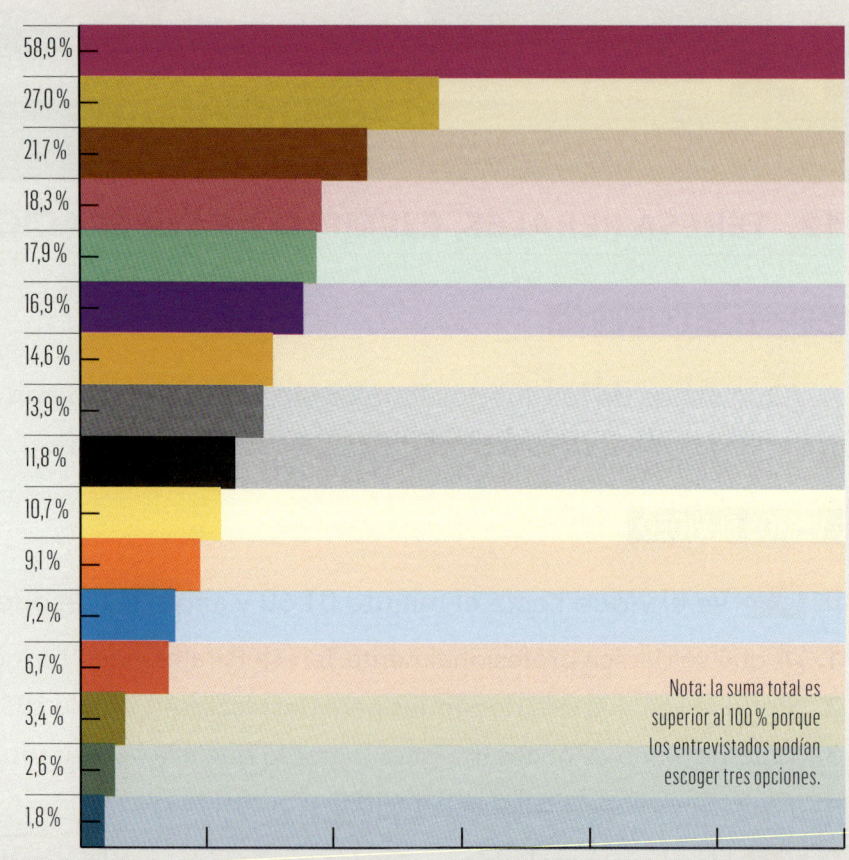

58,9 %
27,0 %
21,7 %
18,3 %
17,9 %
16,9 %
14,6 %
13,9 %
11,8 %
10,7 %
9,1 %
7,2 %
6,7 %
3,4 %
2,6 %
1,8 %

Nota: la suma total es superior al 100 % porque los entrevistados podían escoger tres opciones.

EN ESTA UNIDAD VAMOS A
ESCRIBIR UNA CARTA ABIERTA PARA EXPONER UN PROBLEMA

AUDIOS, VÍDEOS, DOCUMENTOS ALTERNATIVOS, ETC., DISPONIBLES EN campus difusión

RECURSOS COMUNICATIVOS
- expresar deseos, reclamaciones y necesidad
- proponer soluciones
- escribir una carta abierta denunciando un problema

RECURSOS GRAMATICALES
- el presente de subjuntivo
- **querer / pedir / necesitar** + infinitivo
- **querer / pedir / necesitar que** + subjuntivo
- **deberían / habría que**…
- **cuando** + subjuntivo

RECURSOS LÉXICOS
- aspectos de la vida social y administrativa
- activismo social

Empezar

1. PROBLEMAS DE ESPAÑA /MÁS EJ. 1

A. ¿Cuáles crees que son los tres problemas que más preocupan en tu país? Coméntalo con un/a compañero/a.

- *Yo creo que lo que más preocupa a la gente es…*

- El paro
- Los problemas económicos
- Los problemas políticos en general
- El mal comportamiento de los/as políticos/as
- La corrupción y el fraude
- La sanidad
- Los problemas relacionados con la calidad del empleo
- Los problemas de tipo social
- Las pensiones
- Los conflictos territoriales
- La inmigración
- La violencia de género
- La educación
- Los problemas medioambientales
- La vivienda
- La inseguridad ciudadana
- Otros

● El paro >> 58,9 %
● Los problemas económicos >> 27,0 %
● Los problemas políticos en general >> 21,7 %
● El mal comportamiento de los/as políticos/as >> 18,3 %
● La corrupción y el fraude >> 17,9 %
● La sanidad >> 16,9 %
● Los problemas relacionados con la calidad del empleo >> 14,6 %
● Los problemas de tipo social >> 13,9 %
● Las pensiones >> 11,8 %
● La independencia de Cataluña >> 10,7 %
● La inmigración >> 9,1 %
● La violencia de género >> 7,2 %
● La educación >> 6,7 %
● Los problemas medioambientales >> 3,4 %
● La vivienda >> 2,6 %
● La inseguridad ciudadana >> 1,8 %

B. Lee el texto y observa el gráfico. ¿Los problemas que afectan a los/as españoles/as son muy diferentes de los que afectan a la gente de tu país?

- *En España el problema más grave es el paro…*

Comprender

2. CARTA ABIERTA /MÁS EJ. 2

A. MAP Lee esta carta abierta publicada en un blog y contesta a las preguntas. Luego, coméntalo con otras personas de la clase.

- ¿Cuál es el problema del que hablan?
- ¿Con cuál de los temas de la actividad 1A lo relacionas?
- ¿Cuáles son las posibles consecuencias del cierre del instituto que se mencionan en el texto?
- ¿Quién tiene que actuar para evitar el cierre? ¿Hacen alguna propuesta? ¿Cuál?

Para comparar

España está organizada en 17 comunidades autónomas (Andalucía, Aragón, Asturias, etc.). Los "ministerios" de esas comunidades autónomas se llaman departamentos o consejerías y tienen poder de decisión sobre cuestiones relacionadas con la salud, la educación, el medioambiente, etc.

CARTA ABIERTA AL ALCALDE DE MONREAL
EN MONREAL, A 8 DE MARZO

Apreciado señor alcalde:

Los abajo firmantes, representantes de asociaciones de vecinos y comerciantes y de grupos culturales de Monreal, nos dirigimos a usted para plantearle una cuestión de gran importancia para el futuro de nuestro pueblo: el instituto de enseñanza media Camilo José Cela.

Como usted sabe, el instituto tiene más de 50 años de historia y por él han pasado muchas generaciones de jóvenes de Monreal, pero sobre todo es el único centro de la comarca en el que se puede cursar bachillerato. Desde hace ya algunos años, la Consejería de Educación amenaza con cerrar el instituto por razones económicas. Si finalmente se toma esa decisión, nuestro pueblo y toda la comarca sufrirán un daño enorme. Nuestros jóvenes tendrán que trasladarse cada día en autobús a la capital en un viaje de 90 minutos de ida y 90 minutos vuelta; tendrán que comer allí, con el gasto que eso comporta, y, con seguridad, muchos de ellos abandonarán los estudios.

Si finalmente se produce, el cierre será dramático para el pueblo: ¿quién se querrá quedar a vivir en Monreal si se cierra el instituto? ¿Qué hará el ayuntamiento cuando la población empiece a disminuir y se queden en el pueblo únicamente las personas mayores, como ha pasado en tantos otros lugares? El ayuntamiento habla de atraer inversiones a Monreal, pero ¿qué empresa invertirá en nuestro pueblo cuando no tengamos jóvenes formados?

Por todo ello, antes de que se tome esa decisión, el ayuntamiento debería actuar. Le pedimos a usted y a todo el ayuntamiento que luche por la continuidad del centro. Tenemos que exigir a la Consejería que mantenga el instituto Camilo José Cela porque es esencial para el futuro de nuestro pueblo y de nuestra comarca. Pero sería injusto decir que este problema es únicamente responsabilidad del ayuntamiento. Este es un tema que nos afecta a todos y todos deberíamos luchar juntos. Por eso, hacemos un llamamiento a todos los ciudadanos de Monreal y les pedimos que se unan a nosotros para salvar el instituto.

Quedamos a la espera de una pronta respuesta y nos ponemos a su disposición para elaborar un calendario de actuaciones.

Asociación de Padres y Madres del IES Camilo José Cela

Asociación cultural La Paloma

B. Fíjate en la estructura de la carta. ¿En qué párrafos se hace cada una de estas cosas?

- saludar
- exponer un problema
- despedirse
- proponer soluciones
- exponer las consecuencias del problema

C. ¿Qué crees que deberían hacer el alcalde o los/as ciudadanos/as para solucionar este problema? Comentadlo en clase.

- *Deberían hacer una manifestación.*
- *Sí, y el alcalde debería ir a la televisión y denunciar el problema.*

3. MANIFESTACIONES /MÁS EJ. 3

A. 🔊 09-11 Hoy, en tres ciudades de habla hispana, hay tres manifestaciones. ¿Qué piden en cada una de ellas? Escucha y márcalo.

☐ Quieren que se regulen los precios de las viviendas.
☐ Quieren ocupar las casas que están vacías.

☐ Luchan por la igualdad de oportunidades entre hombres y mujeres en el trabajo.
☐ Protestan por la violencia contra las mujeres.

☐ Exigen al Gobierno que invierta más en sanidad pública.
☐ Exigen la subida de los sueldos del personal sanitario.

B. ¿Te parece justo lo que piden? Coméntalo con tus compañeros/as.

- *Yo creo que el precio de los alquileres no se puede controlar.*
- *Pues a mí me parece justo porque...*

Construimos el

¿Por qué motivos se manifiesta la gente en tu país? Escríbelo. Puedes usar estos recursos.

`reivindicar algo` `protestar por / contra algo` `exigir algo a alguien`
`concienciar a alguien de / sobre algo` `luchar contra algo` `luchar por algo`

— *Protestar por la subida de los impuestos...*

Explorar y reflexionar

4. REIVINDICACIONES /MÁS EJ. 4-6

A. ¿A qué colectivos crees que pertenecen estas reivindicaciones? Escribe el número correspondiente.

○ Una asociación de jubilados/as
○ Un grupo feminista
○ Un grupo pacifista
○ Una asociación de parados/as
○ Una ONG ecologista
○ Una asociación LGTB

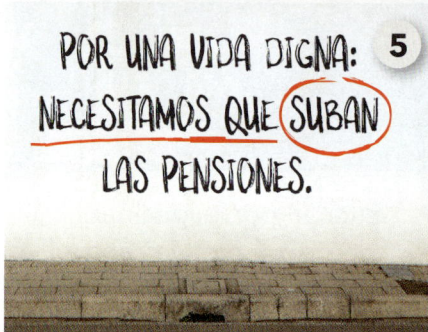
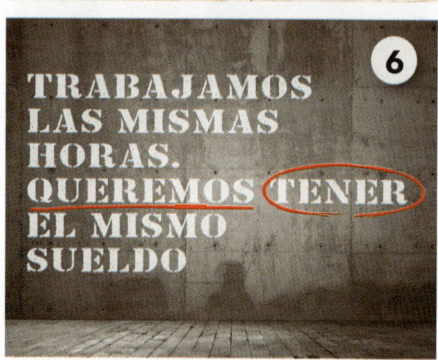

B. Fíjate en las estructuras subrayadas en las frases de A. ¿Cuáles llevan un infinitivo detrás y cuáles un verbo en presente de subjuntivo? ¿Entiendes por qué?

C. ¿Sabes cómo se forma el presente de subjuntivo? Intenta completar las formas que faltan.

	CAMBIAR	COMPRENDER	SUBIR
(yo)	cambie	comprenda	suba
(tú)	cambies	comprendas	subas
(él / ella, usted)			suba
(nosotros/as)	cambiemos		subamos
(vosotros/as)	cambiéis	comprendáis	subáis
(ellos / ellas, ustedes)		comprendan	

5. LO QUE QUIEREN EN CASTILLAR /MÁS EJ. 7-10

A. Castillar es una pequeña ciudad. Los/as vecinos/as quieren que algunas cosas cambien. ¿Crees que en tu ciudad la gente tiene deseos parecidos? Coméntalo caso por caso.

1. Los/as vecinos/as del barrio de La Cruz quieren que el ayuntamiento **ponga** más bancos en las calles.
2. Los/as estudiantes quieren que la biblioteca municipal **cierre** a medianoche.
3. Los padres y las madres quieren que la escuela infantil **sea** gratuita.
4. Los/as vecinos/as del centro quieren que se **construya** un parque.
5. Todo el mundo quiere que la ciudad **esté** más limpia.
6. Las personas que trabajan en el centro quieren que **se pueda** aparcar gratis.
7. Mucha gente quiere que **se reduzcan** los impuestos municipales.
8. Muchas personas quieren que el ayuntamiento **pida** una nueva estación de tren al Gobierno.
9. Los/as jóvenes quieren que **haya** wifi gratuito en toda la ciudad.

B. Los verbos en negrita de las frases anteriores están en subjuntivo y tienen algún tipo de irregularidad. Escribe a qué infinitivos corresponden.

En inmersión

Pregunta a alguien de tu entorno qué cosas cree que necesitan mejorar en vuestra ciudad relacionadas con el transporte y la movilidad, la seguridad ciudadana, los espacios públicos, la cultura...

C. Observa cómo se conjugan estos verbos y completa la tabla.

	E > IE	O > UE	E > I	G	ZC	Y
	CERRAR	**PODER**	**PEDIR**	**PONER**	**REDUCIR**	**CONSTRUIR**
(yo)	cierre	pueda	pida	ponga	reduzca	construya
(tú)	cierres	puedas	pidas	pongas	reduzcas	construyas
(él / ella, usted)					reduzca	
(nosotros/as)	cerremos	podamos	pidamos	pongamos	reduzcamos	construyamos
(vosotros/as)	cerréis	podáis	pidáis	pongáis	reduzcáis	construyáis
(ellos / ellas, ustedes)	cierren	puedan	pidan	pongan		construyan

D. En grupos, vais a jugar a conjugar verbos en presente de subjuntivo. Elegid uno de estos verbos y tirad un dado. Conjugad la forma que os toque.

Verbos: pensar, volver, servir, tener, conducir, huir

Formas: **1.** yo; **2.** tú; **3.** él, ella / usted; **4.** nosotros/as; **5.** vosotros/as; **6.** ellos/as, ustedes

Explorar y reflexionar

6. TEMAS QUE PREOCUPAN /MÁS EJ. 11-14

A. Lee lo que dicen estas personas. ¿De qué temas de la encuesta de la página 25 hablan?

Eva, 40 años: Creo que cuando sea mayor no habrá pensiones, así que tengo que ahorrar.

Lucas, 23 años: Cuando termine la carrera, no sé si voy a encontrar trabajo.

Tomás, 31 años: No sé adónde vamos a ir a vivir cuando nazca mi hija. Vivimos en un piso compartido y con nuestro sueldo no podemos permitirnos nada mejor.

María Elena, 50 años: Cuando mis hijos salen de noche estoy preocupada porque en nuestro barrio hay mucha delincuencia.

Ernesto, 70 años: Tengo algunos problemas de piel y cuando necesito ir al dermatólogo siempre tengo que esperar varios meses.

Mar, 32 años: Me enfado muchísimo cuando los políticos roban. Es que no lo entiendo, ¿¡qué tipo de gente nos está representando?!

B. ¿Coincides con algunas de las opiniones o experiencias?

C. Fíjate en las frases que contienen **cuando** + verbo, en A, y completa la tabla.

Cuando + ... se refiere a acciones habituales o repetidas	Cuando + ... se refiere al futuro

D. ¿Qué tiempos usas en cada caso en tu lengua?

E. En parejas, escribid una continuación posible para las siguientes frases.

1. José, 35 años (habla sobre el medioambiente): "Cuando mis hijos sean mayores, …
2. Pablo, 28 años (habla sobre empleo): "Cuando busco trabajo, …
3. Miguel, 50 años (habla de problemas económicos): "Cuando se acabe mi contrato, …
4. Victoria, 21 años (habla de vivienda): "Cuando me vaya de casa de mis padres, …
5. Rita, 18 años (habla de inseguridad ciudadana): "Cuando salgo por la noche, …
6. Julia, 15 años (habla de educación): "Cuando estudie en la universidad, …
7. Irene, médica, 46 años (habla de sanidad): "Cuando tengo muchos pacientes, …
8. Pedro, 28 años (habla de violencia de género): "Cuando mi hija sea mayor, …

7. PEDIR O EXIGIR

A. Lee las noticias que han aparecido en este periódico regional. Luego, comenta con otras personas de la clase si están relacionadas con temas que también preocupan en tu país.

- *En mi país, se cortan muchos árboles y...*

DESTACADO

A Si no **actuamos** pronto, desaparecerá el bosque de Pinalba 💬 11

B **Disminuye** la venta de viviendas un 33 % en este último año 💬 83

C Nuevo programa formativo en las escuelas para **combatir** las *fake news* 💬 24

D Cada vez más jóvenes **abandonan** la región debido al paro 💬 24

E Se **realizan** test masivos en varios barrios de la capital para identificar a asintomáticos de covid-19 💬 24

F Los ciudadanos **exigen** a los partidos más transparencia en las cuentas 💬 47

G La población mayor de 65 años **ha aumentado** un 20 % en la región en los últimos 10 años. 💬 8

B. Escribe qué verbo destacado en A es sinónimo de los siguientes.

1. dejar: ....
2. luchar contra: ....
3. pedir: ....
4. hacer: ....
5. subir: ....
6. bajar: ....
7. hacer algo: ....

 **En inmersión**

Busca alguna noticia en español relacionada con un tema social que te parezca interesante y comparte la información con la clase. ¿Cuál es tu punto de vista? ¿Qué soluciones propondrías en relación con ese problema?

C. En parejas, cread titulares de buenas noticias con estos verbos.

`disminuir` `combatir` `abandonar` `realizar` `exigir` `aumentar` `actuar`

Disminuye el número de estudiantes que abandonan los estudios.

Léxico

ASPECTOS DE LA VIDA SOCIAL Y ADMINISTRATIVA

la vivienda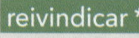
el medioambiente

la educación
la justicia

la sanidad / salud
la política

el empleo / trabajo
la cultura

ACTIVISMO SOCIAL

reivindicar * — los derechos de…

defender * — los derechos de… / la igualdad entre…

tener derecho a — una vivienda digna / un trabajo digno / una vida mejor / votar

luchar contra — la corrupción / la contaminación / el paro

luchar por — los derechos de… / la sanidad pública

protestar por / contra — una ley injusta / una normativa / la actuación de…

concienciar sobre — el cambio climático / el consumo responsable / los problemas de…

exigir — el cierre de… / la construcción de… / la subida de…

* **Reivindicar** es pedir algo que ahora no se tiene; **defender** implica que se quiere conservar algo que ya existe, pero que está amenazado.

LÉXICO ADECUADO PARA DISTINTOS REGISTROS

USO DE SINÓNIMOS

disminuir	bajar
trasladarse	ir
actuar	hacer algo
realizar	hacer
cursar	estudiar
abandonar	dejar
aumentar	subir

¿Sabes? Han cerrado la escuela del pueblo y los niños tendrán que **ir** cada día en autobús a la capital.

Los niños del pueblo tendrán que **trasladarse** cada día en autobús a la capital.

USO DE SUSTANTIVOS O VERBOS /MÁS EJ. 15-16

SUSTANTIVOS	VERBOS
(la) subida	subir
(la) bajada	bajar
(el) cierre	cerrar
(la) apertura	abrir
(la) actuación	actuar
(la) defensa	defender
(la) ayuda	ayudar
(la) construcción	construir
(la) reducción	reducir
(el) abandono	abandonar
(la) ocupación	ocupar
(la) discriminación	discriminar
(la) contaminación	contaminar

Quieren que **se reduzcan** los impuestos municipales.
Exigen **una reducción** de los impuestos municipales.

No quieren que **se cierre** la biblioteca municipal.
Protestan por **el cierre** de la biblioteca municipal.

Gramática y comunicación

PRESENTE DE SUBJUNTIVO ⊕ P. 198-199

VERBOS REGULARES

	ESTUDIAR	COMER	ESCRIBIR
(yo)	estudie	coma	escriba
(tú)	estudies	comas	escribas
(él / ella, usted)	estudie	coma	escriba
(nosotros/as)	estudiemos	comamos	escribamos
(vosotros/as)	estudiéis	comáis	escribáis
(ellos/as, ustedes)	estudien	coman	escriban

VERBOS IRREGULARES

Los verbos con la irregularidad **E > IE** o **O > UE** en presente de indicativo presentan esas mismas irregularidades en presente de subjuntivo en las mismas personas.

	E > IE: QUERER	O > UE: PODER
(yo)	quiera	pueda
(tú)	quieras	puedas
(él / ella, usted)	quiera	pueda
(nosotros/as)	queramos	podamos
(vosotros/as)	queráis	podáis
(ellos/as, ustedes)	quieran	puedan

Algunos verbos que presentan una irregularidad en la primera persona del presente de indicativo tienen esa misma irregularidad en todas las personas del presente de subjuntivo. Esto incluye los verbos con cambio vocálico **E > I** (**pedir**, **seguir**, **reír**...).

hacer → ha**g**a   poner → pon**g**a   decir → di**g**a
conocer → cono**z**ca   salir → sal**g**a   oír → oi**g**a
tener → ten**g**a   venir → ven**g**a   pedir → p**i**da

	SABER	SER	IR
(yo)	sepa	sea	vaya
(tú)	sepas	seas	vayas
(él / ella, usted)	sepa	sea	vaya
(nosotros/as)	sepamos	seamos	vayamos
(vosotros/as)	sepáis	seáis	vayáis
(ellos/as, ustedes)	sepan	sean	vayan

	ESTAR	DAR	VER	HABER
(yo)	esté	dé	vea	haya
(tú)	estés	des	veas	hayas
(él / ella, usted)	esté	dé	vea	haya
(nosotros/as)	estemos	demos	veamos	hayamos
(vosotros/as)	estéis	deis	veáis	hayáis
(ellos/as, ustedes)	estén	den	vean	hayan

EXPRESAR DESEOS Y RECLAMACIONES ⊕ P. 200

QUERER / ESPERAR / PEDIR / EXIGIR… + INFINITIVO (MISMO SUJETO)

*Trabajamos las mismas horas. ¡**Queremos** tener el mismo salario!*

QUERER / ESPERAR / PEDIR / EXIGIR… + QUE + PRESENTE DE SUBJUNTIVO (SUJETOS DISTINTOS)

*¡**Exigimos que** el presidente nos reciba!*

QUE / OJALÁ + PRESENTE DE SUBJUNTIVO

*¡**Que** se acaben las guerras!*
*¡**Ojalá** consiga este trabajo!*

EXPRESAR NECESIDAD ⊕ P. 200

NECESITAR + INFINITIVO (MISMO SUJETO)

*¡No más despidos! ¡**Necesitamos** trabajar para vivir!*

NECESITAR QUE + PRESENTE DE SUBJUNTIVO (SUJETOS DISTINTOS)

*¡**Necesitamos que** construyan nuevas industrias en la zona!*

CUANDO + SUBJUNTIVO ⊕ P. 203

Al introducir una acción futura, **cuando** va seguido de presente de subjuntivo (no de futuro).

*Volveré **cuando** termine.*
*Volveré **cuando** ~~terminaré~~.*

 En las preguntas con **cuándo**, sí debe aparecer el futuro:

- *¿**Cuándo** volverás?*
- *Cuando termine.*

PROPONER SOLUCIONES Y REIVINDICAR ⊕ P. 197
/MÁS EJ. 17

*El Gobierno **debe** actuar urgentemente para crear empleo.*
***Deberíamos** tener leyes para evitar la corrupción.*
*Se **debería** aprobar una ley contra la violencia de género.*
*Se **deberían** prohibir las armas de fuego.*
***Habría que** limitar la circulación de los coches por la ciudad.*
***Tenemos que** exigir al ayuntamiento que cierre la central térmica.*

treinta y tres **33**

Practicar y comunicar

8. ALT|DIGITAL ¿QUÉ QUIEREN? /MÁS EJ. 18-20

A. En parejas, describid brevemente qué suelen reivindicar o pedir los siguientes tipos de asociaciones o grupos.

ASOCIACIONES ANIMALISTAS

ASOCIACIONES FEMINISTAS

ASOCIACIONES PACIFISTAS

ASOCIACIONES ECOLOGISTAS

+ Para comunicar

→ Los animalistas…
→ quieren (que)…
→ piden (que)…
→ reivindican (que)…
→ exigen (que)…

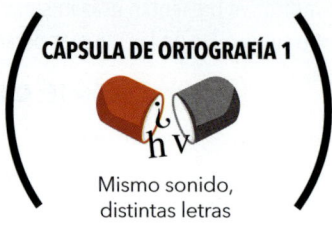
CÁPSULA DE ORTOGRAFÍA 1
Mismo sonido, distintas letras

- Los animalistas exigen que dejemos de maltratar a los animales.
- Sí, y están en contra de los zoológicos y piden que…

B. 🔊 12 🔊ALT Escucha ahora esta entrevista a una activista animalista y completa la tabla.

NOMBRE DEL GRUPO	AÑO DE CREACIÓN	OBJETIVOS DEL GRUPO	REIVINDICACIONES

C. En pequeños grupos, buscad información sobre alguna asociación o grupo de las categorías de A u otras (puede ser de vuestro país) y preparad una presentación sobre sus preocupaciones, objetivos y actividades.

D. Presentad en clase vuestra asociación. Después, comentad si las asociaciones que habéis presentado tienen algo en común y si os gustaría colaborar con alguna.

- Nosotros hemos buscado información sobre la asociación de personas sordas de nuestra ciudad. Es una organización no gubernamental fundada en el año 1982. Su objetivo es defender los derechos de las personas sordas y conseguir que se integren en la sociedad. Consideran que…

9. TRES DESEOS /MÁS EJ. 21-23

A. Imagina que puedes pedir tres deseos: uno para ti, otro para una persona de la clase y otro para el mundo. Escríbelos en un muro interactivo y firma con tu nombre.

Romina
1. Un deseo para mí: Quiero cambiar de casa pronto. Una casa grande, moderna, con piscina y jardín… Como esta.
2. Un deseo para Maia: Espero que algún día sea una actriz famosa.
3. Un deseo para el mundo: Ojalá los políticos dejen de pelearse por todo.

Comentarios:
Emma: ¡Me encanta! Cuando tengas una casa así me invitas, ¿eh? ¡Me encantan las piscinas!

Maia
1. Un deseo para mí: Ojalá un día pueda vivir en México.
2. Un deseo para Tim: Espero que apruebe el examen de conducir.
3. Un deseo para el mundo: Ojalá podamos frenar el cambio climático.

Comentarios:
Tim: ¡Gracias, Maia! Cuando apruebe el examen, nos vamos un día a la playa en coche. ;)

Tim
1. Un deseo para mí: Quiero hablar perfectamente español.
2. Un deseo para Lana: Espero que pueda irse de vacaciones a Ibiza.
3. Un deseo para el mundo: Ojalá se acaben las guerras.

Comentarios:
Lana: ¡Gracias, Tim! ¡Espero ahorrar suficiente dinero para hacerlo!

B. Leed los deseos de las personas de la clase y reaccionad escribiendo comentarios.

C. Hablad en clase: ¿los deseos que habéis escrito os parecen realizables o no?

- *Yo creo que nunca se acabarán las guerras.*

10. ALT|DIGITAL ¿CUÁNDO CAMBIARÁ EL MUNDO?

A. Dividid la clase en grupos. Cada grupo elige una de las siguientes frases y la completa. Luego escribe cuándo ocurrirá lo que se dice en la última parte de la frase anterior. Y así sucesivamente. Gana el grupo que consiga escribir más frases encadenadas.

1. Se acabará el hambre en el mundo cuando…
2. Dejará de haber corrupción cuando…
3. Las ciudades serán más seguras cuando…
4. Los hombres y las mujeres tendrán los mismos derechos cuando…
5. Habrá más trabajo cuando…

> 1. Se acabará el hambre en el mundo cuando todos seamos veganos.
> 2. Todos seremos veganos cuando…

B. Leed las frases de todos los grupos. ¿Qué grupo ha escrito más frases? ¿Habéis llegado a alguna conclusión?

Practicar y comunicar

11. ALT|DIGITAL UNA CARTA AL AYUNTAMIENTO /MÁS EJ. 24

A. Vais a escribir una carta abierta (como la de la actividad 2) para exponer un problema y exigir una solución. Primero, en parejas, elegid uno de los siguientes ámbitos (u otro) y comentad qué problemas creéis que existen en ese ámbito.

- nuestro país
- un barrio de nuestra ciudad
- nuestra ciudad
- nuestra escuela

- • ¿Elegimos nuestra ciudad?
- ○ Vale.
- • ¿Qué problemas crees que tiene?
- ○ Muchos. Las calles están muy sucias, hay demasiado ruido...
- • Ah, sí, lo de la suciedad es un problema grave.

B. Ahora, preparad las ideas que vais a exponer en vuestra carta.

- A quién os dirigís (persona o personas responsables)
- Por qué escribís la carta y quién la firma
- Cuál es el problema y cuáles son sus consecuencias
- Qué pedís y qué solución o soluciones proponéis

C. Escribid la carta. Podéis distribuiros los párrafos. Luego ponedlos en común, revisadlos y corregid lo que sea necesario.

✓ Para evaluar

→ ¿Se presentan las ideas de forma ordenada? ¿Se identifica claramente qué se expone en cada párrafo?
→ ¿Se expone claramente cuál es el problema y sus posibles soluciones?
→ ¿Se usan estructuras adecuadas para expresar deseos, reivindicaciones y proponer soluciones?
→ ¿Se utiliza un registro adecuado (en las fórmulas de tratamiento, en el léxico…)?
→ ¿Se estructura bien el discurso con marcadores?

> Apreciada señora alcaldesa:
> Nos dirigimos a usted para manifestarle nuestra preocupación por el estado de suciedad de las calles de nuestra ciudad. Hace ya unos años que el centro de la ciudad se ha convertido en un lugar...

D. Exponed todas las cartas y buscad...

- cuál aporta buenas soluciones.
- cuál es la más original.
- cuál es la más convincente.
- cuál firmaríais todos.

Vídeo

DISPONIBLE EN campus difusión

2

12. ALT|DIGITAL ¿QUIÉNES SON LOS PUEBLOS INDÍGENAS?

VEMOS EL VÍDEO

A. ▶3 Ve el vídeo hasta el minuto 00:54 y escribe las respuestas a las siguientes preguntas.

1. ¿Cuántos pueblos indígenas existen en Perú? .... **2.** ¿Cuántas lenguas originarias se hablan? ....
3. ¿Quiénes son los pueblos indígenas? ....
....
4. ¿Dónde viven en Perú? ....
5. ¿Con qué otros nombres se los conoce? ....

B. ▶3 Ahora ve hasta el minuto 01:28. En el vídeo se dice que los pueblos indígenas tienen derechos distintos porque tienen una cultura distinta que el Estado tiene que respetar. Toma nota de los ejemplos que se dan de esa cultura distinta.

— *conocimiento de plantas medicinales,* ...
....

C. ▶3 Ve el vídeo hasta el minuto 02:10. ¿En qué se nota la brecha de desigualdad que afecta a los pueblos indígenas? Toma nota en tu cuaderno y, luego, coméntalo en clase.

D. ▶3 Ve el resto del vídeo. ¿Qué debe hacer el Estado para mejorar la situación de los pueblos indígenas? Toma nota en tu cuaderno y, luego, coméntalo en clase.

DESPUÉS DE VER EL VÍDEO

E. ¿Conoces otros pueblos o culturas con reivindicaciones parecidas a las de los pueblos indígenas del Perú? ¿Cuáles? ¿Qué reivindican? Prepara una presentación para la clase.

3 / EL TURISTA ACCIDENTAL

Colombia

El Amazonas
Destino ideal para los turistas que quieren estar en contacto con la naturaleza, para los interesados en la fauna y la flora, y para los que desean conocer la cultura de las comunidades indígenas.

Bogotá
La capital de Colombia es un destino perfecto para los amantes del arte, ya que cuenta con importantes museos y festivales (como el famoso Festival Iberoamericano de Teatro). La ciudad tiene también una amplia oferta de restaurantes, bares y discotecas.

Cartagena de Indias
Esta ciudad, declarada Patrimonio de la Humanidad por la UNESCO, es el destino predilecto de los amantes de la arquitectura colonial. En la región hay playas increíbles y la ciudad cuenta con todos los servicios para los turistas que buscan placer y descanso.

EN ESTA UNIDAD VAMOS A CONTAR ANÉCDOTAS REALES O INVENTADAS

AUDIOS, VÍDEOS, DOCUMENTOS ALTERNATIVOS, ETC., DISPONIBLES EN campus difusión

RECURSOS COMUNICATIVOS
- recursos para contar anécdotas
- recursos para mostrar interés al escuchar un relato
- hablar de causas y consecuencias

RECURSOS GRAMATICALES
- algunos conectores para hablar de causas y consecuencias: **como**, **porque**, **así que**, **o sea que**, etc.
- el pretérito pluscuamperfecto de indicativo
- combinar los tiempos del pasado en un relato (pret. perfecto, indefinido, imperfecto y pluscuamperfecto)

RECURSOS LÉXICOS
- viajes y turismo
- anécdotas

5 destinos turísticos de moda

Cañón de Chicamocha

Se encuentra en Santander, una región de montañas y ríos situada en el noreste del país. El cañón de Chicamocha es el más largo de América del Sur y es el destino idóneo para los amantes del *rafting*.

"Triángulo del café"

Aquí se cultiva el mejor café del mundo. Un lugar con bellos paisajes, en el que los amantes del café podrán hospedarse en haciendas tradicionales, pasear por las plantaciones, ver el proceso de producción del café y conocer la cultura cafetera.

Empezar

1. DESTINOS TURÍSTICOS DE COLOMBIA /MÁS EJ. 1-2

A. ≡ MAP ≡ ALT Esta web destaca cinco destinos turísticos de Colombia. ¿Cuáles de los siguientes tipos de turismo crees que se pueden hacer en cada uno? ¿Por qué?

- turismo de aventura
- turismo de sol y playa
- turismo cultural
- turismo rural
- turismo gastronómico
- turismo urbano
- turismo deportivo

• ¿Dónde se puede hacer turismo deportivo?
◦ Aquí, en el cañón de Chicamocha se puede practicar rafting.

B. 🔊 13-15 🔊 ALT Vas a escuchar a tres personas que fueron de viaje a Colombia. ¿A cuál de los destinos crees que fueron?

1. ....
2. ....
3. ....

treinta y nueve **39**

Comprender

2. MANERAS DE VIAJAR /MÁS EJ. 3

A. **MAP** Completa este cuestionario sobre tu manera de viajar. Puedes marcar más de una opción. Luego, compara tus respuestas con las de otra persona y toma nota de las suyas.

Parque Nacional del Aconcagua. Argentina

Hotel de lujo en Tenerife. España

¿QUÉ TIPO DE VIAJERO/A ERES?

1. Cuando decides hacer un viaje, ¿qué haces?
- ☐ Voy a una agencia de viajes y comparo precios.
- ☐ Busco en internet y lo organizo yo.
- ☐ Pregunto a amigos o a personas conocidas.
- ☐ Siempre voy de vacaciones al mismo sitio.

2. Cuando preparas un viaje, quieres...
- ☐ planificarlo todo con mucha antelación.
- ☐ que otra persona organice el viaje. Tú te adaptas.
- ☐ tener las cosas organizadas, pero no todo.
- ☐ poder decidir las cosas sobre la marcha e improvisar.

3. Prefieres viajar...
- ☐ con un grupo numeroso.
- ☐ con la familia.
- ☐ con amigos/as.
- ☐ solo/a.

4. ¿Qué sueles comprar en tus viajes?
- ☐ Productos típicos (artesanía, gastronomía, ropa...).
- ☐ Música.
- ☐ *Souvenirs*.
- ☐ No me gusta comprar nada.

5. ¿Qué es lo que más te gusta hacer en tus vacaciones?
- ☐ Perderme por las calles; descubrir cómo vive la gente.
- ☐ Salir de noche y conocer la vida nocturna.
- ☐ Descansar cerca del mar o en la montaña.
- ☐ Visitar museos, iglesias, monumentos.

6. ¿Qué tipo de alojamiento prefieres?
- ☐ Acampar en plena naturaleza.
- ☐ Alquilar un apartamento.
- ☐ Hospedarme en una casa rural.
- ☐ Alojarme en un hotel.

7. Lo que nunca falta en tu maleta es...
- ☐ un buen libro.
- ☐ una buena cámara.
- ☐ una libreta y un boli.
- ☐ un botiquín.

8. ¿Qué te gusta comer cuando viajas?
- ☐ Como las cosas típicas, pero solo en buenos restaurantes.
- ☐ Lo mismo que en mi país.
- ☐ Pruebo la comida del lugar y como de todo.
- ☐ Me llevo la comida de casa.

B. Interpreta las respuestas de tu compañero/a e intenta explicar al resto de la clase cómo es.

- independiente
- imprudente
- original
- previsor/a
- aventurero/a
- organizado/a
- valiente
- tradicional
- curioso/a
- deportista
- prudente
- familiar

- *Tengo la impresión de que Gina es muy previsora, siempre prepara los viajes con muchísima antelación y...*

En inmersión

¿Cómo viaja la gente en España? Pregunta a personas de tu entorno cómo suelen viajar (con la familia, con amigos/as, solos/as...) y adónde suelen ir. ¿Qué tipo de viajeros/as son?

3. VACACIONES /MÁS EJ. 4

A. Adrián se ha ido de vacaciones una semana a Menorca. Mira las imágenes y comenta con el resto de la clase cómo crees que es este lugar y qué cosas crees que se pueden hacer allí.

- • *Parece que es un lugar tranquilo.*
- ○ *Sí, con ciudades antiguas…*

B. 🔊 16-18 Escucha los mensajes que ha mandado Adrián a su familia durante las vacaciones y escribe qué actividades ha hecho.

Ha ido mucho a la playa.

C. 🔊 16-18 Escucha de nuevo los mensajes de Adrián y escribe dos datos sobre cada una de estas cosas.

`las playas` `los restos arqueológicos`
`los pueblos` `la comida`

D. ¿Te gustaría ir de vacaciones a Menorca? Puedes buscar información adicional para justificar tu respuesta. Después, coméntalo con otras personas de la clase.

Construimos el LÉXICO

¿Qué experiencias has tenido o te gustaría tener en un viaje?

Experiencias vividas
- Alojarme en un spa exclusivo
- Subir al Kilimanjaro

Deseos
- Recorrer Europa en tren
- Ver la erupción de un volcán

Explorar y reflexionar

4. ¿BUEN VIAJE? /MÁS EJ. 5-6

A. MAP Lee estas anécdotas y relaciona cada una con la frase o frases correspondientes.

Emilio 27 jun
El año pasado contraté un viaje a Roma a través de vuelatours.com. Habíamos reservado un hotel de cuatro estrellas en el centro (en la web parecía muy bonito), pero cuando llegamos, nos llevaron a uno de dos estrellas que estaba a unos 15 kilómetros del Coliseo. Además, el hotel estaba en condiciones lamentables: no había calefacción y las habitaciones daban a una calle muy ruidosa. Cuando volvimos a España, hicimos una reclamación a la agencia, pero no quisieron asumir ninguna responsabilidad.

Beatriz 28 jun
En un viaje de negocios a Estocolmo, la compañía aérea, Airtop, perdió mi equipaje. Cuando fui a reclamar, descubrieron que, por error, habían enviado mi maleta a China, pero prometieron enviármela a la mañana siguiente al hotel. La maleta no llegó ni aquel día ni nunca; o sea que tuve que ir a trabajar con la misma ropa que el día anterior. Además, no recibí ninguna indemnización.

Bruno 12 jul
En agosto fuimos de luna de miel a Zanzíbar. No nos gustan los viajes organizados, pero aprovechamos una oferta que nos pareció interesante. Todo funcionó de maravilla: las excursiones salieron puntuales y el guía era encantador. Del hotel, ninguna queja: lo habían reformado unos meses antes y todo estaba como nuevo. Además, el servicio era excelente.

Marta y Sofía 22 ago
Como viaje de fin de curso, contratamos un viaje con Surman Tours para hacer una ruta por Marruecos. Se trataba, en teoría, de un viaje organizado específicamente para nosotros con un guía. Una vez allí, nos encontramos con un autocar viejo e incómodo, y con treinta personas más. El guía no hablaba ni francés ni árabe y, encima, al tercer día se puso enfermo y tuvimos que hacer el resto del viaje solos. Fue lamentable.

Montse 28 ago
Hace dos años, mi novio y yo fuimos de vacaciones a Nueva York. Llegamos con el tiempo justo al aeropuerto y ya habían empezado a embarcar. Como resulta que había *overbooking*, la compañía decidió cambiar de sitio a algunos pasajeros. Al final, hicimos el viaje en *business* y no en turista. Fue el viaje más cómodo de mi vida.

1. El viaje estuvo muy bien organizado.
2. El alojamiento no era como les habían prometido.
3. Le perdieron las maletas y nunca las recuperó.
4. Tuvieron suerte con el hotel.
5. Tuvieron suerte con el guía.
6. Las condiciones reales del viaje no eran las que se anunciaban.
7. Estuvieron a punto de perder el avión.
8. Tuvieron suerte con el vuelo.
9. Hicieron una reclamación, pero no recibieron compensación.

B. Y tú, ¿has tenido experiencias parecidas alguna vez?

• A mí, una vez, también me subieron de clase porque había *overbooking*.
◦ ¿Ah, sí? ¡Qué suerte! Pues yo...

C. Lee estas frases de los textos y marca si la acción expresada por los verbos en negrita es anterior o posterior a lo que expresa el verbo subrayado.

	Antes	Después
1. **Habíamos reservado** un hotel de cuatro estrellas en el centro, pero cuando llegamos, nos llevaron a uno de dos estrellas.	○	○
2. Cuando fui a reclamar, descubrieron que **habían enviado** mi maleta a China.	○	○
3. Lo **habían reformado** [el hotel] unos meses antes y todo estaba como nuevo.	○	○
4. Llegamos con el tiempo justo al aeropuerto y ya **habían empezado** a embarcar.	○	○

D. Los verbos en negrita de las frases de C están en pretérito pluscuamperfecto. ¿Sabes cómo se forma este tiempo? Completa la tabla para obtener la conjugación completa de este nuevo tiempo.

	PRETÉRITO IMPERFECTO DE HABER	+ PARTICIPIO
(yo)	hab**ía**	
(tú)	....	
(él / ella, usted)	hab**ía**	reserv**ado**
(nosotros/as)	....	perd**ido**
(vosotros/as)	....	sal**ido**
(ellos/as, ustedes)	hab**ían**	

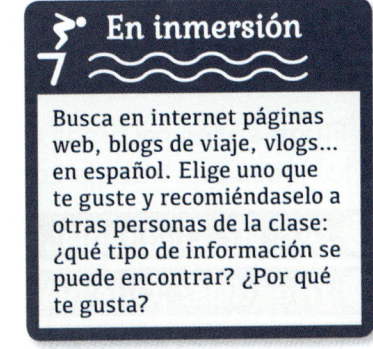

En inmersión

Busca en internet páginas web, blogs de viaje, vlogs... en español. Elige uno que te guste y recomiéndaselo a otras personas de la clase: ¿qué tipo de información se puede encontrar? ¿Por qué te gusta?

5. EL VUELO YA HABÍA SALIDO /MÁS EJ. 7

Lucía cuenta lo que les pasó a ella y a Olivia en sus últimas vacaciones. Completa la narración con verbos conjugados en imperfecto, en indefinido o en pluscuamperfecto.

junio Unos amigos les recomiendan cuervoviajes.com. **1 de julio** Contratan unas vacaciones a Orlando con cuervoviajes.com. **3 de agosto** Hacen la primera escala en Ámsterdam. » Al llegar a Ámsterdam les dicen que hay *overbooking*. » Esperan dos horas. » Consiguen embarcar y vuelan a Detroit, donde tienen que hacer la segunda escala. » Sale el vuelo de Detroit a Orlando. » Llegan a Detroit. » Tienen que coger el próximo vuelo a Orlando. Consecuencia: pierden un día de estancia en Orlando y una noche de hotel. **15 de agosto** Reclaman a la agencia y a la compañía aérea. » La agencia no quiere hacerse responsable de nada y la compañía aérea no asume ninguna responsabilidad.

"Hace unos meses (1) . . . un viaje a Orlando con cuervoviajes.com porque unos amigos nos lo (2) . . . A la ida teníamos que hacer dos escalas. Cuando (3) . . . a Ámsterdam, nuestra primera escala, nos dijeron que (4) . . . *overbooking*. (5) . . . que esperar más de dos horas, pero, al final, (6) . . . embarcar. Cuando (7) . . . a Detroit, la segunda escala, (8) . . . nuestra conexión porque el vuelo a Orlando ya (9) . . . Así que tuvimos que esperar en el aeropuerto y tomar el siguiente avión a Orlando. A la vuelta, (10) . . . a la agencia y a la compañía aérea. Les dijimos que por culpa de estos incidentes (11) . . . un día de estancia en Orlando y una noche de hotel, y que queríamos una indemnización. Pero la agencia no (12) . . . hacerse responsable de nada y la compañía aérea no (13) . . . ninguna responsabilidad".

Explorar y reflexionar

6. ALT|DIGITAL ¿Y QUÉ HICISTE? /MÁS EJ. 8-12

A. 🔊 19 Teresa le cuenta a Paula una anécdota de un viaje. Escucha y responde.

- ¿Qué tipo de viaje era? ¿Con quién lo hizo?
- ¿Qué ocurrió cuando llegó al aeropuerto?
- ¿Qué pasó con su equipaje?
- ¿Qué hizo hasta que lo recuperó?

B. Fíjate en los recursos que utiliza Paula en la conversación de A e indica para qué se usan. Si lo necesitas, trabaja con la transcripción.

- ○ ¿Ah, sí? ¡Qué rabia!, ¿no?
- ○ ¡Qué rollo!
- ○ ¡A Cuba!
- ○ ¿Y qué hiciste?
- ○ ¿Tres días? ¡Qué fuerte!
- ○ Ya, claro. Eso o ir desnuda.
- ○ … ibas todo el día disfrazada, ¿no? ¡Menos mal!

1. Reacciona expresando sentimientos como sorpresa, alegría…
2. Hace preguntas y pide más información.
3. Repite las palabras de la interlocutora.
4. Da la razón o muestra acuerdo.
5. Acaba las frases de la interlocutora.

[**CÁPSULA DE FONÉTICA 2**
La entonación de partículas narrativas]

C. Trabaja con la transcripción y fíjate ahora en estos recursos para organizar el relato. Clasifícalos en la tabla.

`una vez`   `resulta que`   `bueno… pues…`   `¿no?`   `¿sabes?`   `al final`   `total, que`

EMPEZAR O PRESENTAR UNA INFORMACIÓN NUEVA	TERMINAR O PRESENTAR EL RESULTADO DE LO RELATADO	MANTENER LA ATENCIÓN O EL TURNO DE PALABRA

D. En parejas, elegid una de las experiencias de la actividad 4 y preparad una conversación basada en ella. Después, representadla.

- – Tú has estado en Roma, ¿verdad? ¿Qué tal? ¿Te gustó?
- – Bueno, la ciudad sí, claro. La experiencia…
- – Uy… ¿Qué pasó?
- – Pues es que tuve problemas con el alojamiento. Resulta que reservamos un hotel de cuatro estrellas en el centro, pero…

+ Para comunicar

→ ¿Qué (dices)?
→ ¡Menos mal!
→ ¿Y qué hiciste / pasó?
→ Ya…
→ ¡No!
→ ¿Ah, sí? ¿Y (eso) por qué?
→ ¡Qué mala suerte!

7. COMO HABÍA MUCHA COLA... /MÁS EJ. 14

A. **MAP** Jon va a viajar a Nueva York y le ha preguntado algunas cosas a Ada, una compañera que estuvo hace poco. Lee las respuestas. ¿Qué le gustó más? ¿Qué le gustó menos?

De: Ada Suárez <asuarez@defemail.com>
para mí ▼

Jon, copio tus preguntas y respondo:

¿Visitaste TODOS los museos? ¡Ha, ha, ha! Todos los museos es imposible. No estuve muchos días, o sea que tuve que elegir... Fui al MoMa y al Museo Whitney, que había oído que está muy bien. Me gustó mucho. El MoMa... bueno... Es una opción.

¿Vale la pena subir al Empire State? Tú fuiste, ¿no? Quería ir, pero como había mucha cola, lo dejé para otro día y al final no tuve tiempo. Creo que sí que vale la pena...

¿Fuiste a algún bar de jazz? ¿Son muy caros? Síííí. Eso tienes que hacerlo. Yo fui al Cornelia Street Café. Me habían recomendado otro, pero ese día estaba cerrado, así que busqué uno por la misma zona. Está en el Greenwich Village. No me pareció nada caro. ¡Fui dos días seguidos!

¿Qué tipo de alojamiento me recomiendas? ¿Hotel, airbnb...? A ver, yo había reservado un airbnb, pero al final acabé en un hotel porque me avisaron dos semanas antes de ir de que el apartamento no estaba disponible... La verdad es que el hotel no era gran cosa, pero hay muchas ofertas. Yo lo reservé con muy poco tiempo.

Espero haberte ayudado. Si tienes más preguntas, ya sabes. ;)

B. Lee de nuevo el correo de Ada y escribe las razones por las que hizo estas cosas.

- Visitar solo dos museos.
- No ir al Empire State Building.
- Ir al Cornelia Street Café.
- Alojarse en un hotel.

C. Ahora, fíjate en los conectores **o sea que**, **como**, **así que** y **porque** que aparecen en el correo y completa la regla.

1. Para presentar la causa de una acción, usamos .... y ....

2. Para presentar la consecuencia de una acción, usamos .... y ....

D. Algunas personas que están de viaje han mandado mensajes a sus familiares y amigos/as. Léelos y reescríbelos usando **así que**, **como**, **o sea que** y **porque**. Utiliza uno diferente cada vez.

1. No hicimos la excursión. Hacía mucho calor y Juan no se encontraba bien... Al final nos quedamos en el hotel.

2. ¡Hemos llegado tarde y no hemos podido ver la catedral! ¡La habían cerrado! ¡Luis está muy enfadado!

3. Quería comprar artesanía, pero no tenía mucho espacio en la maleta. Al final, no compré nada.

4. Ayer cerraron las pistas. Hicimos una excursión por la montaña. ¡Fue genial!

Léxico

PREPARAR UN VIAJE /MÁS EJ. 15

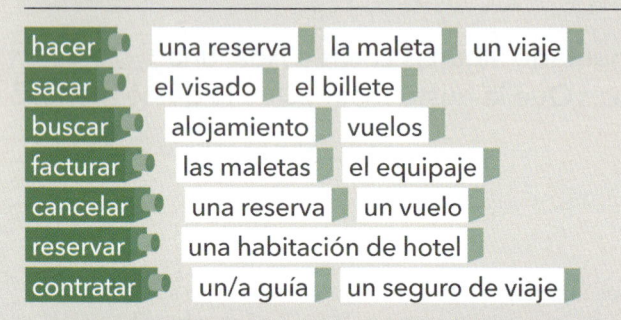

- **hacer** — una reserva | la maleta | un viaje
- **sacar** — el visado | el billete
- **buscar** — alojamiento | vuelos
- **facturar** — las maletas | el equipaje
- **cancelar** — una reserva | un vuelo
- **reservar** — una habitación de hotel
- **contratar** — un/a guía | un seguro de viaje

DE VIAJE /MÁS EJ. 16-19

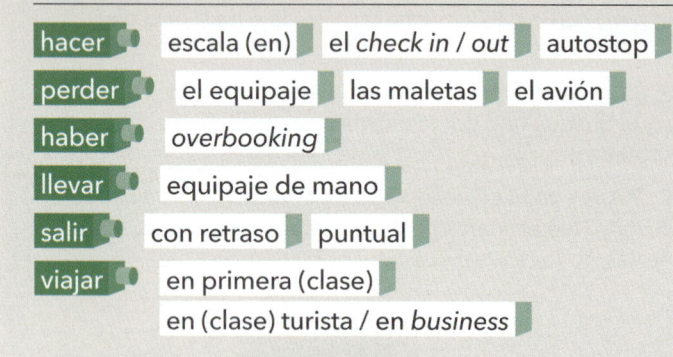

- **hacer** — escala (en) | el *check in / out* | autostop
- **perder** — el equipaje | las maletas | el avión
- **haber** — *overbooking*
- **llevar** — equipaje de mano
- **salir** — con retraso | puntual
- **viajar** — en primera (clase) | en (clase) turista / en *business*

VIAJES

TIPOS DE TURISMO
- de aventura
- de sol y playa
- de bienestar
- cultural
- rural
- gastronómico
- enológico
- urbano
- deportivo
- solidario

TIPOS DE VIAJE
- un viaje organizado
- un viaje de negocios
- un viaje de placer
- un viaje de fin de curso
- un viaje de fin de semana
- la luna de miel
- un crucero
- un safari

TIPOS DE ALOJAMIENTO
- un hotel (de lujo / de una, dos… estrellas)
- un albergue
- un apartamento
- una casa rural
- un refugio
- un *camping*

RECURSOS PARA CONTAR ANÉCDOTAS /MÁS EJ. 13

EMPEZAR UNA ANÉCDOTA

Para empezar a narrar la historia, usamos **resulta que** o **una vez**.

Resulta que un día estábamos en Lugo y queríamos visitar...
Yo **una vez** me quedé dos horas encerrado en el baño de un avión.

Para situarla en el tiempo, utilizamos:

| Un día / Una noche | Hace unos meses |
| Ayer / El mes pasado | El otro día / La otra tarde |

Un día, en Islandia, nos quedamos sin gasolina y…
Hace unos meses fui a Lisboa a visitar a unos amigos.

También solemos usar el verbo **pasar**.

Hace tiempo me **pasó** una cosa increíble. Estaba de vacaciones en…

Para referirnos a un momento que ya se ha mencionado, o que se conoce por el contexto, podemos utilizar:

Aquel día / año	Aquella mañana / tarde
Al día / año siguiente	A la mañana siguiente
El mes / verano anterior	La noche / semana anterior

- ¿Qué hiciste el lunes después del partido?
- **Aquella noche** estuve estudiando. **Al día siguiente** tenía examen.

TERMINAR UNA ANÉCDOTA

Para terminar una anécdota, presentando el resultado de lo relatado anteriormente, solemos usar recursos como **al final** y **total, que**.

Al final fuimos en tren porque no había plazas en el avión.
Total, que se fueron todos y yo me quedé esperando mi maleta.

MOSTRAR INTERÉS AL ESCUCHAR UNA ANÉCDOTA

El interlocutor suele cooperar dando muestras de atención y de interés, y reacciona haciendo preguntas, pidiendo detalles.

| ¿Y qué hiciste? | ¿Qué pasó? | ¿Y cómo terminó? |

Dando la razón o mostrando acuerdo.

| Claro. | Normal. | Lógico. | Ya. |

O con expresiones de sorpresa, alegría…

¿Ah, sí?	¡No me digas!
¡No!	¡Qué rabia / horror / rollo / pena / bien / mal / extraño…!, (¿no?)
¡Menos mal!	¡Qué mala / buena suerte!, (¿no?)

También podemos mostrar interés mediante la expresión facial, repitiendo las palabras del otro o acabando las frases del que habla (normalmente con otra entonación).

Gramática y comunicación

NARRAR ACONTECIMIENTOS PASADOS ➕ P. 192-194

PRETÉRITO PLUSCUAMPERFECTO

Este tiempo se forma con el verbo auxiliar **haber** conjugado en imperfecto, más el participio del verbo principal.

	PRETÉRITO IMPERFECTO DE HABER	+ PARTICIPIO
(yo)	hab**ía**	
(tú)	hab**ías**	
(él / ella, usted)	hab**ía**	viaj**ado**
(nosotros/as)	hab**íamos**	perd**ido**
(vosotros/as)	hab**íais**	sal**ido**
(ellos/as, ustedes)	hab**ían**	

En un relato, el pluscuamperfecto de indicativo nos permite presentar una situación pasada indicando que es anterior a otra situación pasada.

Jimena: "Fui a despedirme de Manuel a la estación, pero cuando **llegué**, su tren ya **había salido**."

11:15 h *Sale el tren.*   **11:17 h** *Jimena llega a la estación.*

PRETÉRITO INDEFINIDO Y PRETÉRITO IMPERFECTO

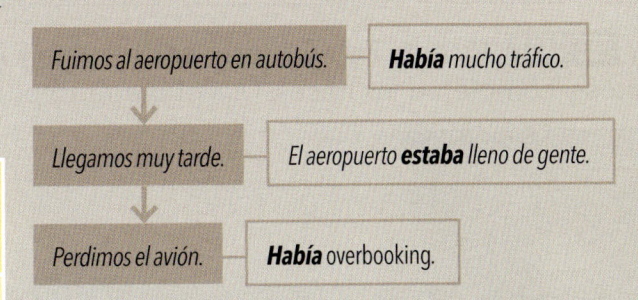

Fuimos al aeropuerto en autobús. — **Había** mucho tráfico.

Llegamos muy tarde. — *El aeropuerto* **estaba** *lleno de gente.*

Perdimos el avión. — **Había** *overbooking.*

El pretérito indefinido presenta acciones y situaciones completas sucedidas en el pasado. Cuando lo usamos, nuestro interlocutor "visualiza" un principio y un fin de esas acciones. Si en un relato aparecen verbos en indefinido, entendemos que forman una serie de acciones sucesivas, presentadas en el orden en que ocurrieron.

Subimos *al avión y* **me senté** *en mi lugar.* **Vi** *una película bastante larga y luego* **dormí** *durante 3 horas.*

El pretérito imperfecto presenta situaciones pasadas sin mostrar cuándo empezaron ni cuándo terminaron. En un relato, suele utilizarse para describir lugares, personas o acciones habituales, y también para dar explicaciones secundarias sobre las acciones que se cuentan.

Subimos al avión y me senté en mi lugar, que **estaba** *en la fila 23. Vi una película bastante larga,* **era** *francesa y* **trataba** *de un asesino en serie; luego dormí durante tres horas, aunque el asiento* **era** *muy estrecho y* **había** *un niño que* **lloraba** *cada cinco minutos.*

❗ Si un relato presenta acciones recientes, próximas al presente, en España puede usarse el pretérito perfecto en lugar del indefinido. Este uso del perfecto es muy poco frecuente en el español de América.

(Hoy) **hemos ido** *al aeropuerto en autobús, pero había mucho tráfico.* **Hemos llegado** *muy tarde y el aeropuerto estaba lleno de gente. Al final no* **hemos embarcado** *porque había overbooking.*

HABLAR DE CAUSAS Y CONSECUENCIAS ➕ P. 188-189

Para presentar la causa, usamos **como** y **porque**.

Como *no tenía mucho dinero, viajé con una compañía low cost.*
Elegimos ese hotel ***porque*** *nos lo habían recomendado.*

Para presentar las consecuencias, usamos **o sea que** o **así que**.

No reservé con tiempo, ***o sea que*** *me quedé sin plaza.*
Estábamos agotados, ***así que*** *decidimos quedarnos en el hotel.*

cuarenta y siete **47**

Practicar y comunicar

8. LA VIDA DE VICENTE FERRER /MÁS EJ. 22

A. MAP Vicente Ferrer fue un cooperante y activista español. En parejas, leed los siguientes datos y completad las frases. Usa el pretérito pluscuamperfecto, como en el ejemplo.

- Vicente Ferrer luchó en la Guerra Civil con el bando republicano y, tras la derrota, estuvo en el campo de concentración de Argelès-sur-Mer.
- En 1944 entró en la Compañía de Jesús.
- En 1952 se fue a vivir a la India. Era la primera vez que viajaba como misionero.
- Vicente Ferrer aprendió hindi, telugu y maratí; eso le ayudó a acercarse a la población india.
- Lo expulsaron de la India en 1968 porque algunas personas influyentes no estaban de acuerdo con su labor. Más de 30 000 personas hicieron una marcha de 250 km de Manmad hasta Bombay para protestar por su expulsión y exigir su regreso. Indira Ghandi reconoció la importante labor de Vicente Ferrer y le permitió regresar al país.
- En 1970 dejó la Compañía de Jesús. Ese mismo año se casó con la periodista Anne Perry.
- En 1996 creó con su mujer la Fundación Vicente Ferrer.

1. Con menos de 20 años, estuvo en el campo de concentración de Argelès-sur-Mer (en Francia) porque *había luchado en el bando republicano de la Guerra Civil.*
2. Llegó a la India en 1952, como misionero jesuita. Nunca antes _____
3. Tuvo que volver a España en 1968 porque _____
4. Unos meses después logró volver a la India, gracias a la presidenta Indira Ghandi, que _____
5. En 1996 creó la Fundación Vicente Ferrer con la periodista Anne Perry, con quien _____
6. Construyó muchos hospitales, escuelas y viviendas con la fundación que _____
7. Como _____ logró comunicarse mejor con la población.

B. Busca más información sobre Vicente Ferrer y compártela con la clase.

9. ALT|DIGITAL PARA TODOS LOS GUSTOS /MÁS EJ. 20-21

A. En grupos, elegid un lugar de España e investigad cuáles son sus principales atractivos turísticos: cómo es, qué actividades se pueden hacer (o cerca de ahí), etc.

B. Presentad vuestros destinos turísticos en clase.

- *Nosotras vamos a presentar los Picos de Europa, que están en el norte de España. Es un destino ideal para descansar, pero también...*

+ Para comunicar

→ Se puede practicar turismo de aventura.
→ Es ideal para viajar con la familia / en pareja.
→ Es ideal para viajeros/as aventureros.
→ Tiene mucha oferta gastronómica / cultural.

C. ¿A cuál de los destinos que han presentado los otros grupos te gustaría ir?

10. CUENTA, CUENTA

Averigua si a otras personas de la clase les han pasado estas cosas. En caso afirmativo, hazles preguntas para conocer más detalles de la historia.

- Perder un avión / tren…
- Comprar un vuelo a última hora
- Ponerte enfermo/a
- Dormir en el aeropuerto
- Encontrar algo de valor
- Quedarte tirado/a en la carretera
- Perderte

+ Para comunicar
→ ¿Cuándo fue?
→ ¿Dónde / Con quién estabas?
→ ¿Adónde ibas?
→ ¿Por qué?
→ ¿Qué pasó después / al final?
→ ¿Qué habías hecho antes?

- ¿Alguna vez habéis perdido un avión o un tren…?
- Yo un par de veces.
- ¿Adónde ibas?
- Pues una de las veces iba a Lyon desde París…

11. EL VIAJERO Y LOS OTROS

A. Lee este fragmento de un cuento de Augusto Monterroso. ¿Qué crees que harán los indígenas con fray Bartolomé? Comentadlo en grupos y escribid un posible final para el texto.

El eclipse

Cuando fray Bartolomé Arrazola se sintió perdido aceptó que ya nada podría salvarlo. La selva poderosa de Guatemala lo había apresado, implacable y definitiva. Ante su ignorancia topográfica se sentó con tranquilidad a esperar la muerte. Quiso morir allí, sin ninguna esperanza, aislado, con el pensamiento fijo en la España distante (…).

Al despertar se encontró rodeado por un grupo de indígenas de rostro impasible que se disponían a sacrificarlo ante un altar, un altar que a Bartolomé le pareció como el lecho en que descansaría, al fin, de sus temores, de su destino, de sí mismo.

Tres años en el país le habían conferido un mediano dominio de las lenguas nativas. Intentó algo. Dijo algunas palabras que fueron comprendidas.

Entonces floreció en él una idea que tuvo por digna de su talento y de su cultura universal y de su arduo conocimiento de Aristóteles. Recordó que para ese día se esperaba un eclipse total de sol. Y dispuso, en lo más íntimo, valerse de aquel conocimiento para engañar a sus opresores y salvar la vida.

—Si me matáis —les dijo—, puedo hacer que el sol se oscurezca en su altura.

B. Busca el cuento en internet y lee el final. ¿Es como te lo imaginabas?

C. ¿Cuál crees que es el mensaje del cuento? Resúmelo en unas líneas.

Practicar y comunicar

12. ALT|DIGITAL VACACIONES INFERNALES

A. En parejas, vais a imaginar unas vacaciones desastrosas. Mirad el programa de este viaje a San Martín (un lugar imaginario) y escribid un texto contando todo lo que salió mal.

Visite... San Martín

DÍA 1
09:00 Traslado al aeropuerto en autobús
12:00 Salida del vuelo 765
17:00 Llegada y traslado al hotel en coche típico de la zona
18:30 Cóctel de bienvenida en el hotel Tortuga Feliz (4 estrellas)
20:00 Baño nocturno en la piscina
22:00 Cena al aire libre

DÍA 2
08:00 Desayuno
10:00 Excursión en camello
12:00 Visita comentada de las ruinas de Santiago
14:00 Comida en el oasis de Miras. Alimentos naturales: cocos, dátiles...
17:00 Paseo por las dunas de Fraguas
19:00 Vuelta al hotel en furgoneta
21:00 Cena

DÍA 3
09:00 Desayuno
10:00 Actividades lúdicas: gimnasia acuática con instructor, masajes con barro caliente del desierto de Fraguas
12:00 Paseo a camello por el desierto
14:00 Comida. Degustación de productos de la zona: dátiles, hormigas, flores...
TARDE LIBRE

DÍA 4
09:00 Desayuno
10:00 Excursión a las playas de Lama (se recomienda llevar antimosquitos)
14:00 Comida en la playa
17:00 Visita en helicóptero al gran cañón de Santa Cruz para ver sus impresionantes puestas de sol
20:00 Cena de despedida en el hotel

B. Compartid vuestros textos con el resto de la clase. ¿Quién tuvo las peores vacaciones? Podéis hacer una votación.

Vídeo

DISPONIBLE EN campus difusión

3

13. COSTA RICA, LA PERLA DE CENTROAMÉRICA

ANTES DE VER EL VÍDEO

A. Busca imágenes de Costa Rica en internet y escribe qué palabras e ideas te sugieren. Comparte tu lista con el resto de la clase. ¿Os evocan las mismas cosas?

VEMOS EL VÍDEO

B. ▶ 4 Ve el vídeo y responde estas preguntas.

1. ¿Desde dónde viaja Mariel? ¿Cuánto dura el trayecto?
2. ¿En qué consiste el *tour* que contrató?

3. ¿Qué ocurre durante su visita al volcán Poás?

C. ▶ 4 Vuelve a ver el vídeo y escribe qué dicen sobre estas cosas.

San José   el café costarricense   el volcán Poás   las cataratas de la Paz

D. ¿Qué tipos de turismo ha practicado Mariel durante su viaje a Costa Rica?

DESPUÉS DE VER EL VÍDEO

E. ¿Qué cosas del viaje a Costa Rica que aparecen en el vídeo te gustan más y cuáles te gustan menos? ¿Te gustaría ir? ¿Se lo recomendarías a alguien? Coméntalo con otras personas de la clase.

- *Para mí, lo más atractivo del viaje es...*

4 / TENEMOS QUE HABLAR

EN ESTA UNIDAD VAMOS A

REPRESENTAR UNA DISCUSIÓN

RECURSOS COMUNICATIVOS
- expresar intereses y sentimientos
- hablar de relaciones
- mostrar desacuerdo en diversos registros
- suavizar una expresión de desacuerdo
- contraargumentar

RECURSOS GRAMATICALES
- **me fascina / me encanta / odio / no aguanto… que** + subjuntivo
- **me fascina/n / me encanta/n / odio / no aguanto…** + sustantivo / infinitivo

RECURSOS LÉXICOS
- verbos para expresar intereses, sentimientos y sensaciones
- manías
- recursos para mostrar desacuerdo

AUDIOS, VÍDEOS, DOCUMENTOS ALTERNATIVOS, ETC., DISPONIBLES EN campus difusión

---

¿Sigues yendo a pescar, papá?

Sí, y ahora estoy descubriendo el mundo de los anzuelos. Es un tema fascinante.

¿Fascinante? Pues a mí me parece un rollo.

Se lo consientes todo. Tienes que obligarlo a comer lo que tiene en el plato.

Ay, mamá… Estoy cansada de tus consejos. Hago lo que me parece, es mi hijo.

Empezar

1. COMIDA DE NAVIDAD /MÁS EJ. 1

A. Lee las viñetas y completa las frases con los nombres de los personajes del cómic.

RAMÓN Y TERESA. SON LOS PADRES DE MARÍA Y DE PAULA.

MARÍA Y FERNANDO

PAULA Y NICOLÁS

1. .... y .... no aguantan a ....
2. .... encuentra aburridas las historias de ....
3. .... no soporta las bromas de ....
4. .... cree que .... es muy pesada con algunos temas.
5. .... no entiende cómo .... soporta a ....

B. ¿Y a ti? ¿Te gustan las reuniones familiares? ¿Te lo pasas bien? ¿Por qué?

cincuenta y tres **53**

Comprender

2. MANÍAS /MÁS EJ. 2-3

A. ▤ MAP ▤ ALT Lee este texto sobre las manías y contesta a las peguntas.

- ¿Qué es una manía? ¿Cuál es la diferencia entre una manía y una obsesión?
- ¿Tienes alguna de las manías que se mencionan u otras parecidas? ¿Conoces a personas que las tengan?
- ¿Qué sienten las personas con esas manías según el texto? ¿Qué más crees que pueden sentir?

NUESTRAS PEQUEÑAS MANÍAS

Arturo ordena siempre su ropa en el armario por tipo de prenda y por colores. Él dice que es una costumbre, que siempre lo ha hecho así y que le gusta tener las cosas ordenadas. El problema es que se enfada muchísimo cuando alguien le cambia algo de lugar. La gente piensa que Arturo es un maniático… ¿Lo es?

Todos tenemos manías, acciones que repetimos porque nos hemos acostumbrado a ellas y nos hacen sentir bien. A algunas personas les parecen costumbres absurdas e incluso molestas. Aunque es normal tener manías, no deben transformarse en obsesiones que no nos dejen vivir y que dificulten nuestra relación con los demás. Estas son algunas de las manías más comunes.

1. Manías de orden y posición. Algunas personas necesitan tener las cosas en un orden determinado para sentirse bien: colocar los objetos de forma simétrica en el escritorio, clasificar la comida en el frigorífico, poner los zapatos siempre en el mismo lugar… Otras tienen que sentarse siempre en el mismo sitio. Les da ansiedad entrar en el autobús o en el metro y ver que está ocupado el lugar en el que se sientan habitualmente. No soportan que alguien se siente en el lugar de la mesa en el que ellos comen y necesitan dormir siempre en el mismo lado de la cama… ¿Le suena alguna de estas manías?

2. Manías de comprobación. ¿No ha tenido nunca la necesidad de comprobar varias veces que ha apagado las luces, que ha cerrado bien el coche o que ha apagado el fuego de la cocina?

A las personas con manías de comprobación les da miedo pensar que podría suceder alguna desgracia por haber olvidado algo. Algunos incluso necesitan comprobar también si los demás (familiares, compañeros de trabajo, amigos, etc.) han hecho bien esas cosas.

3. Manías higiénicas. Seguramente conoce a gente a la que le da asco comer cosas que otros han tocado antes con las manos, que no tocan nunca la barra del metro o del autobús, que limpian su silla antes de sentarse o que friegan la bañera cada vez que se duchan. Son personas con miedo a contagiarse. Generalmente, se lavan con mucha frecuencia o van al médico mucho más a menudo de lo habitual.

4. Manías de contar. Tener que contarlo todo (el número de camisetas guardadas en el armario, los bolígrafos que llevamos en el estuche, el número de peldaños de las escaleras, etc.) puede parecer absurdo, pero a muchas personas les tranquiliza hacerlo.

5. Manías relacionadas con la superstición. En casi todas las culturas se dice que ciertas cosas traen mala suerte (romper un espejo, cruzarse con un gato negro, abrir el paraguas antes de salir a la calle…) y hay personas que las evitan a toda costa. Pero, además, algunas personas tienen sus propias supersticiones. Creen que un día tuvieron suerte porque hicieron algo y necesitan repetirlo. Piensan que, de lo contrario, les puede suceder algo malo y eso les da miedo. Por eso se ponen una determinada camisa para los exámenes o no quieren viajar en una fila determinada cuando viajan en avión, etc.

B. 🔊 20-22 🔊 ALT Varias personas hablan de sus manías. Toma nota de las que mencionan. ¿Por qué las tienen? ¿En qué categoría de las que habla el artículo las clasificarías? Escríbelo.

	1	2	3
MANÍA			
POR QUÉ LA TIENE			
TIPO DE MANÍA			

C. 🔊 20-22 🔊 ALT Vuelve a escuchar y marca en la tabla qué emociones menciona cada una de esas personas. ¿Cuándo sienten estas cosas?

	MIEDO	ANSIEDAD	ASCO	NERVIOS	RABIA	TRANQUILIDAD	ENFADO
1.							
2.							
3.							

D. En parejas, investigad qué manías tienen algunas personas famosas. Luego, compartid con otras personas de la clase lo que habéis encontrado.

Construimos el LÉXICO

Haz una lista con algunas emociones, las que han salido en las actividades 1 y 2, y otras que conoces. Luego, asocia cada una de ellas con un color y con una palabra.

Emociones	Color asociado	Palabra asociada
(el) miedo	negro	un accidente

Explorar y reflexionar

3. MIS EMOCIONES /MÁS EJ. 4-5

A. Mira este texto. ¿Cuál es su objetivo? ¿Crees que es fácil reconocer las emociones? ¿Para qué crees que puede ser útil saber hacerlo?

¿RECONOCES TUS EMOCIONES?

CARIÑO — Me encanta, me gusta, me fascina, adoro

SORPRESA — Me extraña, me sorprende

MIEDO — Me da pánico, me da miedo, me preocupa, me asusta, me da ansiedad

ENFADO — Me da rabia, me molesta, me irrita, odio, me pone furioso/a

ABURRIMIENTO — Me cansa, me aburre, me fastidia

DOLOR — Me duele, me sienta mal, me hace sufrir

ALEGRÍA — Me pone contento/a, me hace feliz, me ilusiona, me alegra

INDIFERENCIA — Me da igual, no me importa, no me interesa

TRISTEZA — Me pongo triste, me da pena, me entristece

La conciencia emocional es la capacidad de identificar las emociones propias y ajenas. Entender su significado, sus causas y sus consecuencias es muy útil en todos los contextos: el personal, el social, el laboral, etc.

B. ¿Entiendes las palabras y expresiones relacionadas con las emociones que aparecen en el texto de A? ¿Cómo dirías lo mismo en tu lengua? Usa internet o el diccionario si lo necesitas.

C. 🔊 23 Vas a escuchar varias personas hablando. ¿Con cuál de las emociones de A relacionas lo que dicen? Coméntalo con otra persona.

D. 🔊 23 Vuelve a escuchar y marca cómo crees que termina cada frase.

- ○ ¡Qué rabia!
- ○ ¡Qué pena me da!
- ○ ¡Qué miedo!
- ○ ¡Qué alegría!
- ○ ¡Qué aburrimiento!
- ○ ¡Qué extraño!
- ○ Qué cansado/a estoy de todo esto…

E. 🔊 24 Escucha y comprueba tus respuestas de C y de D.

F. Piensa en cosas que te provoquen las emociones de la infografía de A. Escríbelo y luego compáralo con otras personas. ¿Coincidís en algo?

> Me irritan las personas que no paran de hablar.
> Me hace feliz pasar tiempo con mis hijos.

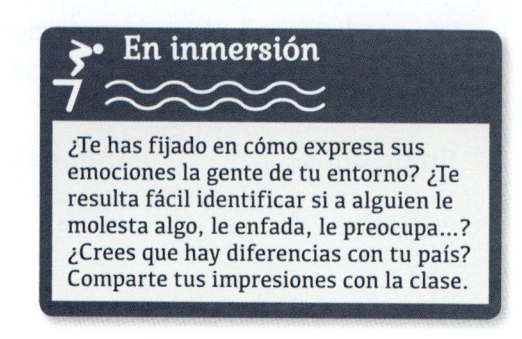

En inmersión

¿Te has fijado en cómo expresa sus emociones la gente de tu entorno? ¿Te resulta fácil identificar si a alguien le molesta algo, le enfada, le preocupa…? ¿Crees que hay diferencias con tu país? Comparte tus impresiones con la clase.

4. ODIO MENTIR A MIS AMIGOS /MÁS EJ. 6-12

A. ¿Compartes algunas de estas opiniones? Márcalas. Puedes señalar varias sobre cada tema.

- **Estoy harto/a** de las relaciones superficiales.
- **No me interesa** hacer nuevas amistades; ya tengo bastantes amigos.
- **Me apasiona** conocer gente nueva.

- **Me da mucha rabia** que alguien de otro país critique el mío.
- **Me horroriza** la gente que no acepta opiniones y costumbres distintas a las suyas.
- **Me fascina** conocer a personas de otras culturas.

- **No me gustan** las personas demasiado sinceras.
- **Odio** mentir a mis amigos. Nunca lo hago.
- **Me sienta fatal** que un amigo me mienta. Eso no lo perdono.

- **Me da pereza** hacer fiestas en mi casa.
- **Me encantan** las fiestas grandes, con mucha gente.
- **No me gusta** que me inviten a una fiesta si no conozco a nadie.

- **Me da miedo** viajar solo/a.
- **Me sienta mal** que mis amigos se vayan de vacaciones y que no me pregunten si quiero ir con ellos.
- **No soporto** los viajes con grupos grandes de amigos.

- **Me encanta** hacer regalos. Soy muy detallista.
- **No me gusta nada** tener que hacer regalos.
- **No me importa** que se olviden de mi cumpleaños. Yo no recuerdo casi ninguno.

B. Compara tus respuestas con las de un/a compañero/a. ¿Coincidís en muchas cosas?

C. Fíjate en las expresiones que aparecen en negrita en las frases anteriores. Observa en qué casos van seguidas de **que** + subjuntivo. ¿Entiendes por qué?

D. ¿Qué sientes en estas situaciones? Completa estas frases en tu cuaderno y, luego, coméntalo con otras personas de la clase. ¿Coincidís en algo?

1. En el trabajo o en la escuela, no me importa…
2. En el cine, me da mucha rabia…
3. Cuando estoy durmiendo, me da miedo…
4. Cuando estoy viendo la tele, me encanta…
5. En el metro o en el bus, no me gusta…
6. En clase de español, me da pereza…
7. En reuniones familiares, no soporto…

Explorar y reflexionar

5. ¿ESTÁ ENFADADA?

A. Lee estas conversaciones. ¿Qué situaciones son formales? ¿Cuáles informales? ¿Qué recursos usa Gloria para mostrar que no está de acuerdo con lo que le dicen?

1
— Lo siento, pero tenía un mes para poder cambiar el producto.
— ¿Cómo? ¿Que solo tenía un mes? ¡No puede ser!

2
— Gloria, estoy cansada de hacerlo todo yo en casa. ¡Es que últimamente no haces nada, solo piensas en el trabajo!
— ¿Que no hago nada? ¡Eso no es verdad! Te preparo el desayuno todos los días, siempre bajo la basura...

3
— Me han dicho que últimamente siempre llega usted tarde.
— Bueno, eso no es del todo cierto. La semana pasada tuve que llegar tarde dos días porque tenía que llevar a mi madre al hospital. Ya se lo comenté al jefe de Personal.

4
— Mamá, ¿te pasa algo? Estás muy rara.
— ¿Rara? ¡Qué va! Lo que pasa es que estoy muy cansada...

5
— Vaya, veo que ha engordado...
— ¿Engordado? No, yo diría que no. Estoy en mi peso de siempre, creo.

[**CÁPSULA DE FONÉTICA 3** — La entonación de las preguntas eco]

B. 🔊 25 Ahora escucha las conversaciones de A y fíjate en la entonación de los recursos usados para mostrar desacuerdo.

C. ¿Cómo te parece que reacciona Gloria ante los comentarios que le hacen? (Es directa o no, expresa sus sentimientos o no, es educada o no, etc.). ¿Cómo reaccionarías tú en tu lengua en las situaciones de A? ¿Qué dirías?

D. En parejas, escribid conversaciones para cada una de estas situaciones y, luego, representadlas. Pensad de qué maneras se puede expresar desacuerdo ante las siguientes acusaciones o reproches.

- **Un/a profesor/a a un/a estudiante:** "¡Siempre llegas tarde a clase!".
- **Un/a estudiante a otro/a estudiante:** "Siempre comes chicle en clase. ¿No sabes que está prohibido?".
- **Un/a estudiante a otro/a estudiante:** "¡Chis! Silencio, por favor. ¡Siempre estás hablando en clase!".

— ¡Siempre llegas tarde a clase!
— Bueno, eso no es del todo cierto...

6. PERO SI... /MÁS EJ. 13

A. 🔊 26 Escucha dos conversaciones de una pareja y completa estas frases.

1.
- Él propone _____.
- Ella acepta, pero le sorprende porque _____.
- Ella propone _____.
- Él dice que _____.

2.
- Ella dice que le gusta mucho _____.
- Él responde que _____.
- Ella no lo entiende porque _____.

B. Lee estos fragmentos de las conversaciones. ¿Para qué sirven las expresiones en negrita? Completa la tabla.

1.
- No me apetece mucho ir al cine esta tarde. ¿Qué te parece si vamos a cenar?
- ¡**Pero si** fuiste tú el que dijiste que querías ir!

2.
- Me encanta esta mesa.
- **Pues** a mí no, no me gusta nada esta madera.

	PUES...	PERO SI...
Introduce una idea o argumento que contrasta con algo que nos acaban de decir y muestra sorpresa (porque contradice lo que esperábamos).		
Introduce una idea o argumento que contrasta con algo que nos acaban de decir.		

C. Ahora imagina una reacción posible en las siguientes situaciones.

1.
- Eva se queja siempre de que no tiene dinero.
- ¿Eva? Pero si _____.

2.
- He leído que van a subir los impuestos.
- Pues _____.

3.
- Mía cree que Tina está triste por algo.
- ¿Sí? Pues _____.

4.
- Leo está embarazada.
- ¿Sí? Pero si _____.

Léxico

EMOCIONES Y SENTIMIENTOS /MÁS EJ. 14

(EL) ABURRIMIENTO	(EL) ENFADO	(LA) PENA
Me aburren las personas que hablan siempre de su trabajo. **Estoy aburrido**, no sé qué hacer.	Rompimos sin querer un jarrón y mi tía **se enfadó** mucho. Martín **está enfadado** porque no lo han invitado a la fiesta de Julia.	**Me da pena** dejar a mi hijo de cinco meses en la guardería.
(LA) ALEGRÍA	**(LA) ILUSIÓN**	**(LA) PEREZA**
Me alegra ver a mis hijos jugando juntos. Maia **está** muy **alegre** porque ha aprobado el examen.	**Me ilusiona** mucho abrir una tienda. **Me hace ilusión** ver a mis primos. Pedro **está ilusionado** con sus nuevas clases de dibujo. Le encanta dibujar.	**Me da pereza** revisar las facturas. Marco **es** muy **perezoso**, nunca quiere hacer nada.
(EL) ASCO	**(EL) MIEDO**	**(LA) TRANQUILIDAD**
Me da asco sentarme en el metro con pantalones cortos. **Me parece asqueroso** compartir el cepillo de dientes.	**Tengo miedo** de la oscuridad. **Me da miedo** la oscuridad. Marcos **es** muy **miedoso**, siempre cree que le va a pasar algo.	**Me tranquiliza** saber que mi hijo ha llegado ya a Londres. **Me da tranquilidad** tener mi ropa ordenada por colores.
(LA) ANSIEDAD	**(LOS) NERVIOS / (EL) NERVIOSISMO**	**(LA) TRISTEZA**
Me da ansiedad saber que voy llegar tarde a algún lugar. **Tengo ansiedad** cuando estoy en lugares cerrados. Cuando me acuesto no puedo dormir porque **estoy ansioso**.	**Me pongo nervioso*** cuando tengo que hablar en público. **Estoy nervioso** porque mañana tengo el examen para sacarme el carné de conducir.	**Estoy triste** porque un amigo mío se va a vivir al extranjero y no lo voy a ver tanto. Cuando veo a alguien llorando siempre **me pongo triste**.*
(LOS) CELOS	**(LA) RABIA**	**(LA) SORPRESA**
Axel **tiene celos** de su hermanito pequeño. Laura **se pone celosa** cuando quedo con una amiga. Axel **está** un poco **celoso** de su hermano.	**Me da rabia** perder el tren.	**Me sorprende** verte, pensaba que estabas en Alemania. **Estoy** muy **sorprendido**, no sabía que Darío cantaba tan bien.

* **Ponerse nervioso/a**, **triste**, etc., significa pasar de otro estado emocional al estado de nerviosismo, tristeza, etc.

- **dar**: miedo | rabia | asco | ansiedad | pereza | vergüenza | pánico | pena *
- **ponerse**: nervioso/a | triste | contento/a | celoso/a
- **sentar**: bien | mal | fatal
- **sentirse**: bien | mal | triste

* **Dar pena** en España significa provocar tristeza. En México, Colombia y otros países de América Central significa **dar vergüenza**.

INTENSIFICAR CON QUÉ + ADJETIVO, ADVERBIO O NOMBRE

Me da mucha pena. → ¡**Qué** pena me da!
Me da mucha rabia. → ¡**Qué** rabia!
Me parece un rollo. → ¡**Qué** rollo!
Me pone muy contento/a. → ¡**Qué** alegría!
Estoy muy harto/a. → ¡**Qué** harto/a estoy!
Estoy muy cansado/a. → ¡**Qué** cansado/a estoy!
Me siento muy mal. → ¡**Qué** mal me siento!

Gramática y comunicación

EXPRESAR INTERESES Y SENTIMIENTOS
⊕ P. 182, 199-200

La mayoría de los verbos o expresiones que, como **encantar**, sirven para expresar intereses, sentimientos o sensaciones, pueden funcionar con estas estructuras.

Me encanta mi trabajo	(+ sustantivo singular)
Me encantan los gatos	(+ sustantivo plural)
Me encanta vivir aquí*	(+ infinitivo)
Me encanta que me regalen flores	(+ **que** + subjuntivo)

*Usamos infinitivo (y no **que** + subjuntivo) si la persona que experimenta la sensación (**encantar**) y la que realiza la acción (**vivir**) son la misma. Usamos **que** + subjuntivo si son dos personas diferentes.

Entre otros muchos, los siguientes verbos funcionan de la misma manera que encantar: **molestar, interesar, gustar, apasionar, importar, asustar, fascinar, fastidiar, entusiasmar, horrorizar, irritar, sentar bien / mal, poner nervioso / triste..., hacer ilusión / gracia..., dar miedo / pereza...**

Con todos ellos es necesario usar los pronombres personales **me / te / le /nos / os / les**. Hay que tener en cuenta que el sujeto gramatical del verbo es la cosa o acción que produce el sentimiento.

	SUJETO
Me molesta	**la gente** impuntual.
Te molestan	**las personas** impuntuales.
Le molesta	**tener que** esperar.
Os molesta	**que la gente** sea impuntual.

Con los verbos **odiar, (no) soportar, (no) aguantar, adorar, estar cansado / harto de...**, etc., el sujeto es la persona que experimenta la sensación.

Muchos de estos verbos no aceptan gradativos porque ya tienen un significado intensificado:

me encanta ~~mucho~~   adoro ~~mucho~~   odio ~~mucho~~
me apasiona ~~mucho~~   no soporto ~~mucho~~

MOSTRAR DESACUERDO

Una manera de expresar desacuerdo es repetir, en forma de pregunta, lo que ha dicho nuestro interlocutor. Este recurso sirve para mostrar sorpresa, incredulidad o enfado.

- *Silvia, ayer no apagaste las luces al salir...*
- ○ *¿Que no apagué las luces al salir?*

También podemos retomar, en forma de pregunta, solo una parte del enunciado.

- *Fran, estás un poco distraído, ¿no?*
- ○ *¿Distraído? Ay, no sé...*

En general, las preguntas **¿Qué?** y **¿Cómo?** expresan rechazo a lo que nos acaban de decir.

- *No sé qué te pasa, pero estás de muy mal humor.*
- ○ *¿Cómo? / ¿Qué? Y ahora dirás que tú estás de muy buen humor, ¿no?*

En un registro coloquial, algunas fórmulas sirven para expresar un rechazo total, incluso agresivo.

- *Sandra, creo que tu actitud no ha sido muy correcta.*
- ○ *¡(Pero) qué dices! Me he comportado perfectamente.*

Otras expresiones coloquiales sirven para negar con énfasis una afirmación.

- *¿Has estado en la playa? Tienes buen color.*
- ○ *¡Qué va! He estado todo el fin de semana en casa.*

SUAVIZAR UNA EXPRESIÓN DE DESACUERDO

Es habitual usar diferentes recursos para suavizar nuestro desacuerdo. En general, estos recursos presentan nuestra opinión como algo "personal y subjetivo" y, no como afirmaciones absolutas.

- *Alba, tu hermano está muy antipático, ¿no?*
- ○ ***Yo no diría eso.*** *Lo que pasa es que está en un mal momento.*

- *Creo que no nos han dado el premio porque no somos famosos.*
- ○ ***A mi modo de ver***, *ese no es el problema.* ***Lo que pasa es que...***

- *En general, Oswaldo no hace bien su trabajo.*
- ○ ***Hombre, yo no estoy del todo de acuerdo con*** *eso.*

CONTRAARGUMENTAR
⊕ P. 189

Para introducir una idea o un argumento y contrastarlo con lo que acabamos de oír, usamos **pues** o, para mostrar nuestra sorpresa, **(pero) si**.

- *Los informes que me diste ayer no son muy completos.*
- ○ ***Pues*** *al jefe de Ventas le han parecido perfectos.*

- *Ya no tienes detalles conmigo: no me llamas al trabajo...*
- ○ *¡**(Pero) si** tú me prohibiste llamarte al trabajo!*

Practicar y comunicar

7. EL JUEGO DE LA VERDAD /MÁS EJ. 15-19

A. En parejas, pensad cómo son en sus relaciones de pareja las personas que tienen las siguientes características. Luego, compartidlo con el resto de la clase.

- celosas
- modernas
- románticas
- tolerantes
- intolerantes
- posesivas
- independientes
- dependientes
- abiertas
- detallistas

- A las personas celosas les molesta, por ejemplo, que su pareja se lleve bien con sus ex.
- Sí, y no soportan que su pareja no les conteste enseguida a sus mensajes.

+ Para comunicar

→ A las personas celosas / tolerantes…
- → les molesta (que)…
- → no les importa (que)…
- → les irrita (que)…
- → les da miedo (que)…
- → les da rabia (que)…

→ Las personas celosas / tolerantes…
- → no soportan (que)…
- → no aguantan (que)…
- → odian (que)…
- → adoran (que)…

B. 🔊 27-28 ALT|VE Leo y Ana llevan tres años juntos. Un amigo les ha hecho preguntas, por separado, sobre su vida de pareja. Anota en la tabla qué cuenta cada uno de ellos.

	¿Qué le gusta de su pareja?	¿Qué no le gusta de su pareja?	¿Qué cree que le gusta a su pareja de él / ella?	¿Qué cree que no le gusta a su pareja de él / ella?
1. Leo habla de Ana				
2. Ana habla de Leo				

C. ¿Crees que se conocen bien? ¿Por qué?

D. ¿Con cuál o cuáles de los adjetivos de carácter de A definirías a Leo y a Ana? ¿Por qué?

8. ALT|DIGITAL NO SOPORTO QUE... /MÁS EJ. 20

A. En pequeños grupos, elegid uno de estos temas u otro y haced una lista de ocho cosas que os molestan...

- de los/as vecinos/as
- de otros/as conductores/as
- a los/as que no tenéis hijos/as de los que sí los tienen
- a los/as que tenéis hijos/as de los que no los tienen
- en bares, restaurantes u hoteles
- en un espectáculo (teatro, cine, concierto...)
- en un vuelo
- en las redes sociales
- en el gimnasio

B. Con las ideas de A, haced un póster de las cosas que os molestan. Podéis buscar fotografías o hacer dibujos para ilustrar las ideas.

COSAS QUE NOS MOLESTAN EN BARES Y RESTAURANTES

- Que nos sirvan algo justo antes de cerrar y cinco minutos después nos pidan que nos vayamos del bar.
- Que las personas que te atienden sean antipáticas y parezcan enfadadas.
- Tener que esperar mucho tiempo antes de pedir.
- Que el camarero o la camarera se equivoque de plato.

COSAS QUE NOS MOLESTAN EN LOS HOTELES

- Que el desayuno no esté incluido.
- Que haya que pagar por el wifi.
- Que no haya enchufes.
- Que no haya cortinas en las habitaciones.

C. Mirad los pósters que han hecho los otros grupos y comentad en clase: ¿os molestan las mismas cosas? ¿Os molestan otras? ¿Hacéis alguna de esas cosas que molestan?

- A mí también me molesta que me sirvan y que justo después me digan que el bar cierra.
- Pues la verdad es que yo soy camarera y no soporto que lleguen clientes y me digan...

En inmersión

Piensa en tus experiencias en España y escribe frases sobre cosas o situaciones que te extrañan, te sorprenden, te molestan...

Practicar y comunicar

9. TRAPOS SUCIOS /MÁS EJ. 21-23

A. En parejas, vais a grabaros representando una discusión. Primero, pensad qué roles vais a asumir (una pareja, compañeros/as de piso, compañeros/as de trabajo, amigos/as, padre o madre e hijo/a…).

- ¿Hacemos una discusión de pareja?
- Vale. ¿Cómo se llaman?
- Pues no sé… ¿Sara y Samuel? Tú puedes ser Sara y yo, Samuel.

B. Decidid cuál va a ser el tema sobre el que vais a discutir. Aquí tenéis algunas sugerencias.

- EL TRABAJO (LOS HORARIOS, LA DEDICACIÓN, EL SALARIO…)
- LA FAMILIA (LOS PADRES, LOS CUÑADOS/AS, EL TIEMPO QUE PASÁIS CON ELLOS/AS…)
- LAS TAREAS DE CASA (EL REPARTO DE TAREAS, EL ORDEN, LA LIMPIEZA…)
- LOS/AS AMIGOS/AS (EL TIEMPO QUE PASÁIS CON ELLOS/AS, A CUÁLES VEIS MÁS…)
- LAS VACACIONES (DÓNDE LAS PASÁIS, EN QUÉ MOMENTO DEL AÑO, CON QUIÉN…)

C. Negociad qué problemas vais a tratar y poneos de acuerdo sobre qué vais a decir.

- Sara le dice a Samuel que no puede soportar que no haga nada en casa.
- Sí. Y, además, le dice que lo peor es que ni se da cuenta de que…

D. Ahora grabaos en vídeo representando la discusión que habéis preparado.

E. Cada pareja ve el vídeo de otra pareja de la clase y evalúa cómo lo ha hecho.

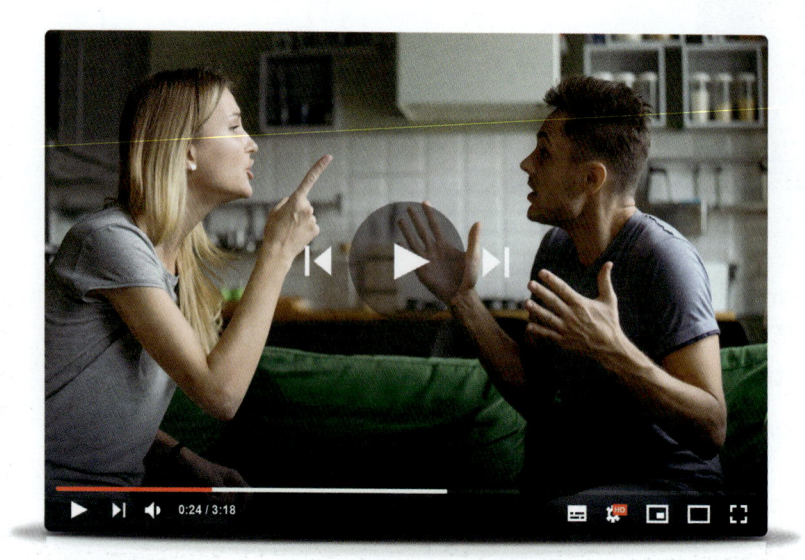

✓ Para evaluar

→ ¿Se entiende bien cuál es el tema de la discusión?
→ ¿El registro es el adecuado?
→ ¿El léxico y las expresiones que usan son correctos?
→ ¿La entonación es adecuada?

Vídeo

DISPONIBLE EN campus difusión

4

10. EL FÚTBOL ES MI MODA

VEMOS EL VÍDEO

A. ▶5 Ve este vídeo hasta el minuto 00:36. ¿Adónde va a ir la pareja? ¿Qué le sorprende a ella?

B. ▶5 Ve ahora la discusión que tienen, hasta el minuto 04:04. En parejas, una persona anota cuáles son los argumentos de ella y la otra, los argumentos de él. Luego, contrastad lo que habéis escrito con otras parejas de la clase.

C. ▶5 Ve el resto del vídeo. ¿Van al cine al final? ¿Qué van a hacer?

DESPUÉS DE VER EL VÍDEO

D. Trabaja con la transcripción del vídeo: marca qué recursos usan para mostrar desacuerdo y para contraargumentar.

E. En clase, comentad el vídeo: ¿os ha gustado el vídeo? ¿Por qué? ¿Qué os ha provocado? (¿Os ha hecho reír? ¿Os ha hecho reflexionar?...)

F. En la conversación del vídeo están están implícitas las siguientes opiniones. ¿Qué piensas sobre ellas? Coméntalo con otras personas de la clase.

- No querer ir con alguien a un lugar porque no te gusta su forma de vestir es una forma de discriminación.
- Hay ropa que no es adecuada para algunas situaciones.

5 / DE DISEÑO

DISEÑOS DE *Martín Azúa*

NOVEDADES | NUESTROS DISEÑADORES | QUIÉNES SOMOS | BLOG

CESTA MOCHILA
MÁS INFORMACIÓN

MANCHA NATURAL
MÁS INFORMACIÓN

REBOTIJO
MÁS INFORMACIÓN

CASA BÁSICA
MÁS INFORMACIÓN

EN ESTA UNIDAD VAMOS A
HACER UN PÓSTER CON LOS OBJETOS QUE NECESITAMOS

RECURSOS COMUNICATIVOS
- describir las características y el funcionamiento de algo
- opinar sobre objetos

RECURSOS GRAMATICALES
- los superlativos en -ísimo/a/os/as
- las frases exclamativas: ¡qué... tan / más...!, etc.
- las frases relativas con preposición
- indicativo y subjuntivo en frases relativas

RECURSOS LÉXICOS
- vocabulario para describir objetos (formas, materiales...)
- vocabulario para valorar el diseño de objetos
- superlativo y otros gradativos

AUDIOS, VÍDEOS, DOCUMENTOS ALTERNATIVOS, ETC., DISPONIBLES EN campus difusión

BUSCAR

NEW MANANTIAL

MÁS INFORMACIÓN

LA VIDA EN LOS OBJETOS

MÁS INFORMACIÓN

Empezar

1. DISEÑO CONTEMPORÁNEO

A. Observa las fotografías de los diseños de Martín Azúa. ¿Sabes qué son esos seis objetos? ¿Para qué crees que sirven? Coméntalo con tus compañeros/as.

- Supongo que esto sirve para sentarse...
- Sí, parece una...

B. 🔊 29 Vas a escuchar un fragmento de un programa de radio en el que hablan de los diseños de Martín Azúa. ¿Para qué sirve cada objeto?

C. 🔊 29 Vuelve a escuchar. ¿Qué diseños integran la vida de la gente con la naturaleza? ¿Cuáles se inspiran en objetos tradicionales españoles?

D. ¿Qué te parecen los diseños de Martín Azúa? Coméntalo con tus compañeros/as.

útil   práctico/a   bonito/a   feo/a   elegante   sencillo/a
incómodo/a   poco útil   poco práctico/a   ...

- A mí me parece que la cesta mochila es original y puede ser práctica para...

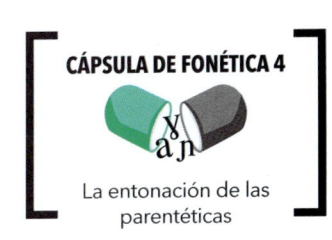

[**CÁPSULA DE FONÉTICA 4**
La entonación de las parentéticas]

sesenta y siete **67**

Comprender

2. ¡QUÉ HORROR! /MÁS EJ. 1

A. 🔊 30-35 Vas a escuchar seis conversaciones en las que se habla de un objeto. ¿Sabes a cuál de estos se refieren en cada caso? Márcalo.

B. 🔊 30-35 Escucha de nuevo las conversaciones y anota en tu cuaderno para qué sirven los objetos de A y si los valoran positivamente o negativamente.

C. Subraya en la transcripción de las conversaciones las expresiones usadas para valorar positivamente o negativamente.

Construimos el LÉXICO

Piensa en tres objetos importantes para ti. Luego escribe qué puedes decir de cada uno de ellos.

Mis objetos	Forma	Color	Material	Utilidad	Adjetivos
1. una prenda de ropa:					
2. un objeto de decoración:					
3. un electrodoméstico:					

68 sesenta y ocho

3. RESTAURANTES DE DISEÑO /MÁS EJ. 2-3

A. ¿Cómo son los restaurantes o bares que te gustan? ¿En qué te fijas?

en la comida   en el ambiente   en la iluminación   en el tamaño del local
en la decoración   en los colores   en el servicio   en la música   en la situación   …

- Para mí, lo más importante son la comida y los precios, pero también me fijo mucho en la iluminación. No me gustan las luces blancas, muy intensas.

B. MAP ALT Lee este artículo sobre restaurantes de diseño en Ciudad de México e identifica en las imágenes lo que se menciona (partes, muebles, materiales, colores…).

Restaurantes para amantes del diseño en Ciudad de México

Muchas personas buscan restaurantes con un diseño interior bonito, que invite a quedarse durante horas charlando y disfrutando de la comida. Si eres una de ellas, tienes que conocer estos restaurantes de Ciudad de México.

El Chapulín

Situado en Polanco, es uno de los más prestigiosos restaurantes de gastronomía mexicana. Es un espacio contemporáneo y a la vez inspirado en las tradiciones de México, en el que predominan los materiales de la naturaleza. Los muros, hechos de piezas de barro negras de Oaxaca, combinan a la perfección con el techo de madera de formas geométricas. Las sillas de mimbre se inspiran en la artesanía de las culturas prehispánicas.

Lardo

En la colonia Condesa se encuentra este espacio diseñado por el arquitecto Jaime Serra, con un aire *vintage*, que evoca los típicos bares o restaurantes de barrio, de toda la vida. Un lugar acogedor, sencillo y de fácil acceso. Destacan la barra, de mármol, y el piso, de madera y azulejos.

- Aquí se ve el muro de barro negro.

C. Mira las imágenes de los restaurantes. ¿Qué sensación te transmiten?

- A mí el restaurante Lardo no me parece un restaurante de barrio porque…

D. ¿Hay algún local (bar, restaurante, tienda, club, etc.) que te guste especialmente por su diseño o decoración? Pon ejemplos de muebles, materiales, formas o colores que te gustan.

En inmersión

¿Conoces bares, restaurantes, clubs o cafeterías en tu ciudad en España? ¿Se parecen a los de tu país? ¿En qué se diferencian?

Explorar y reflexionar

4. ¿QUÉ ES? /MÁS EJ. 4-6

A. Escribe a qué se refieren estas descripciones.

1. Es un mueble **en el que** guardas la ropa y que normalmente tiene puertas. _____
2. Es una herramienta **con la que** puedes cortar papel, tela, pelo… _____
3. Son unas semillas **de las que** se obtiene aceite. _____
4. Son unos lugares **a los que** vas a ver películas. _____
5. Es algo **con lo que** te peinas. _____

B. Mira el ejemplo y contesta a las siguientes preguntas. Luego, contesta las mismas preguntas sobre las demás frases de A.

Armario: guardas la ropa **en** ese mueble. ⟶ Es un mueble **en el que** guardas la ropa.

1. Fíjate en la palabra en rojo: ¿qué tipo de palabra es? ¿A qué palabra se refiere?
2. Fíjate en la preposición (marcada en verde): ¿por qué aparece?

C. Forma frases relativas con los siguientes elementos. Fíjate en las preposiciones en negrita.

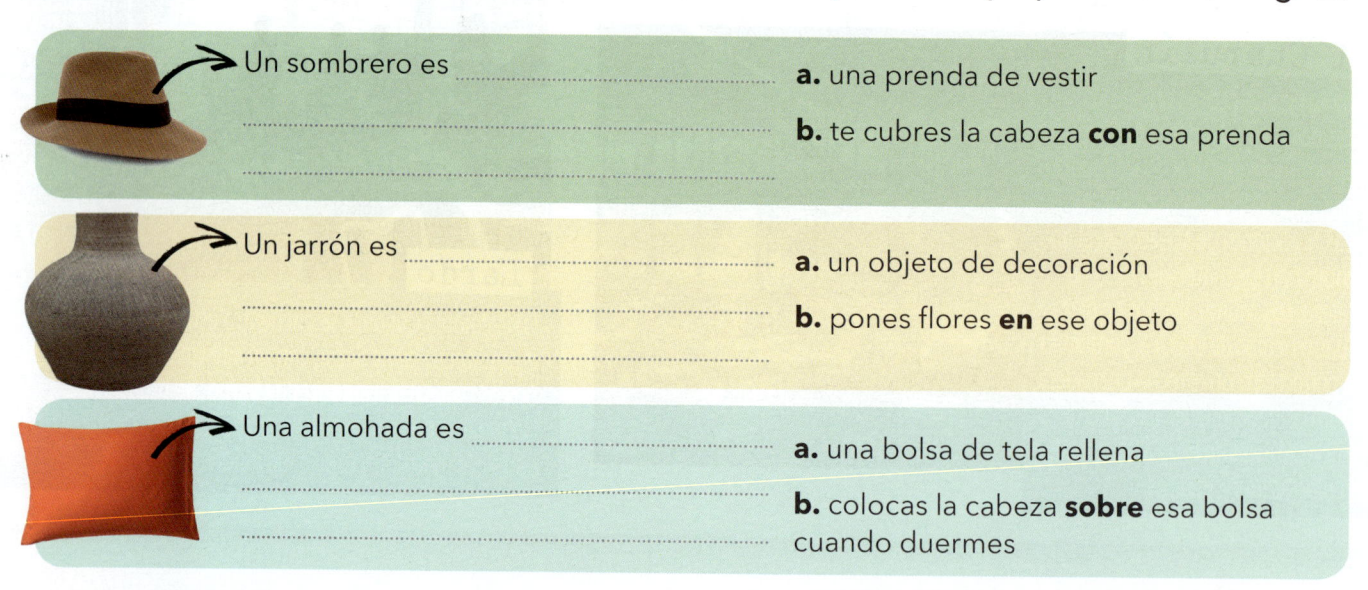

Un sombrero es _____
- **a.** una prenda de vestir
- **b.** te cubres la cabeza **con** esa prenda

Un jarrón es _____
- **a.** un objeto de decoración
- **b.** pones flores **en** ese objeto

Una almohada es _____
- **a.** una bolsa de tela rellena
- **b.** colocas la cabeza **sobre** esa bolsa cuando duermes

D. En parejas, describid un objeto sin decir de qué se trata. Después, leed vuestra descripción al resto de la clase, que deberá decir a qué hace referencia.

- • Es una prenda con la que te proteges el cuello del frío.
- ○ Una bufanda.

5. ¿QUE TIENE O QUE TENGA? /MÁS EJ. 7-9

A. Fíjate en estas frases. ¿Cuándo usamos el indicativo y cuándo el subjuntivo? Completa la regla y luego coméntalo con tus compañeros/as.

> Estoy buscando un bar que **tiene** música en directo. Se llama Soda Bar.

> Estoy buscando un bar que **tenga** música en directo. ¿Conoces alguno?

> Quiero ver esa mesa blanca que **se puede** plegar. Me la enseñaron el otro día. ¿Todavía la tenéis?

> Quiero una mesa para comer que **se pueda** plegar y así ahorrar espacio en casa. ¿Tenéis algo así?

Utilizamos el _____ para referirnos a algo concreto que conocemos o que sabemos que existe.

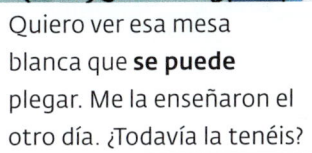

Usamos el _____ para referirnos a algo que desconocemos o que no sabemos que existe.

B. Relaciona cada frase con su posible continuación.

a. Estoy buscando un hotel que tiene restaurante.	○ ¿Sabes si hay alguno por aquí?
b. Estoy buscando un hotel que tenga restaurante.	○ Creo que está en esta calle.
c. Quiero una chaqueta que tiene capucha.	○ Es de color rojo. La vi ayer en su web.
d. Quiero una chaqueta que tenga capucha.	○ ¿Tenéis alguna no muy cara?

C. Imagínate que te encuentras en las siguientes situaciones. ¿Qué dices?

1. Quieres comprar unos pantalones vaqueros azules de 40 euros. Estuviste ayer en la tienda y te los probaste, pero no los compraste. ¿Qué le dices al dependiente o a la dependienta?

Busco unos pantalones vaqueros que _____

2. Quieres comprar una chaqueta de piel marrón. No te quieres gastar más de 100 euros. Entras a una tienda y le preguntas al dependiente si tiene algo así. ¿Cómo lo dices?

Estoy buscando una chaqueta que _____

Explorar y reflexionar

6. LLEVA UN VESTIDO SUPERORIGINAL /MÁS EJ. 10

A. Mira las imágenes en B. ¿Sabes quiénes son estas personas? ¿Qué te parece la ropa que llevan? Coméntalo con otras personas de la clase.

B. 🔊 36-38 En una tertulia hablan de lo que llevaron estas personas en la gala de los Premios Grammy Latino de 2019. Escucha y escribe cómo intensifican los adjetivos de los cuadros.

Todo sobre los Premios Grammy

Rosalía
- Es elegante:
  Es superelegante
- Es bonito:
- Es moderno:
- Está guapa:

Lali
- Es arriesgado:
- Es atrevido:
- Es llamativo:
- Es brillante:

Camilo Echeverry
- Es elegante:
- Es sencillo:
- Es delicado:
- Es fino:

C. En parejas, comparad lo que habéis escrito en B. ¿Qué recursos se usan para intensificar? Marcadlos.

D. ¿Estáis de acuerdo con las opiniones del audio de B?

7. ¿ES DE METAL? /MÁS EJ. 11-12

A. Lee estos tuits que responden a la pregunta "¿Cuál es el objeto más extraño o curioso que tenéis en vuestras cocinas?". ¿Te comprarías alguno de estos objetos? ¿Hay alguno que no comprarías nunca? ¿Por qué?

Ángel Andrés
@angelito1616

Deshuesador de aceitunas. Me lo regalaron y la verdad es que no lo uso casi. Funciona manualmente y sirve para quitar el hueso de las aceitunas... Puede ir bien si te gustan mucho las aceitunas o las cerezas... Pero usarlo es pesado y laborioso y para mí no vale la pena.

11:36 23 oct. 2020 desde Pamplona, España

Mar
@mar1881

Tapas para bolsas. Sirven para todo tipo de bolsas y son muy prácticas porque así lo que hay dentro no se estropea ni se pierde por el armario. No ocupan mucho espacio y son fáciles de lavar porque se pueden meter en el lavavajillas. ¡Yo tengo unas cuantas y me han durado mucho tiempo!

14:14 23 oct. 2020 desde Vigo, España

Antonio Cepeda
@cepe1970

Sujeta bolsas. Va muy bien si usas bolsas para guardar o congelar salsas u otros líquidos. Sujeta la bolsa abierta en posición vertical y te permite llenarla sin ensuciar nada. Para mí, que cocino mucha pasta y siempre hago salsa para varios días, es una maravilla. Además, es barato y no ocupa nada: se puede guardar en cualquier sitio.

15:20 22 oct. 2020 desde Torrevieja, España

Lima Limón
@limita33

Escurridor adaptable. Se usa para escurrir la pasta, o lo que sea, sin tener que usar una tapa. Es muy fácil de ajustar a cualquier tipo de olla o bol. Se lava en el lavavajillas.

13:47 22 oct. 2020 desde Bilbao, España

Juan Martín
@juanin82

Enfriador de cubitos para botellas. Es una cubitera con la que se pueden hacer cubitos de hielo largos, que caben en las botellas.

15:40 22 oct. 2020 desde Móstoles, España

En inmersión

¿Conoces inventos españoles? Investiga qué objetos y aparatos de uso común en todo el mundo se han inventado en España y comparte tus descubrimientos con el resto de la clase.

• Yo me compraría las tapas para bolsas. Me parecen muy prácticas porque...

B. Fíjate en las frases subrayadas en A. ¿Las entiendes? Tradúcelas a tu lengua.

C. ¿Tienes algún objeto que te parece poco útil y que no usas casi nunca? Coméntalo con tus compañeros/as. Después, decidid cuál es el objeto más inútil que habéis presentado.

• Yo tengo una licuadora que hace unos zumos muy buenos, pero que ocupa mucho, es difícil de lavar y no uso casi nunca, porque solo sirve para hacer zumos.

setenta y tres 73

Léxico

DESCRIBIR OBJETOS /MÁS EJ. 13-15

OBJETOS

ADJETIVOS
- lujoso/a
- sencillo/a
- alegre
- colorido/a
- útil
- práctico/a
- reversible
- blando/a
- duro/a
- sólido/a
- frágil
- precioso/a
- horroroso/a
- cómodo/a
- llamativo/a
- extravagante
- delicado/a
- suave
- rugoso/a
- inteligente

MATERIALES
- de madera
- de hierro
- de piedra
- de plástico
- de cristal / vidrio
- de metal
- de lana
- de algodón
- de poliéster
- de cerámica

FORMAS
- ■ cuadrado/a
- ● redondo/a
- ▬ rectangular
- ▲ triangular
- ● ovalado/a
- alargado/a
- estrecho/a
- con forma de…
- ◆ rombo /
- ○ círculo…

HABLAR DE LA UTILIDAD, DEL FUNCIONAMIENTO Y DE OTRAS CARACTERÍSTICAS DE UN OBJETO

Sirve para lavar las verduras.
Se usa para cubrirse las orejas cuando hace mucho frío.
Es fácil / difícil de usar…
Va / Funciona genial / (muy) bien / (muy) mal / fatal…
Va / Funciona con pilas / electricidad / energía solar…
(No) Se arruga / estropea / rompe / encoge…
Cabe en cualquier sitio.
Ocupa mucho / bastante / poco (espacio).

COMBINACIONES CON DISEÑO Y MODA /MÁS EJ. 20

- diseño → gráfico | industrial
- diseño → de moda | de interiores
- casa / ropa → de diseño
- estar → de moda
- pasar → de moda
- seguir → la moda
- ir → a la moda

SUPERLATIVOS Y OTROS GRADATIVOS /MÁS EJ. 16-17

feo	caro	rico	rápido
muy feo	**muy** caro	**muy** rico	**muy** rápido
fe**ísimo**	car**ísimo**	ri**quísimo***	rapid**ísimo**

* A veces hay cambios ortográficos: ri**co** – ri**quí**simo.

Para intensificar una cualidad, en lengua coloquial, a veces usamos el prefijo **super**.

*Es un aparato **super**práctico.*

Con adjetivos que expresan una gran intensidad, es frecuente usar **realmente** o **verdaderamente** para insistir en la cualidad.

*Es **realmente** / **verdaderamente** fantástico / horrible…*

Otros gradativos:

Es **demasiado** / **excesivamente** llamativo.
Es **(muy) poco*** práctico.
Es **un poco**** caro. (= Es caro).
No es **nada** interesante.

* Recuerda que **poco** se usa para rebajar la intensidad de una cualidad que, generalmente, se considera positiva.

** Recuerda que **un poco** se utiliza con cualidades que, generalmente, se consideran negativas.

Gramática y comunicación   5

FRASES RELATIVAS ⊕ P. 201-202

Las frases relativas sirven para añadir información explicativa sobre un sustantivo o para indicar alguna característica.

*Este anillo, **que perteneció a mi abuela**, es de oro blanco.*
*Esta es la novela **que me compré ayer**.*

CON INDICATIVO O CON SUBJUNTIVO

Utilizamos el indicativo para referirnos a algo específico, es decir, algo concreto que conocemos o que sabemos que existe.

*Hola… Quería ver una cámara **que cuesta** unos 300 €. Me la enseñó usted ayer.* (= Sabe que la tienen y que cuesta 300 euros).

Usamos el subjuntivo para referirnos a algo no específico, es decir, algo que desconocemos o que no sabemos que existe.

*Hola… Quería ver una cámara **que cueste** unos 300 €.* (= No sabe si tienen cámaras de ese precio).

En las frases relativas, algunas palabras y expresiones suelen ir seguidas de subjuntivo:

- Las que llevan verbos como **necesitar**, **buscar**, **desear** o **querer**, cuando se refieren a cosas no específicas:

Necesito una intérprete que me acompañe a la reunión de mañana.

- La negación (**no**, **nadie**, **nada**, **ningún/a**, etc.), cuando dejamos abierta la posibilidad de que exista (o no) aquello de lo que se habla:

***Nadie** que lo conozca diría eso de él.*

- Los cuantificadores indefinidos (**alguien**, **algo**, **algún/a**, etc.), en frases interrogativas, cuando dejamos abierta la posibilidad de que exista (o no) aquello de lo que se habla:

*¿Hay **alguien** que quiera un café?*

CON PREPOSICIÓN

Cuando las frases relativas llevan preposición, el artículo (**el / la / lo / los / las**), que va entre la preposición y el pronombre **que**, concuerda en género y en número con la palabra a la que se refiere.

*Este es el coche en **el** que fuimos a Cartagena.*

*¿Es esta la llave con **la** que cerraste la puerta?*

*Necesito algo con **lo** que pueda abrir esta lata.*

*Los hoteles en **los** que nos alojamos eran muy buenos.*

*Allí están las chicas de **las** que te hablé.*

Cuando nos referimos a lugares, podemos usar **donde** en lugar de **en el / la / lo / los / las que**.

*Esta es la casa **en la que** nací. = Esta es la casa **donde** nací.*

Cuando nos referimos a personas, podemos usar preposición + **quien / quienes** en lugar de preposición + **el / la / lo / los / las que**.

*Esa es la chica **con la que** fui a la fiesta. = Esa es la chica **con quien** fui a la fiesta.*

VALORAR

(Yo) **Lo encuentro / veo** muy bonit**o**.
(Yo) **La encuentro / veo** muy bonit**a**.
(Yo) **Los encuentro / veo** muy bonit**os**.
(Yo) **Las encuentro / veo** muy bonit**as**.

(A mí) **Me parece/n** muy **bonito/a/os/as**.

VALORACIONES NEGATIVAS

(A mí) **No me desagrada, pero** yo no lo compraría.
No está mal, pero no es lo que estoy buscando.
(A mí) **No me convence. / No me acaba de convencer.**
La verdad, para mí es excesivamente moderno.
Es bonito, **pero, francamente / sinceramente**, no le veo ninguna utilidad.

FRASES EXCLAMATIVAS /MÁS EJ. 18

¡**Qué** horror / maravilla…!

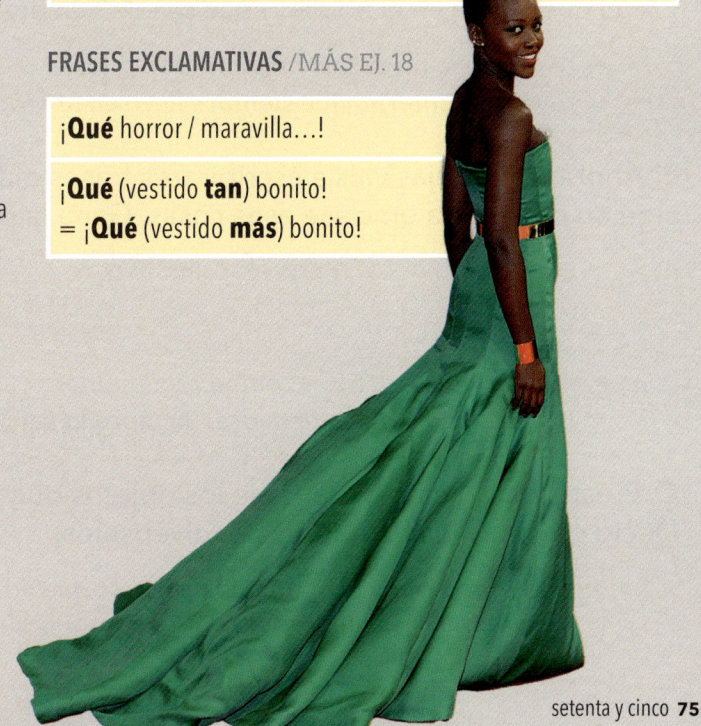

¡**Qué** (vestido **tan**) bonito!
= ¡**Qué** (vestido **más**) bonito!

Practicar y comunicar

8. ALT|DIGITAL UNA NUEVA VIDA PARA UN OBJETO TRADICIONAL

A. En grupos, pensad en un objeto tradicional característico de vuestro país y escribid cómo explicaríais a una persona extranjera para qué sirve.

> Es un objeto que se usa para refrescarse cuando hace mucho calor. Tiene una tela y unos palitos de madera para mantener la tela abierta. Se usa con la mano para dar aire.

B. Ahora, cread un objeto moderno a partir de ese objeto tradicional (como hace el diseñador Martín Azúa) y dibujadlo. Luego, presentadlo a la clase.

- *Nosotros hemos creado un ventilador con forma de abanico tradicional japonés. Es...*

9. ¿ALGUIEN TIENE...?

A. Individualmente, piensa si tienes en clase alguna de estas cosas. Luego, comparte lo que has escrito con el resto de la clase.

- Algo que funcione con pilas: _____
- Algo que esté de moda: _____
- Algo que quepa en el bolsillo y que sea de madera: _____

- *Yo no tengo nada que funcione con pilas.*
- *Yo sí, una linterna que siempre llevo en la mochila.*

B. Ahora, en parejas vais a escribir tres frases más como las de A. Luego, vais a buscar a alguien que tenga en clase esas cosas. Gana la pareja que consiga más cosas.

> – Algo que no se rompa fácilmente.
> – ...

- *¿Tienes algo que no se rompa fácilmente?*
- *Mmm... Sí, mira, esta piedra. Siempre la llevo, me da buena suerte.*

C. Presentad al resto de la clase los objetos que habéis obtenido. Decid quién os los ha dado y devolvédselos.

- *Nosotros hemos encontrado un objeto que no se rompe fácilmente: una piedra. Es de Mark. Toma, Mark, gracias.*

10. ALT|DIGITAL ESTÁ DE MODA

A. Haz estas preguntas sobre la ropa y la moda a un/a compañero/a y anota sus respuestas.

1. ¿Qué colores te gustan más para vestir?
2. ¿Sabes cuáles son los colores de moda este año? ¿Te gustan?
3. ¿Usas ropa de marca?
4. ¿Cuál es tu marca favorita?
5. ¿Crees que la manera de vestir refleja la personalidad?
6. ¿Cuánto tiempo sueles tardar en vestirte?
7. ¿Guardas alguna prenda de vestir desde hace muchos años? ¿La usas?
8. ¿Te gusta llamar la atención con la ropa?
9. ¿Qué tipo de ropa crees que te queda bien?
10. ¿Sigues a algún/a experto/a en moda o te gusta la forma de vestir de algún/a famoso/a?
11. ¿Gastas mucho dinero en ropa?
12. En español se dice que "para presumir hay que sufrir". ¿Estás de acuerdo?

B. Busca una prenda de vestir para regalarle a tu compañero/a en su cumpleaños. Muéstrala en clase y explica por qué la has elegido.

- *A Boris le voy a regalar esta chaqueta naranja porque le gustan los colores alegres y las prendas llamativas. Además, tiene un estilo deportivo y parece superpráctica...*

C. ¿Qué te parece la prenda que ha elegido tu compañero/a? ¿Te gusta?

11. ¿PUEDES USARLO EN LA COCINA?

A. Piensa en un objeto que tenga especial importancia en tu vida cotidiana. Luego, intenta responder mentalmente a las siguientes preguntas.

- ¿Es útil?
- ¿Es caro?
- ¿Para qué sirve?
- ¿Se arruga?
- ¿Se estropea?
- ¿Se rompe?
- ¿Funciona con pilas / electricidad?
- ¿Pasa de moda?
- ¿Es fácil de usar?
- ¿Dura mucho tiempo?
- ¿Ocupa mucho espacio?
- ¿Consume mucho?
- ¿Puedes usarlo en la cocina / en el salón?
- ¿Lo puedes llevar encima?

B. Ahora, tu compañero/a te va a hacer preguntas para adivinar en qué objeto has pensado. Tú solo puedes responder sí o no.

- ¿Lo puedes usar en la cocina?
- No.
- ¿Sirve para...?

Practicar y comunicar

12. **ALT|DIGITAL** **¿EXISTE ALGUNA COSA QUE...?**

A. ¿Hay alguna cosa que necesites y que no exista o no encuentres? Escríbelo en un papel.

> Yo necesito una mesa que se pueda regular, o sea, que pueda trabajar en ella sentado, pero también de pie. Porque paso muchas horas sentado y no me va bien para la espalda. No sé si existe, no la he buscado... (Ben)

> Yo necesito un despertador que me despierte de verdad. Como duermo con tapones porque no soporto oír ruidos, por la mañana no oigo el despertador y no me despierto. He probado varios y no encuentro nada que me despierte. (Luna)

> Yo tengo un problema cuando compro botas porque tengo el empeine muy alto y me cuesta mucho meter los pies. ¿Alguien conoce alguna marca que haga botas flexibles o para pies con empeine alto? (Kate)

B. Vuestro/a profesor/a recoge los papeles y va leyendo lo que habéis escrito. ¿Tenéis algún consejo para vuestros/as compañeros/as? ¿Sabéis dónde pueden encontrar lo que buscan?

- Las mesas regulables existen. Mira, busco una en internet...
- Pues yo tengo un despertador que suena muy fuerte y que te envía unas luces rojas. Creo que podría servirte.

C. Con todas vuestras ideas, vais a hacer un póster como este.

COSAS QUE NECESITAMOS

DESPERTADOR PARA DORMILONES

Este es un despertador para personas que tienen un sueño muy profundo y que no se despiertan fácilmente. Hace un ruido muy fuerte (113 decibelios) y emite luces rojas. Además, viene con un complemento que vibra, para poner debajo de la almohada.

UNA MESA REGULABLE

Es una mesa que se puede regular para subirla y bajarla. Es ideal cuando varias personas tienen que compartir la misma mesa, en diferentes momentos, pero tienen alturas muy diferentes. Y también para personas que quieren trabajar a veces sentadas, y otras, de pie.

Vídeo

DISPONIBLE EN campus difusión

5

13. ALT | DIGITAL MOOD STORE, BARCELONA

ANTES DE VER EL VÍDEO

A. Vas a ver un vídeo sobre una tienda de joyería. ¿Llevas joyas habitualmente? ¿Qué tipo de joyas te pones más (pendientes, pulseras, anillos, collares, relojes…)? ¿Cómo son?

VEMOS EL VÍDEO

B. ▶ 6 Ve el vídeo hasta el minuto 00:34. ¿Qué información da sobre la tienda Mood store?

C. ▶ 6 Ve todo el vídeo. ¿Por qué los anillos son personalizables? Toma nota de todo lo que dice sobre eso.

D. ▶ 6 Vuelve a ver el vídeo y contesta a las siguientes preguntas.

- ¿Para qué tipo de personas están diseñados los anillos?
- ¿Cómo es la base de los anillos? ¿Quién la diseñó?
- ¿Se hacen nuevos diseños? ¿Cada cuánto tiempo?

DESPUÉS DE VER EL VÍDEO

E. Crea un anillo para ti o para alguien que conoces bien. Piensa en el color, en los materiales, en las texturas, en si quieres grabados o no, etc. Luego, presenta tu anillo en clase.

- *Yo he diseñado un anillo con una base de color negro y una parte central de madera con…*

F. ¿Conocéis otras cosas personalizables? ¿Cuáles? Luego, en parejas, comentad qué otras cosas os gustaría poder personalizar.

6 / UN MUNDO MEJOR

INICIATIVAS PARA UN MUNDO MEJOR

Todos podemos hacer algo para conseguir un planeta más verde y un mundo mejor ¡y más feliz! Aquí tenéis algunas ideas.

Compartir el coche... o la comida
Nacen páginas web para las personas que necesitan viajar en coche y quieren compartir los gastos con otros. E iniciativas, como Meal Sharing, para personas que, cuando viajan, quieren comer en casa de alguien en vez de hacerlo en un restaurante.

Plantar un huerto en casa o participar en un huerto urbano
La manera ideal de alimentarse bien: comer frutas y verduras ecológicas cultivadas en casa o en tu barrio.

Apoyar el comercio local
Las compañías de comercio electrónico están acabando con las pequeñas empresas y los negocios locales. Además, el transporte por carretera que conlleva este tipo de comercio tiene un enorme impacto ambiental. Piensa en comprar en tiendas locales o busca servicios o plataformas *online* que respeten el comercio local, como la española todostuslibros.com o ecolocalmarket.

EN ESTA UNIDAD VAMOS A PRESENTAR ALGUNOS PROBLEMAS Y PROPONER SOLUCIONES

AUDIOS, VÍDEOS, DOCUMENTOS ALTERNATIVOS, ETC., DISPONIBLES EN campus difusión

RECURSOS COMUNICATIVOS
- valorar situaciones y hechos
- opinar sobre acciones y conductas

RECURSOS GRAMATICALES
- **es injusto / una vergüenza…** + infinitivo / **que** + presente de subjuntivo
- **está bien / mal** + infinitivo / **que…** + pres. de subjuntivo
- **me parece bien / mal / ilógico…** + inf. / **que** + presente de subjuntivo
- el condicional
- **esto / eso / lo + de (que)** + sustantivo / verbo

RECURSOS LÉXICOS
- acciones para un mundo mejor
- características y materiales de los objetos

Empezar

1. INICIATIVAS PARA UN MUNDO MEJOR /MÁS EJ. 2, 15

A. Una web ofrece ideas para vivir de manera más sostenible y participativa. ¿Qué te parecen las propuestas?

➕ Para comunicar

→ A mí, lo de…   me parece raro / interesante / bien / fatal…
(no) me parece (muy) buena idea.

- *A mí, lo de compartir la comida me parece una idea muy extraña…*
- *Pues a mí me parece muy buena idea. Es una oportunidad para conocer gente.*

B. ¿Crees que participar en estas iniciativas conlleva mucho esfuerzo?

C. ¿Qué otras ideas o propuestas del mismo tipo conoces?

Comprar productos reciclables y reciclados

Bolsas hechas de papel reciclado o a base de almidón de patata, anoraks hechos de plástico reciclado, copas de vidrio reciclado… Hoy en día, existen alternativas ecológicas y a buen precio a casi todos los productos que necesitamos.

Adoptar una mascota

Cada vez surgen más iniciativas para impulsar la adopción de mascotas. Si estás pensando en adquirir un animal, tienes alternativas. Infórmate y no compres, adopta.

Comprender

2. KM 0 /MÁS EJ. 1

A. Observa el título del texto y las imágenes. ¿A qué crees que se refieren los adjetivos **buena**, **limpia** y **justa**?

BUENA, LIMPIA... Y JUSTA

¿Es lógico que en los supermercados españoles encontremos a precios bajísimos legumbres producidas en Estados Unidos? ¿Es sostenible que en los restaurantes de Singapur se sirva agua embotellada en los Alpes? Para los creadores del movimiento slow food, la respuesta es no.

EL ORIGEN: SLOW FOOD. En 1986, Carlo Petrini crea slow food en Italia para defender la cocina local en todo el mundo. Para los seguidores de este movimiento, la alimentación debe ser buena, limpia y justa. Los alimentos deben tener buen gusto, deben ser producidos sin dañar el medioambiente ni nuestra salud, y los productores deben ser pagados de manera justa. El slow food se basa en la idea de la "ecogastronomía"; es decir, la conexión entre la comida, el paisaje local y el planeta. Y por eso apoya a productores de alimentos locales en todo el mundo.

Apoyar a los productores locales es una manera de que las materias primas no viajen miles de kilómetros, pero también de que sobrevivan variedades de vegetales y animales autóctonos. Es la manera de conservar para nuestros hijos el aceite de oliva producido a partir de olivos milenarios en Castellón o el amaranto de México.

KM 0. Esta idea de conservar los productos y las recetas tradicionales ha atraído en los últimos años a cocineros de todo el planeta, que han creado una red de restaurantes y de cocineros *slow food*. Para formar parte de la red es necesario que en la carta haya al menos cinco platos Km 0, que el restaurante separe y recicle los residuos y que el chef comparta las ideas del movimiento *slow food*.

LOS PLATOS Y LOS RESTAURANTES. ¿Qué es un plato Km 0? Para recibir el sello "Km 0" es necesario que el ingrediente principal del plato y el 40 % de los ingredientes sean locales. Además, el restaurante debe comprarlos directamente al productor y deben estar producidos a menos de cien kilómetros del restaurante. Muchos restaurantes en España y toda América Latina forman parte de esta red. Cocineros y cocineras jóvenes y con enorme talento, a menudo en zonas rurales, llevan a la mesa las recetas de las abuelas y usan los productos "de toda la vida". Pero además tienen un buen ejemplo que seguir: el mejor restaurante del mundo de los años 2011, 2012 y 2013 es el danés Noma, un Km 0.

ENEKO ATXA, chef del Azurmendi, restaurante Km 0 con 3 estrellas Michelin reconocido en 2018 como el restaurante más sostenible del mundo

B. 📋 MAP Lee el texto. Luego, en parejas, responded las siguientes preguntas.

- ¿Qué no les parece lógico y sostenible a los creadores del movimiento?
- ¿Qué creéis que quiere conseguir el movimiento *slow food*?
- ¿Creéis que es una buena idea?
- ¿Os gustaría ir a un restaurante Km 0?

C. Buscad restaurantes en España, América Latina o vuestro país que formen parte de la red Km 0. Presentad al resto de la clase uno que os parezca interesante.

> **En inmersión**
>
> Averigua si en la ciudad o en la región en la que estudias español existen proyectos o iniciativas para promover hábitos saludables entre la ciudadanía o para potenciar el consumo de productos de proximidad.

3. UNA "CIUDAD VERDE"

A. ¿A qué se puede referir el concepto "ciudad verde"? En parejas, elaborad una lista de características.

- *Para nosotros, una ciudad verde es una ciudad con zonas verdes, que fomenta el uso de...*

B. MAP ALT Lee este texto sobre Vitoria Gasteiz. ¿Menciona algunas de las características que habéis pensado en A?

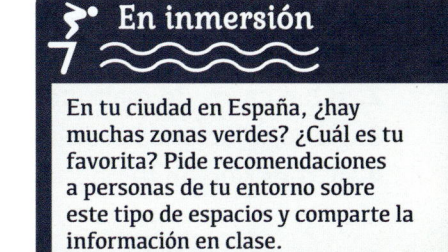

En inmersión

En tu ciudad en España, ¿hay muchas zonas verdes? ¿Cuál es tu favorita? Pide recomendaciones a personas de tu entorno sobre este tipo de espacios y comparte la información en clase.

VITORIA GASTEIZ
ciudad verde

Vitoria se preocupa de manera especial por el medioambiente y el paisaje. Tanto que en 2012 la Comisión Europea le otorgó el Premio Capital Verde Europea. Descubre por qué.

AIRE PURO
La calidad del aire es muy alta y la ciudad cuenta con varias estaciones que controlan a diario esa calidad.

"ANILLO VERDE"
Alrededor de la ciudad hay una serie de parques de gran valor ecológico y paisajístico que están conectados entre ellos.

TRANSPORTE URBANO SOSTENIBLE
Vitoria ha cambiado la manera de moverse de sus ciudadanos mediante una red de autobuses más eficaz y varias líneas de tranvía. Así ha conseguido aumentar en un 44 % los viajes en transporte urbano.

AHORRO DE AGUA
El ayuntamiento ha impulsado un plan para ahorrar agua y está concienciando a los ciudadanos para que la usen de manera eficaz.

"PACTO VERDE"
Muchas de las empresas situadas en la ciudad han firmado un "pacto verde" y se han comprometido a ahorrar energía, reciclar, reutilizar material y generar menos residuos.

C. ¿Crees que tu ciudad es una ciudad verde? ¿Qué debería cambiar para serlo? Coméntalo con otras personas.

D. ¿Cuáles son las ciudades más verdes del mundo? Prepara una presentación sobre una.

Construimos el LÉXICO

Haz una lista de acciones que haces en tu día a día que, en tu opinión, ayudan a proteger el medioambiente.

Usar la bici para desplazarme, reciclar residuos...

Explorar y reflexionar

4. UN MUNDO SOSTENIBLE /MÁS EJ. 3-4

A. ≡ MAP Lee esta entrevista y contesta las preguntas en tu cuaderno.
1. ¿Qué piensa el entrevistado sobre el maltrato animal? ¿Estás de acuerdo con su opinión?
2. ¿Qué casos de maltrato menciona?
3. ¿Qué soluciones propone? ¿Estás de acuerdo con esas soluciones? ¿Se te ocurren otras?
4. ¿Crees que en tu país se dan casos de maltrato contra los animales? ¿Cuáles?

«La gente sigue tratando mal a los animales»

Raúl Santos es el presidente de APDA, una asociación para la defensa de los animales. Acaba de publicar un libro titulado *Atacados e indefensos*.

¿En España todavía se maltrata a los animales?
Creo que hemos mejorado mucho en los últimos años, pero todavía hay mucha gente que se comporta de forma cruel con los animales.

Tu asociación denuncia cientos de casos cada año.
Sí, y **es vergonzoso que**, a estas alturas, algunas personas **traten** a los animales así, pero ocurre. Cada año denunciamos aproximadamente 500 casos de familias que abandonan a su perro o a su gato. **Es inconcebible tratar** así a animales indefensos. Deberíamos tener leyes más duras para todas las personas que cometen esos crímenes.

Ante un caso de maltrato ¿qué debemos hacer?
Ante un caso que presenciamos, como un perro atado sin comida ni cobijo, nuestra obligación es ponerlo en conocimiento de las autoridades y aportar pruebas si las tenemos. Si lo encontramos en internet, **es importante no compartir** ni divulgar las imágenes.

¿Cuál es la postura de tu asociación respecto a las corridas de toros?
Son un acto bárbaro que, además, muchos Gobiernos apoyan con dinero público. **Es lamentable que** en el siglo XXI todavía **exista** esta demostración de crueldad y creemos que debería aprobarse de inmediato una ley para prohibir las corridas en todas partes de España.

Pero hay algunos datos positivos, ¿no crees? Se han prohibido varias fiestas populares en las que se maltrataba a animales.
Es verdad que la situación actual es mucho mejor que la de hace algunos años. **Es lógico** también **que** las leyes **cambien** y **que se prohíban** costumbres primitivas. Es más, pensamos que habría que prohibirlas todas ya.

B. Observa las expresiones resaltadas en amarillo. En unos casos se construyen con infinitivo y, en otros, con **que** + subjuntivo. ¿Intuyes por qué?

C. Compara estas dos frases. ¿Por qué crees que en una se usa indicativo y en la otra el subjuntivo? Trata de completar la regla.

- Es verdad que la situación actual **es** mejor que la de hace dos años.
- No es verdad que la situación actual **sea** mejor que la de hace dos años.

> 1. Si queremos afirmar la veracidad o la evidencia de algo, usamos un verbo conjugado en ....
> 2. Si queremos negar algo que se ha dicho anteriormente, usamos un verbo conjugado en ....

En inmersión

¿Sabes si en tu ciudad española se celebran fiestas o espectáculos con animales? ¿De qué tipo? ¿Cuándo? Pregunta a alguna persona y comparte la información con la clase.

5. LE PARECE FATAL /MÁS EJ. 6-7

A. 🔊 39 Vas a escuchar tres conversaciones en las que varias personas comentan asuntos relacionados con el medioambiente. Escucha y toma notas de los temas de los que hablan y de las valoraciones que hacen. Después, coméntalo con otras personas de la clase.

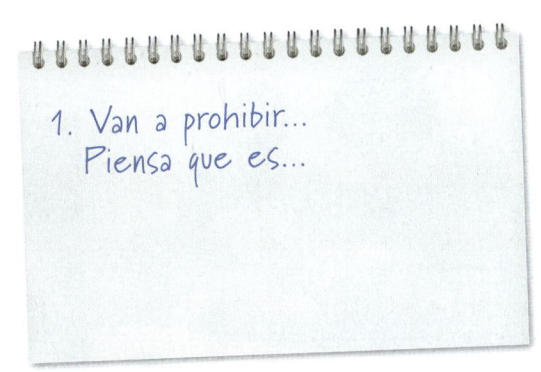

1. Van a prohibir...
Piensa que es...

- *En la primera conversación* hablan de *prohibir...*

B. El verbo **parecer** también se usa para valorar situaciones y hechos. Expresa las valoraciones de A usando las estructuras de la tabla.

PARECER + **ADJETIVO, NOMBRE O BIEN / MAL + INFINITIVO**	PARECER + **ADJETIVO, NOMBRE O BIEN / MAL + QUE + SUBJUNTIVO**

1. Le parece...

2.

3.

C. ¿Estás de acuerdo con las valoraciones de B? Coméntalo con otras personas de la clase.

➕ Para comunicar

→ Me parece (i)lógico / (in)necesario / (in)suficiente / (in)justo...
→ Me parece un horror / una vergüenza...
→ (No) me parece bien / mal / buena idea

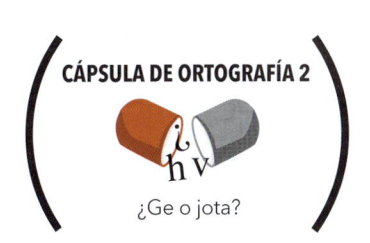

CÁPSULA DE ORTOGRAFÍA 2
¿Ge o jota?

Explorar y reflexionar

6. ¿TÚ HARÍAS ESO? /MÁS EJ. 8-9

A. Aitor comenta con otra persona algunas ideas para vivir de una manera más sostenible y participativa. ¿De qué iniciativas crees que hablan?

1
- ¿Tú **invitarías** a comer a tu casa a personas desconocidas?
- No sé, la idea está bien, pero creo que no lo **haría**.

2
- Yo esto sí que **podría** hacerlo, mira.
- ¿Sí? ¿**Viajarías** en tu coche con un desconocido? Creo que a mí no me **gustaría**…

3
- Y mira esto. ¿Tú **usarías** algo así?
- Pues sí, ¿por qué no? Parecen prácticas. Si son resistentes…

B. Los verbos en negrita de la conversación de A están en condicional. ¿Entiendes lo que expresamos con ese tiempo verbal?

C. ¿Recuerdas cómo se forma el futuro? El condicional es muy parecido. Completa las formas que faltan.

	FUTURO	CONDICIONAL		FUTURO	CONDICIONAL
(yo)	invitar**é**	invitar**ía**	(nosotros / nosotras)	invitar**emos**	
(tú)	invitar**ás**	invitar**ías**	(vosotros / vosotras)	invitar**éis**	invitar**íais**
(él / ella, usted)	invitar**á**		(ellos / ellas, ustedes)	invitar**án**	

D. La raíz de los verbos irregulares en condicional es la misma que la del futuro. Intenta conjugar la primera persona de estos verbos.

- hacer → haría
- saber →
- poner →
- poder →

- tener →
- querer →
- salir →
- decir →

7. Y LO QUE DICE SOBRE... /MÁS EJ. 12-14

A. Lee estos consejos para cuidar el medioambiente y piensa qué objetivos tiene cada uno. Luego, en grupos, poned en común vuestras ideas.

9 CONSEJOS PARA CUIDAR EL MEDIOAMBIENTE

1. Antes de tirar algo a la basura, piensa si puede reutilizarse.

2. Practica el reciclaje.

3. No abuses de aparatos y juguetes que requieren pilas y baterías.

4. Come más productos de origen vegetal y menos carne.

5. Nunca dejes el grifo abierto.

6. Apaga las luces y los aparatos eléctricos que no estés utilizando.

7. Usa bolsas de tela.

8. Ve en bici o utiliza transporte público.

9. Trata de comprar alimentos no envasados o empaquetados.

Consejo 1:
Reducir residuos
Practicar un consumo responsable

➕ Para comunicar

- **incentivar** el uso / consumo de…
- **evitar** el desperdicio de…
- **ahorrar** energía / agua…
- **reducir** residuos / el tráfico…

B. Tres personas han reaccionado a los consejos de A. Lee lo que han dicho. ¿A qué consejo se refiere cada persona?

> **Daniela: Lo de** los envases lo tengo cada vez más en cuenta. Siempre que puedo, compro a granel.

> **Justo: Lo de que** no hay que dejar la luz encendida es bastante obvio, ¿no?

> **Leonor: Esto de** comer menos productos de origen animal, no entiendo qué relación tiene con el medioambiente.

> **Paulina: Lo de** cerrar el agua siempre lo hago.

C. Fíjate en las estructuras en negrita de B y marca la opción correcta para completar la regla.

| Usamos | **lo / esto / eso** + **de** + infinitivo
lo / esto / eso + **de** + **el (del) / la / los / las** + sustantivo
lo / esto / eso + **de que** + verbo | ○ para introducir un tema nuevo en una conversación.
○ para introducir un tema familiar para las personas que hablan o que ha sido mencionado. |

D. ¿Y tú? ¿Qué opinas sobre los consejos de A? ¿Los sigues? Coméntalo con el resto de la clase.

- *Yo hago lo de ir en bici. Siempre voy en bici a todas partes.*

Léxico

ADJETIVOS Y EXPRESIONES PARA VALORAR
/MÁS EJ. 16

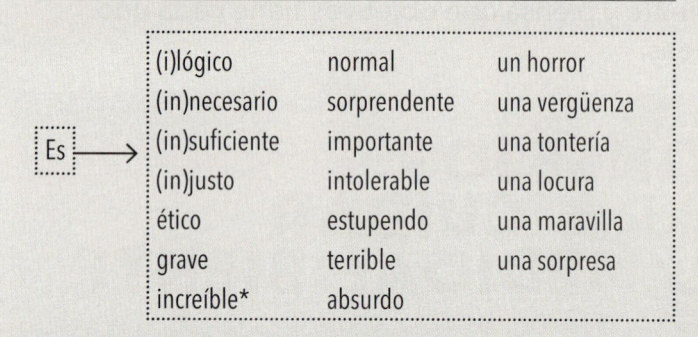

Es →
- (i)lógico
- (in)necesario
- (in)suficiente
- (in)justo
- ético
- grave
- increíble*
- normal
- sorprendente
- importante
- intolerable
- estupendo
- terrible
- absurdo
- un horror
- una vergüenza
- una tontería
- una locura
- una maravilla
- una sorpresa

* **Increíble** sirve tanto para hacer valoraciones positivas como negativas:
Ayer vi un documental sobre Jane Goodall. Es **increíble** todo lo que ha hecho por los chimpancés y la vida salvaje.
Me parece **increíble** que exista tanta corrupción en este país y que no se haga nada al respecto.

❗ El prefijo **in-** expresa, por lo general, el sentido contrario a la palabra que acompaña o su ausencia. **In-** pierde la letra **n** delante de palabras que empiezan por **l** (**lógico → ilógico**) o por **r** (en este caso la **r** se duplica: **relevante → irrelevante**). En cambio, delante de palabras que empiezan por **b** o por **p**, se trasforma en **im-** (**posible → imposible**).

ADJETIVOS Y EXPRESIONES PARA INDICAR VERACIDAD O EVIDENCIA (O AUSENCIA DE ESTA)

* **Es cierto** significa "es verdad". No significa "es seguro".

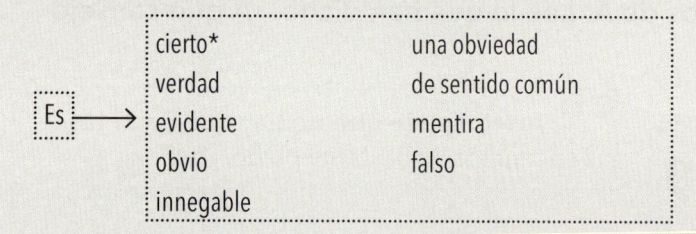

Es →
- cierto*
- verdad
- evidente
- obvio
- innegable
- una obviedad
- de sentido común
- mentira
- falso

Está → claro

ACCIONES PARA UN MUNDO MEJOR /MÁS EJ. 17

VERBO	SUSTANTIVO
reciclar	(el) reciclaje
reutilizar	(la) reutilización
comprar	(la) compra
consumir	(el) consumo
ahorrar	(el) ahorro
reducir	(la) reducción
fomentar	(el) fomento
luchar	(la) lucha

CARACTERÍSTICAS Y MATERIALES DE LOS OBJETOS
/MÁS EJ. 18-20

- biodegradable
- reutilizable
- reciclable
- reciclado/a
- orgánico/a
- vegano/a
- apto/a para personas veganas
- local / de proximidad
- de un solo uso
- de usar y tirar
- de bajo consumo
- de segunda mano

un peine de madera

una botella de acero inoxidable

un cepillo de dientes de bambú

un envase de vidrio

una esponja vegetal

una mascarilla de tela / algodón

Gramática y comunicación   6

EL CONDICIONAL /MÁS EJ. 10-11   ➕ P. 196-197

	GASTAR	PERDER	VIVIR
(yo)	gastar**ía**	perder**ía**	vivir**ía**
(tú)	gastar**ías**	perder**ías**	vivir**ías**
(él / ella, usted)	gastar**ía**	perder**ía**	vivir**ía**
(nosotros/as)	gastar**íamos**	perder**íamos**	vivir**íamos**
(vosotros/as)	gastar**íais**	perder**íais**	vivir**íais**
(ellos/as, ustedes)	gastar**ían**	perder**ían**	vivir**ían**

El condicional en español tiene varios usos: expresar deseos difíciles de realizar, opinar sobre acciones y conductas, evocar situaciones imaginarias, aconsejar, pedir de manera cortés que alguien haga algo…

EXPRESAR DESEOS
Especialmente con verbos como **gustar** y **encantar**.

- **Me encantaría** ir en bici al trabajo, pero es que vivo muy lejos.
- Ya, a mí también **me gustaría**…

OPINAR SOBRE ACCIONES Y CONDUCTAS
Yo nunca **abandonaría** un animal. Me parece muy cruel.

EVOCAR SITUACIONES HIPOTÉTICAS
- ¿Qué **harías** para mejorar la alimentación?
- **Aumentaría** los impuestos de los alimentos con grasas saturadas.

ACONSEJAR, SUGERIR
Con verbos como **poder**, **deber** o **tener que**.

- Yo a veces no reciclo porque no tengo espacio en casa…
- Pues yo creo que **deberías** empezar a hacerlo. **Podrías** comprarte una papelera de esas que están divididas y que no ocupan espacio.

ESTO / ESO / LO + DE (QUE) + SUSTANTIVO / VERBO   ➕ P. 180

Cuando queremos hablar de un tema familiar para los interlocutores o que ha sido mencionado antes, usamos **esto** / **eso** / **lo de** (**que**).

Está muy bien **lo de** compartir coche: ahorras, conoces a gente…

- ¿Has leído **lo del** meal sharing?
- Es **eso de** invitar a gente a tu casa para comer, ¿no?

¿Qué te parece **lo de que** prohíban las corridas de toros?

VALORAR SITUACIONES Y HECHOS   ➕ P. 199-201

(No) Es (No) Me parece	grave un horror una vergüenza …	+ **que** + subjuntivo + infinitivo

(No) Está (No) Me parece	(muy) bien / mal	+ **que** + subjuntivo + infinitivo

Es lógico que suban el precio de las bebidas azucaradas. Son malas para la salud.

A mí no me parece normal que consumamos productos que vienen de la otra punta del mundo si también se producen aquí…

Está muy bien que en algunas tiendas hagan descuento si llevas envases para reciclar o reutilizar.

❗ Usamos el infinitivo cuando la persona que habla lo hace de sí misma o queremos generalizar: **Creo que es muy importante** concienciar a toda la población de los efectos del cambio climático.

EXPRESAR VERACIDAD O EVIDENCIA (O AUSENCIA DE ESTA)   ➕ P. 199-201

Los adjetivos y las expresiones que indican veracidad o evidencia van seguidos de indicativo. Los que dudan o niegan esa veracidad o evidencia, generalmente van seguidos de subjuntivo.

Es	verdad cierto evidente	obvio innegable	+ **que** + indicativo
Está	claro		
No es	cierto / verdad		
No está	claro		+ **que** + subjuntivo*
Es	mentira / falso		

* El uso del indicativo en estas construcciones es posible si la persona que habla está repitiendo una frase que alguien ha dicho antes:

- María se ha separado de Rubén. Es evidente que ya no están enamorados.
- No es cierto que no están / estén enamorados, lo que pasa es que Rubén tiene un carácter muy complicado y no hay quien lo aguante.

Practicar y comunicar

8. NOTICIAS

A. Imagina que estos titulares de periódico se han publicado hoy en tu país y que son reales. ¿Qué opinas? Coméntalos con otra persona de la clase.

> Se prohíbe la fabricación de coches altamente contaminantes

> Nueva "ecotasa": los turistas deberán pagar 100 euros para entrar al país

> El Gobierno aumenta los impuestos a los aparatos que funcionan con pilas

> Se conceden ayudas millonarias para impulsar la agricultura biológica

> El Gobierno quiere plantar 1 millón de árboles frutales en las ciudades de todo el país

> Los países productores acuerdan subir el precio del café para potenciar su desarrollo

- *A mí me parece muy bien que prohíban fabricar coches muy contaminantes. Hoy en día se pueden fabricar modelos que contaminen poco.*
- *No sé, ¿esos coches que contaminan menos no son más caros?*

+ Para comunicar

→ Es injusto / una tontería
→ Me parece lógico / una locura
→ Yo creo que está (muy) bien / mal

prohibir / que se prohíba…
lo de las ayudas a…
lo de ayudar…
lo de que ayuden…

B. En parejas, escribid un titular imaginario. Luego, leedlo en voz alta. El resto de la clase lo comentará.

9. APLICACIONES PARA UN MUNDO MEJOR

A. Cada vez existen más aplicaciones que tienen el objetivo de hacer del mundo un lugar mejor. En grupos, buscad tres aplicaciones y preparad tres fichas con la siguiente información.

- Nombre de la aplicación
- Propósito
- Cómo funciona
- Ventajas
- Valoración

B. Presentad a la clase las tres aplicaciones. ¿Hay alguna que ya conocíais? ¿Os ha sorprendido alguna? ¿Hay alguna aplicación que os gustaría utilizar?

10. SIN RESIDUOS

A. En parejas, fijaos en estos objetos. ¿Sabéis los nombres de todos? ¿Los usáis a menudo? ¿Creéis que usarlos puede afectar al medioambiente? ¿Cómo?

B. ▶7 Ve el videocatálogo de una tienda *online* y toma notas de las alternativas a los productos de A que ofrece. ¿Qué ventajas tienen estos productos alternativos?

C. Responde a estas preguntas y, luego, comenta tus respuestas con otras personas.
- ¿Te gustaría probar alguno de los productos del videocatálogo de la tienda Cero Residuo?
- ¿Alguno no te convence? ¿Por qué?
- ¿Usas o has usado productos como los que se ven en el vídeo? Si es así, ¿qué te parece el producto? ¿Lo recomendarías?

D. Piensa si en tu día a día usas productos de un solo uso o poco respetuosos con el medioambiente y haz una lista. ¿Sabes si existen alternativas más sostenibles? Comentadlo en grupos.

- *Yo cuando estoy resfriado uso muchos pañuelos de papel y creo que eso no es muy sostenible...*
- *Yo ahora uso pañuelos de tela. Al principio me parecía incómodo, pero ya me he acostumbrado a usarlos.*

+ Para comunicar
→ Yo tengo / uso (muchos/as / demasiados/as)...
→ A mí me gustaría empezar a usar / probar / comprar...
　　　　　　　　　dejar de usar / comprar / consumir...
→ Yo preferiría..., pero me parece (que)...

Practicar y comunicar

11. ALT|DIGITAL ¿PODEMOS CAMBIAR LAS COSAS?

A. Vais a hablar de problemas relacionados con estos ámbitos y a proponer soluciones. Primero, entre toda la clase, ampliad la lista de temas relacionados con cada uno.

Los derechos de los animales
- Animales domésticos ilegales
- Experimentación con animales
- Otros: ....

La tecnología
- Las *fake news*
- El derecho al olvido
- Otros: ....

La alimentación
- Obesidad y otros problemas
- Comida rápida vs. Slow Food
- Otros: ....

El mundo del trabajo
- La conciliación entre vida laboral y familiar
- El acceso al trabajo
- Otros: ....

El consumo
- La esclavitud de la moda
- La obsolescencia programada
- Otros: ....

La desigualdad entre hombres y mujeres
- En el trabajo
- En la política
- Otros: ....

B. En grupos, elegid uno de los ámbitos de A y pensad en cosas ilógicas, injustas o perjudiciales. ¿Tenéis ideas o soluciones para mejorar esas situaciones?

- Yo creo que no es lógico que mucha gente pase tanto tiempo cada día para ir al trabajo y volver. Ese tiempo se puede dedicar a la familia.
- ¿Y qué se puede hacer?
- Hombre, los transportes podrían mejorar y...

+ Para comunicar
→ Crear / fomentar / facilitar…
→ Evitar / reducir / prohibir…
→ Obligar a…
→ Dar ayudas para…

C. Presentad a la clase los problemas y vuestras propuestas.

Vídeo

DISPONIBLE EN campus difusión

12. MODA SOSTENIBLE

ANTES DE VER EL VÍDEO

A. Vas a ver un vídeo que habla sobre la moda lenta. Antes de verlo, escribe qué palabras o conceptos crees que van a aparecer en el vídeo. Piensa en lo que sabes de los movimientos *slow* e investiga en internet si lo necesitas.

VEMOS EL VÍDEO

B. ▶8 Empieza a ver el vídeo y responde a estas preguntas.

1. ¿Qué es Madrid Es Moda? ....

....

2. ¿Qué relación tiene esta edición de Madrid Es Moda con la moda lenta? ....

....

....

C. ▶8 Algunos diseñadores y diseñadoras cuentan qué es para ellos/as la moda lenta. Continúa viendo el vídeo y toma notas de lo que dicen. ¿Con qué definición estás más de acuerdo?

D. ▶8 Termina de ver el vídeo. ¿Cómo son las presentaciones de las colecciones de Madrid Es Moda? ¿Por qué son importantes?

DESPUÉS DE VER EL VÍDEO

E. ¿Qué relación ves entre la moda y el medioambiente? ¿Cuáles son los problemas que ocasiona o ha ocasionado en el planeta todo lo relacionado con el mundo de la moda? Haz un esquema o mapa mental y comparte con otras personas de la clase tus conclusiones.

7 / MISTERIOS Y ENIGMAS

¿EXISTEN LOS OVNIS? | EL MISTERIO DEL TRIÁNGULO DE LAS BERMUDAS | EL SIGNIFICADO DE LOS SUEÑOS

Misterios Y ENIGMAS

año 5 | N°49
ENERO 2021

ISLA DE PASCUA: ¿QUÉ ACABÓ CON LA CIVILIZACIÓN RAPA NUI?

LAS EXTRAVAGANTES TEORÍAS SOBRE EL ORIGEN DE LAS MISTERIOSAS ESFERAS DE COSTA RICA

EL LAGO NESS: ¿UN FRAUDE PARA ATRAER A LOS TURISTAS?

TESTIMONIOS: PREMONICIONES, TELEPATÍA Y SUEÑOS QUE SE HACEN REALIDAD

ENTREVISTAS
¿ES POSIBLE VIAJAR EN EL TIEMPO?

LA INMORTALIDAD CADA VEZ MÁS CERCA

TEST: ¿Eres una persona desconfiada?

La ley de la atracción:
una teoría sobre el increíble poder de la mente

EN ESTA UNIDAD VAMOS A

ESCRIBIR UN BLOG SOBRE MISTERIOS DE LA CIENCIA

RECURSOS COMUNICATIVOS
- hacer hipótesis y conjeturas
- relatar sucesos misteriosos
- expresar grados de seguridad

RECURSOS GRAMATICALES
- algunos usos del futuro simple y del futuro compuesto
- construcciones en indicativo y en subjuntivo para formular hipótesis

RECURSOS LÉXICOS
- sucesos misteriosos y fenómenos paranormales
- psicología y ciencia
- **creer algo** / **creerse algo** / **creer en algo**
- los verbos **pensar** y **recordar**

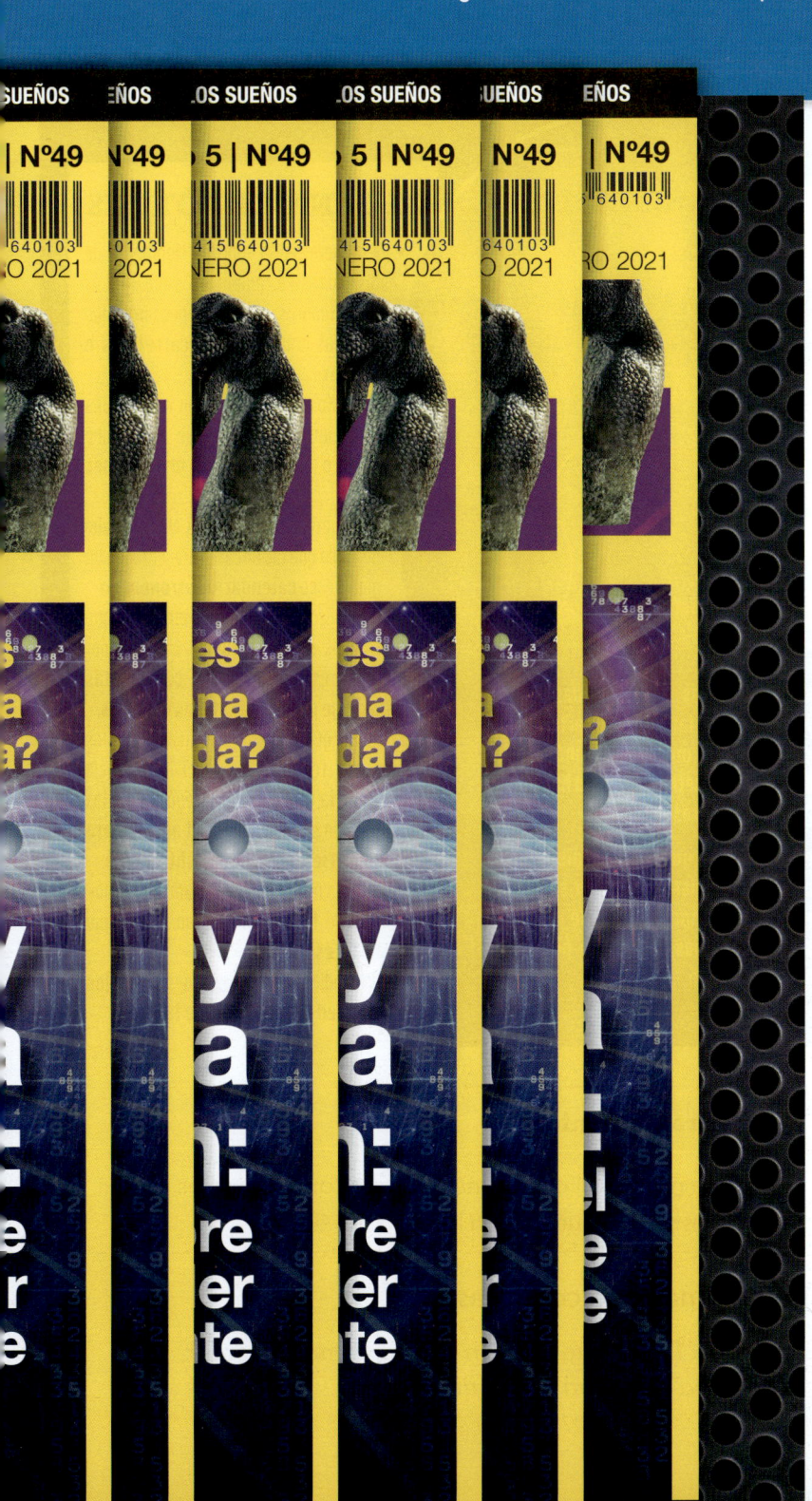

AUDIOS, VÍDEOS, DOCUMENTOS ALTERNATIVOS, ETC., DISPONIBLES EN campus difusión

Empezar

1. EN ESTE NÚMERO...

A. Mira la portada de la revista *Misterios y Enigmas* y lee los titulares. ¿Con qué ámbitos los relacionas?

- fenómenos paranormales
- psicología
- ciencia
- sucesos misteriosos

B. ¿Te interesan los temas de los que habla la revista? ¿Qué artículos crees que te podrían interesar?

C. Comenta con el resto de la clase qué sabes sobre esos temas.

> *Yo vi un reportaje sobre las esferas de Costa Rica. Son unas piedras redondas que...*

noventa y cinco **95**

Comprender

2. ALT | DIGITAL LAS LÍNEAS DE NAZCA /MÁS EJ. 1, 13-14

A. MAP ALT ¿Sabes qué son las "líneas de Nazca"? Lee la entradilla del artículo y, luego, comenta con otras personas quiénes crees que las hicieron y para qué.

- • *Yo he leído que era un sistema de escritura antigua.*
- ○ *¿Ah, sí? Pues yo no sabía que existían.*

Las líneas de Nazca

En la región de Nazca, al sureste del Perú, existen, desde hace más de 1500 años, unas espectaculares y misteriosas líneas trazadas en el suelo de hasta 250 metros de largo. Declaradas en 1994 Patrimonio Cultural de la Humanidad por la Unesco, representan uno de los legados más importantes de las culturas preincaicas. Las más espectaculares son las que reproducen animales marinos y terrestres.

Desde que fueron redescubiertas en 1939 (los conquistadores españoles ya las describen en sus crónicas), el enigma de las líneas de Nazca no ha dejado de intrigar a arqueólogos, matemáticos y amantes de lo oculto. Pero ¿qué son en realidad?

Las líneas de Nazca son rayas y figuras, dibujadas sobre una llanura, que han permanecido intactas durante los años gracias a las particulares condiciones meteorológicas y geológicas del lugar. Las más impresionantes son, sin duda, las que representan animales. Entre las figuras representadas, hay un pájaro de 300 metros de largo, un lagarto de 180, un pelícano, un cóndor y un mono de más de 100 metros, y una araña de 42 metros. También hay figuras geométricas y algunas figuras humanas.

Teniendo en cuenta que los "dibujantes" probablemente nunca pudieron observar sus obras, ya que solo se pueden apreciar desde el aire o parcialmente desde algunas colinas, la perfección del resultado es asombrosa.

ALGUNAS HIPÓTESIS

- • La primera teoría sobre el significado de estas figuras se remonta al siglo XVI. Los conquistadores españoles pensaron que las líneas eran **antiguas carreteras o caminos**.
- • Paul Kosok, el primero en realizar una observación aérea, dijo que se trataba de **rutas o caminos para procesiones rituales**.
- • La matemática alemana Maria Reiche pensaba que las líneas representaban un gigantesco **calendario astronómico**.
- • El suizo Erich von Däniken afirmó que las líneas de Nazca fueron trazadas por extraterrestres para utilizarlas como **pistas de aterrizaje para sus platillos volantes**.
- • Para los arqueólogos, el significado de estas figuras está relacionado con la importancia del agua en la cultura nazca. Según ellos, las líneas servían para **canalizar el agua o para marcar corrientes de agua subterránea**.
- • Algunos historiadores mantienen que las líneas de Nazca representan un antiguo **sistema de escritura**.
- • Otros estudiosos sostienen que son **dibujos realizados en honor al dios de la lluvia**.

B. Ahora, lee el resto del texto y comenta con otras personas con cuál de las hipótesis estás más de acuerdo.

➕ Para comunicar

→ Para mí la explicación más lógica / convincente es la de…
→ Yo estoy de acuerdo con la teoría / lo de…

C. Comparte con la clase otros misterios o enigmas que conozcas.

- • *En Inglaterra están las ruinas de Stonehenge. Dicen que servían como calendario solar.*
- ○ *Pues cerca de donde viven mis padres hay una cueva en la que dicen que…*

3. EXPERIENCIAS PARANORMALES /MÁS EJ. 2-3

A. A veces pasan cosas que no tienen una explicación lógica. Aquí tienes algunas. En parejas, pensad más y escribidlas en vuestros cuadernos.

- Tener una premonición
- Tener sueños que se cumplen
- Tener telepatía
- Tener la impresión de que ya hemos vivido algo
- Notar una presencia
- Pensar en alguien y encontrárselo poco después

• ¿Sabes cuando vas a un lugar por primera vez y tienes la sensación de haber estado antes?
∘ Sí, me ha pasado alguna vez…

B. Lee estos testimonios y relaciónalos con alguno de los fenómenos de la lista de A.

Beatriz (Madrid): Me acabo de mudar y el otro día estuve decorando mi nuevo piso con una amiga. En un momento determinado, mi amiga cogió un póster y dijo: "Este lo puedes poner aquí". De repente, me di cuenta de que ya había vivido eso antes. En algún momento había visto a esa amiga colgando ese póster en la pared. ¿Pero cómo puede ser? ¿En qué momento fue si yo no había estado nunca en este piso? Quizás fue en algún sueño…

Pedro (Ciudad Real): A mí me ha pasado varias veces eso de que un día, de repente, empiezas a pensar en alguien que hace tiempo que no ves, un amigo o una amiga de la infancia, por ejemplo, y a lo largo del día hay pequeños detalles o cosas que te recuerdan a esa persona y te preguntas qué será de su vida, dónde estará, qué hará… Y al final, resulta que coincides con ella en algún lugar. Quizá sea solo pura casualidad, pero nunca deja de sorprenderme.

C. 🔊 40 🔊 ALT|CU Ahora escucha esta historia. ¿Con qué fenómeno de A la relacionas?

D. Aquí tienes algunas opiniones sobre este tipo de experiencias. ¿Con cuáles estás más de acuerdo? Coméntalo con otras personas de la clase.

- Yo creo que, cuando pasan estas cosas, se trata simplemente de una casualidad.
- Seguro que dentro de unos años entenderemos cosas que ahora nos parecen inexplicables…
- Lo que pasa es que quizá vemos lo que queremos ver…
- Los animales y los hombres tenemos un sexto sentido que apenas hemos desarrollado.
- Puede que existan formas de comunicación extrasensoriales.
- Para mí, la casualidad no existe.

• Yo también creo que, en el futuro, entenderemos…

Construimos el LÉXICO

Piensa en fenómenos que no tienen una explicación lógica o científica y clasifícalos.

Me gustaría…	Me daría mucho miedo…
levitar	ver un fantasma

Explorar y reflexionar

4. PUEDE QUE SEA... /MÁS EJ. 4

A. Aquí tienes una serie de opiniones e hipótesis sobre el misterio del Triángulo de las Bermudas y sobre el misterio del lago Ness. Marca a cuál se refieren en cada caso.

1. El Triángulo de las Bermudas

2. El lago Ness

1. **Puede que** sea un animal prehistórico.
2. **Igual** es un fraude para atraer el turismo.
3. **A lo mejor** son algas que flotan en el agua.
4. **Quizá** sea una base extraterrestre.
5. **Es posible que** sea un campo electromagnético que afecta a los barcos y aviones que pasan por ahí.
6. **Quizá** es un "agujero espaciotemporal".
7. **Seguro que** son animales marinos que entran por canales subterráneos y luego vuelven a salir al mar.
8. **Tal vez** los barcos y los aviones simplemente se hunden por razones mecánicas.
9. **Tal vez** sea una entrada a la Atlántida, el continente desaparecido.
10. **Es probable que** sea una leyenda que surgió cuando alguien contó que un gran animal lo había atacado.

B. Las expresiones que están en negrita sirven para formular hipótesis. Agrúpalas según el modo del verbo que acompañan: indicativo, subjuntivo o ambos.

C. ¿Con cuál de las partículas de A expresamos más seguridad? Coméntalo con otras personas de la clase.

En inmersión

En la ciudad española en la que vives, ¿hay algún lugar o hecho misterioso? ¿Y en sus alrededores? Puedes preguntarlo a alguien de tu entorno o en las oficinas de turismo. ¿Tienes algunas hipótesis sobre ese misterio? Comparte la información con la clase.

CÁPSULA DE ORTOGRAFÍA 3

¿Be o uve?

5. EL PODER DE LA MENTE /MÁS EJ. 6

A. 📋 MAP ¿Has oído hablar de la ley de la atracción? Lee este texto y resume en qué consiste.

Jueves 30 de enero de 2021 | 15.50 h.

La ley de la atracción: cambia tu forma de pensar para transformar tu vida

Hace poco vi el documental *El secreto* y me empecé a interesar por la ley de la atracción. Es una teoría basada en los principios de la física cuántica. Según esta teoría, los pensamientos son una especie de antena. Cuando pensamos, generamos energía. Y esa energía atrae otras energías del mismo tipo. Es decir, si pensamos algo positivo, atraemos energía positiva y si pensamos algo negativo, la energía que atraemos es negativa. Lo interesante es que si controlamos nuestros pensamientos, podemos conseguir lo que realmente deseamos. Lo único que tenemos que hacer es repetir con nuestra mente —como un mantra— lo que deseamos. Si logramos cambiar nuestra manera de pensar, podremos tener o hacer lo que queremos. Yo lo estoy intentando y estoy muy contenta con los resultados. Probadlo y ya veréis. ¡Todo está en la mente!

B. 📋 MAP Asocia cada frase con uno o varios de los comentarios sobre el texto de A.

1. **Cree que** esta teoría es una tontería y un fraude.
2. **Está seguro/a de que** quien hizo el documental ha obtenido grandes beneficios.
3. **No cree que** sea una teoría científica.
4. **Cree que** esta teoría no tiene en cuenta el entorno de las personas.
5. **Cree que** es probable que la teoría funcione para ser más feliz.
6. **Considera que** esta teoría es peligrosa y culpabiliza a los pobres.
7. **Está convencido/a de que** una actitud optimista atrae acontecimientos positivos.

Comentarios

Yoli: ¿Basada en la física cuántica? No me lo creo. A mí estas teorías de "tienes el poder de cambiar tu vida" o "haz tus sueños realidad" me parecen tonterías. Eso sí, seguro que el autor del documental se ha hecho rico.

3345n: No creo que la ciencia respalde esa teoría, pero igual sirve para aprender a ser más optimistas y a tener confianza en uno mismo.

Juligar: Pues yo sí creo en esa teoría y en el poder de la mente. No todo lo que nos ocurre es pura suerte, es obvio que nuestra actitud hace mucho. Si vemos el futuro con optimismo es mucho más probable que nos pasen cosas buenas.

Milxx9: Sinceramente, yo creo que esta teoría considera que el individuo es lo único que existe e ignora por completo las circunstancias sociales. ¿Si naces en un lugar en el que hay miseria, no hay trabajo y se pasa hambre, resulta que si no consigues lo que quieres es porque tienes pensamientos negativos?

Luis: Estoy de acuerdo contigo. E incluso diría que me parece arriesgada porque, en el fondo, el mensaje es que si alguien tiene problemas él es el único culpable. ¿Y si pensamos así, qué pasa? ¿No hacemos nada para ayudar a los que tienen menos? ¿Ni para resolver las crisis?

C. Fíjate en las frases 1, 3, 4 y 5 del apartado B. ¿Cuándo usamos **creer** + indicativo y cuándo **creer** + subjuntivo?

D. ¿Y tú? ¿Qué piensas sobre esta teoría? Resume en unas frases tu opinión y léesela a tus compañeros/as. Puedes usar las expresiones en negrita del apartado B.

Explorar y reflexionar

6. ¿ERES UNA PERSONA DESCONFIADA? /MÁS EJ. 7-8

A. ☰ MAP ¿Eres una persona desconfiada? Responde a este test y lee los resultados. ¿Te sientes identificado/a? Coméntalo con otras personas de la clase.

¿ERES UNA PERSONA DESCONFIADA?

1. Alguien del trabajo te hace un regalo cuando no es tu cumpleaños.
- Ⓐ ¡Qué raro! ¿Qué **querrá**? Seguro que quiere algo a cambio.
- Ⓑ Se **habrá** enamorado de mí.
- Ⓒ ¡Qué majo/a! Claro, como soy tan simpático/a...

2. Tu pareja no llega a casa.
- Ⓐ Me **estará** engañando con otro/a.
- Ⓑ **Habrá** ido a tomar algo con alguien del trabajo.
- Ⓒ **Estará** trabajando. Ya llegará.

3. Recibes una llamada de tu jefe/a para que te presentes inmediatamente en su despacho.
- Ⓐ Me **querrán** despedir. Seguro.
- Ⓑ Me **querrá** decir que he hecho algo mal.
- Ⓒ Bueno, puedo aprovechar para pedirle un aumento de sueldo.

4. Ves a un compañero/a de trabajo comiendo con tu jefe/a.
- Ⓐ **Estarán** saliendo juntos/as.
- Ⓑ Le **estará** haciendo la pelota para obtener un ascenso.
- Ⓒ **Estarán** hablando de trabajo.

5. Una persona se dirige a ti cuando vas por la calle.
- Ⓐ **Querrá** atracarme.
- Ⓑ **Tendrá** la intención de venderme algo.
- Ⓒ **Querrá** preguntarme una dirección.

6. Llamas a un/a amigo/a para quedar, pero te dice que no puede. Ya te lo ha dicho otras veces.
- Ⓐ No **querrá** verme, **estará** enfadado/a conmigo.
- Ⓑ **Tendrá** algún problema.
- Ⓒ **Habrá** hecho planes.

7. Te encuentras en la calle a una persona conocida, pero te saluda muy rápidamente y no se para a hablar contigo.
- Ⓐ No le **caeré** bien.
- Ⓑ No **tendrá** ganas de hablar conmigo.
- Ⓒ **Tendrá** un mal día.

RESULTADOS

Mayoría de A: Eres una persona muy desconfiada y un poco mal pensada. Ante el abanico de posibilidades que se te ofrecen, siempre escoges la más negativa. Si sigues así, puedes acabar sin amistades.

Mayoría de B: Intentas ser sociable, pero no te fías totalmente de la gente. No ves el lado perverso de las cosas, pero tampoco te dejas llevar siempre por el optimismo.

Mayoría de C: Estás seguro/a de ti mismo/a y nada de lo que ves te parece sospechoso. Eres una persona confiada.

B. Fíjate en las formas verbales destacadas en el test de A. Están en futuro. ¿Entiendes para qué sirven?

C. Lee estos diálogos y marca qué opción resume el significado de las frases con <u>futuro simple</u> y <u>futuro compuesto</u>. (hypotheses)

1.
- • Carlos llega tarde.
- ○ **Habrá perdido** el autobús.
- ○ Piensa que perderá autobús.
- ☑ Piensa que ha perdido el autobús.

2.
- • A la niña le duele la tripa.
- ○ **Habrá comido** demasiado.
- ○ Piensa que come demasiado.
- ☑ Piensa que ha comido demasiado.

3.
- • Petra no contesta.
- ○ **Estará** ocupada.
- ☑ Piensa que está ocupada.
- ○ Piensa que más tarde estará ocupada.

D. ¿Sabes cómo se forma el futuro compuesto? Completa la tabla con las formas que faltan.

	FUTURO SIMPLE DE HABER				**+ PARTICIPIO**
(yo)	habré	(nosotros/as)	habremos		trabaj**ado**
(tú)	habrás	(vosotros/as)	habráis		perd**ido**
(él / ella, usted)	habr**á**	(ellos/as, ustedes)	habr**án**		**ido**
					hecho

E. Luz es muy confiada y Pepa es muy desconfiada. Escribe lo que piensa cada una de ellas en estas situaciones, usando el futuro simple. Luego escribe lo que pensarías tú.

1. Está en casa y empieza a oler a quemado.

Luz: "Algún vecino habrá quemado la comida". / Pepa: "¡Se estará quemando todo el edificio!"

2. Alguien del trabajo invita a todo el personal a su fiesta de cumpleaños menos a ella.

3. Hace tres años que no sabe nada de su ex, pero hoy le ha escrito un mensaje.

4. Su vecina, que siempre es muy antipática, se muestra muy amable con ella y la invita a su casa.

5. En un restaurante, le dan una carta en la que no están escritos los precios.

7. NO ME LO CREO /MÁS EJ. 9

A. Lee estos diálogos y completa la tabla con los significados de **creer** y **creerse**.

1
• ¿Sabes que un científico estadounidense ha descubierto una vacuna contra el miedo?
○ ¿En serio?
• Es broma, ¡**te lo crees** todo!

2
• ¿Tú **crees en** la reencarnación?
○ Bueno, **creo que**, de alguna forma, pasamos a ser otra cosa, que no desaparecemos del todo.

3
• He leído que hay gente que es capaz de controlar su mente y no sentir frío.
○ ¡Qué dices! ¡No **me lo creo**!

4
• ¿Tú **crees que** algún día los humanos nos alimentaremos solo con pastillas?
○ No **creo**, eso sería muy raro…

1. Con **creer que**…	a. … expresamos una creencia.
2. Con **creerse** (algo)…	b. … decimos que consideramos cierta una información.
3. Con **creer en**…	c. … expresamos nuestro grado de seguridad o una opinión.

B. ¿Y tú? ¿Qué opinas sobre los temas de A? Reacciona con **creer que**, **creer en** y **creerse**.

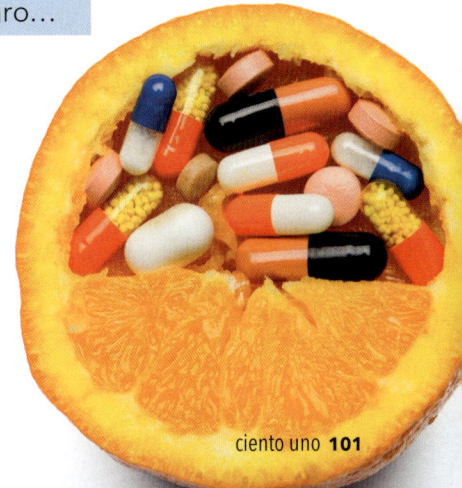

Léxico

HABLAR DE UNA TEORÍA

Profesionales en la materia **piensan** / **creen que**…
Existe **la teoría de que**…
Recientes investigaciones **sugieren** / **indican que**…
Algunas personas **mantienen** / **sostienen** / **afirman que**…
Para la comunidad científica, **se trata de**…

SUCESOS MISTERIOSOS Y FENÓMENOS PARANORMALES /MÁS EJ. 12, 15-16

- **tener**: una premonición | telepatía | sueños que se cumplen | una pesadilla | el presentimiento de que… | la sensación de que…
- **ver**: un fantasma | un ovni
- **oír**: voces extrañas
- **hacer**: magia | viajes en el tiempo
- **leer**: el pensamiento
- **viajar**: en el tiempo
- **recordar**: vidas anteriores | un sueño
- **notar / sentir**: una presencia

DESCRIBIR SUCESOS

misterioso/a	impresionante
espectacular	inexplicable
asombroso/a	increíble*

* **Increíble** a menudo se usa para expresar sorpresa o admiración:
*Ayer vi un documental sobre las líneas de Nazca. El tamaño y el detalle de las formas es **increíble**. (= asombrosa)*
*Me gustaría hacer un viaje astral. Dicen que es una experiencia **increíble**. (= difícil de explicar)*
*Me parece **increíble** que haya gente que hace negocio con este tema. (= sin sentido, indignante)*

Para expresar que algo nos resulta muy difícil de creer solemos decir que algo **no** es **creíble**. Solemos usar verbos como **ser**, **parecer** o **resultar**.
*No sé dónde has leído esa teoría, pero **no** me parece nada **creíble**.*

CREER, CREERSE, CREER EN /MÁS EJ. 5

Para expresar una opinión, podemos usar **creer que** + indicativo.
*Yo **creo que** existen otros planetas habitados.*

Para poner en duda una opinión o para rechazar una opinión o una afirmación previa, usamos **no creer que** + subjuntivo.
*Yo **no creo que** existan los extraterrestres.*

Para expresar una creencia, usamos **creer en**.
*Los budistas **creen en** la reencarnación, ¿no?*

Para expresar si una afirmación o una opinión nos parece verdad o mentira, usamos **(no) creerse (algo)**.
*Dicen que hay gente que puede vivir sin comer, pero yo **no me lo creo**.*

❗ Todos los verbos que expresan opinión (**me parece que**, **pienso que**…) se construyen como **creer**:
Me parece que *la homeopatía funciona.* (Expresar opinión: indicativo.)
*A mí **no me parece que** existan los extraterrestres, ¿no?* (Duda o rechazo de una opinión: subjuntivo.)

PENSAR

Usamos **pensar en** para expresar que tenemos algo o alguien en la mente o que lo estamos recordando.

- ¿**En** qué **piensas**?
- **Pensaba en** el sueño que tuve anoche. Fue muy inquietante.

Si queremos preguntar o dar la opinión acerca de una persona o cosa, usamos **pensar de**.
*¿Qué **piensas de** esta teoría? ¿Te parece creíble?*

Para introducir una opinión usamos **pensar que**: *Yo **pienso que** todos los sucesos paranormales tienen una explicación científica.*

También usamos **pensar** + infinitivo para hablar de intenciones:
*¿Todavía **piensas** ir a Escocia de vacaciones?*

RECORDAR

Usamos **recordar** y **acordarse** (**de**) para expresar que tenemos algo presente (o no) en la memoria.

Recuerdo *una vez que fuimos de excursión y, por la noche…*
*No **me acuerdo de** este lugar. ¿Seguro que hemos estado antes?*

Recordar a también se puede usar para decir que una persona o cosa se parece a otra o nos hace pensar en ella.

*Esta mancha en la pared **recuerda al** cuadro El grito, de Munch.*
*Mi profesor me **recuerda** mucho **a** mi abuelo cuando era joven.*

Gramática y comunicación 7

RECURSOS PARA FORMULAR HIPÓTESIS
/MÁS EJ. 10-11   ➕ P. 205

CON INDICATIVO

Estoy seguro/a de que	está bien.
Seguro que	se han casado.
A lo mejor	fueron de vacaciones a París.
Igual* / lo mismo	estaban muy cansados/as.

* **Igual** se usa solo en la lengua coloquial.

(presente) → con express future intentions

CON SUBJUNTIVO (never use futuro compuesto)

Lo más seguro es que	esté enfermo/a.
Es probable que	tenga problemas.
Es posible que	venga pronto.
Puede que	

CON INDICATIVO Y SUBJUNTIVO (mas deseguridad)

Seguramente	
Probablemente	
Posiblemente	está / esté enfermo.
Tal vez	viene / venga más tarde.
Quizá(s)	

EL FUTURO SIMPLE   ➕ P. 195

Para formular hipótesis sobre el presente, podemos utilizar el futuro simple o, si nos referimos a una acción en desarrollo, la perífrasis **estar** (en futuro simple) + gerundio.

Afirmamos algo	Pepe **está** trabajando.
Invitamos a especular	¿Dónde **estará** Pepe? ¿Qué **estará haciendo** Pepe?
Planteamos una hipótesis	**Estará** en el trabajo. **Estará trabajando**.

Para expresar hipótesis sobre el presente, el futuro simple puede combinarse con adverbios.

- ¿Dónde estará Pepe?
- **Seguramente** estará en casa.
- **Probablemente** estará durmiendo.

EL FUTURO COMPUESTO   ➕ P. 196

	FUTURO SIMPLE DE HABER	+ PARTICIPIO
(yo)	habr**é**	
(tú)	habr**ás**	viaj**ado**
(él / ella, usted)	habr**á**	perd**ido**
(nosotros/as)	habr**emos**	sal**ido**
(vosotros/as)	habr**éis**	
(ellos/as, ustedes)	habr**án**	

Para formular hipótesis sobre acciones o situaciones terminadas, podemos utilizar el futuro compuesto.

Afirmamos algo	Julia **se ha ido** a su casa.
Invitamos a especular	¿Por qué **se habrá ido** Julia?
Planteamos una hipótesis	**Se habrá ido** a su casa.

- ¿Dónde **habré puesto** las llaves? No las encuentro.
- Las **habrás dejado** en la puerta.

- ¿Qué ha sido ese ruido? ¿Lo has oído?
- **Habrá sido** el viento…

Para expresar hipótesis, el futuro compuesto puede combinarse con adverbios: **Seguramente** se habrá ido a su casa.

OTROS RECURSOS PARA EXPRESAR GRADOS DE SEGURIDAD   ➕ P. 205

Estoy convencido/a de	+ sustantivo
	+ **que** + indicativo
No estoy muy seguro/a, pero creo (que) + indicativo	
He leído / visto / oído (no sé dónde) que + indicativo	
Dicen que + indicativo	

Estoy absolutamente convencida de… … la existencia de los extraterrestres.
… **que** existen los extraterrestres.

He leído que han descubierto siete planetas similares a la Tierra y **que** son habitables.

Dicen que algún día se podrá viajar en el tiempo.

Me temo que + indicativo
same as creo que, but always negative reference

ciento tres **103**

Practicar y comunicar

8. ESOTERISMO /MÁS EJ. 17

Aquí tienes una serie de noticias sobre fenómenos paranormales. ¿Qué te parecen? ¿Puedes dar una explicación a alguna de las noticias? Coméntalo con otras personas de la clase.

SUCESOS DE HOY

AVISTAMIENTO DE OVNIS EN MÁLAGA
Varias personas afirman haber visto ovnis la noche del pasado 23 de junio. Esta es la descripción de lo sucedido, según un testigo: "Cuatro puntos de luz muy intensos avanzaron muy lentamente y luego se alejaron a gran velocidad".

ACAMPAN EN UN BOSQUE Y AMANECEN EN UNA PLAYA
Un grupo de excursionistas de entre 17 y 20 años supuestamente acamparon la noche del pasado jueves en un bosque. A la mañana siguiente, despertaron en una playa de Asturias.

FALSAS POSESIONES
Fuentes del Vaticano han manifestado que, según sus especialistas, más de la mitad de los casos de exorcismos tratados el año pasado se deben a trastornos de la personalidad y no a posesión demoníaca.

PODEROSOS OJOS
En Cuzmel (México) una niña de 13 años sorprende a todos sus vecinos por su capacidad para mover objetos (algunos de hasta 50 kilos) con el poder de su mirada. "Solo tengo que abrir los ojos y concentrarme mucho", dijo.

- • Yo lo de los ovnis no me lo creo. Seguramente lo que vieron eran estrellas o aviones.
- ○ Pues yo sí creo en los extraterrestres. No sé, tal vez no sean verdes y con antenas, pero…

9. FICCIONES

A. El cine, la televisión o la literatura se inspiran a menudo en enigmas de la historia o en fenómenos paranormales. Piensa en obras que hablen de esos temas y toma notas sobre los aspectos sugeridos u otros que te parezcan relevantes.

- De qué misterio o fenómeno trata
- Desde qué perspectiva se trata ese tema: científica, misteriosa…
- Qué opinas sobre cómo se trata ese tema
- ¿Has visto o leído esa obra? ¿Te gusta?

La llegada (Denis Villeneuve, 2016) cuenta la llegada de unos alienígenas a la Tierra. El Gobierno contrata a una lingüista para que se comunique con ellos. Ella aprende su idioma y empieza a tener sueños y visiones, y…

B. Comenta con otras personas de la clase las obras que has pensado en A. ¿Las han visto o leído? ¿Están de acuerdo con tus consideraciones?

En inmersión

Busca información sobre la serie *El Ministerio del Tiempo* (de qué trata, cuál es la misión de los agentes del ministerio, etc.) y menciona un hecho histórico de tu interés de alguno de los capítulos.

10. LA INTERPRETACIÓN DE LOS SUEÑOS /MÁS EJ. 18-19

A. ¿Habéis soñado alguna vez alguna cosa parecida a la que cuentan estas personas?

PSICOLOGÍA

¿CON QUÉ SUEÑAS?

Eli: Estoy teniendo bastantes pesadillas. Una pesadilla muy recurrente es que me están persiguiendo porque quieren matarme. Nunca me hacen nada porque me escapo, pero me paso todo el sueño sufriendo porque tengo la sensación de que están a punto de alcanzarme. Es horrible.

Yo últimamente he soñado varias veces con famosos. En cada sueño es un famoso diferente, pero la cuestión es que está por ahí conmigo y yo lo trato como a un amigo. ¿Qué puede significar?

Aitor

Covadonga: Yo sueño a veces que salgo a la calle desnuda o sin alguna prenda de ropa. Muy a menudo salgo descalza o en zapatillas. No recuerdo más detalles, solo sé que paso mucha vergüenza, pero las demás personas parecen no darse cuenta.

Manuel: ¿Qué significa soñar: que te pierdes y que no consigues llegar a tu destino? A mí me pasa mucho eso.

B. Comenta con la clase cuál crees que es el significado de los sueños de A.

- *Yo creo que si sueñas con famosos es porque has visto una peli o has hablado de esa persona con alguien, ¿no?*
- *Pues yo he oído que eso quiere decir...*

+ Para comunicar

→ Yo he oído / leído que…   eso significa…
→ Dicen que…   quiere decir…
→ Seguramente / Probablemente…

→ Es probable que…   eso signifique…
→ Puede que…   quiera decir…

C. 🔊 41-44 Escucha ahora lo que cuenta un experto en interpretación de sueños y compáralo con tus respuestas de B.

D. Cuéntales un sueño a tus compañeros/as (que hayas tenido o inventado) y comentad posibles interpretaciones.

- *Yo una vez soñé que estaba en el gimnasio de mi colegio, pero el suelo de repente se convertía en una piscina gigante que iba desde un extremo a otro. Entonces yo caía al agua y...*

ciento cinco **105**

Practicar y comunicar

11. MISTERIOS SIN RESOLVER

A. Entre toda la clase vais a crear un blog titulado *Misterios sin resolver*. En grupos, decidid de qué tema queréis hablar. Podéis elegir uno de estos o proponer otro.

ASTROLOGÍA

¿La astrología tiene poder de predicción?

¿El movimiento y la situación de los planetas (especialmente el Sol, Marte y la Luna) influyen en nuestro comportamiento?

¿Los horóscopos son fiables?

ROBOTS

¿En el futuro podremos reproducirnos con robots?

¿Los robots sustituirán a los humanos en trabajos importantes?

¿Los robots del futuro tendrán inteligencia emocional?

VIDA EN OTROS PLANETAS

¿Estamos solos en el universo?

¿Hemos recibido visitas de los extraterrestres?

¿La NASA y la CIA tienen pruebas de que existen los ovnis, pero no las revelan?

¿En el futuro podremos construir ciudades en otros planetas?

SENTIMIENTOS

¿Los sentimientos tienen una explicación científica?

¿Algún día existirán medicamentos contra sentimientos como el miedo o el odio?

¿Somos infieles por naturaleza?

B. Cread vuestra publicación para el blog. Podéis escoger el tipo de documento que prefiráis (si queréis, buscad información en internet).

Tipos de documentos:
- Una entrevista
- Un reportaje
- Un vídeo
- Una noticia
- Un artículo de opinión

C. Publicad vuestras entradas en el blog. Luego, leed los textos de los otros grupos y escribid comentarios.

Vídeo

DISPONIBLE EN campus difusión

12. ALT|DIGITAL LOS PLANETAS ESPEJO

ANTES DE VER EL VÍDEO

A. Vas a ver un vídeo sobre el descubrimiento de los "planetas espejo". ¿Qué características crees que pueden tener? ¿Crees que es un descubrimiento real o ficticio?

VEMOS EL VÍDEO

B. ▶9 Ve el vídeo y responde estas preguntas en tu cuaderno.

1. ¿Cuándo tuvo lugar el descubrimiento de los planetas espejo?
2. ¿Cómo se hizo este descubrimiento? ¿Qué hizo posible descubrirlos?
3. ¿Qué son los planetas espejo y qué relación tienen con los misterios?
4. ¿Qué supuso el descubrimiento de los planetas espejo?
5. ¿Cuál es la última consecuencia del descubrimiento de los planetas espejo? ¿Por qué se produce?

DESPUÉS DE VER EL VÍDEO

C. ¿Cuál es la intención del cortometraje? ¿Qué idea pretende transmitir? ¿Te ha gustado?

D. ¿Qué misterios de la Humanidad te gustaría resolver con la ayuda de los planetas espejo?

¿Cómo se construyeron las pirámides de Egipto?
¿Qué pasó con el vuelo MH370 de Malaysia Airlines?
¿Qué le pasó a Amelia Earhart?

E. Comparte tus preguntas con otras personas de la clase y haced hipótesis.

8 / ¿Y QUÉ TE DIJO?

¿QUÉ MOTIVA A LOS ESPAÑOLES A PERMANECER EN SU EMPRESA ACTUAL O A ABANDONARLA?

RAZONES PARA PERMANECER EN LA EMPRESA

- 51% prestaciones y salarios atractivos [benefit]
- 48% conciliación familiar (flexible para la vida familiar)
- 47% seguridad laboral
- 41% ambiente de trabajo agradable
- 40% trabajo interesante
- 39% ubicación
- 36% condiciones flexibles
- 32% oportunidades de evolución profesional
- 29% buena salud financiera de la empresa
- 23% buena formación en la empresa
- 22% buena reputación
- 16% productos de calidad
- 15% diversidad e inclusión
- 15% administración eficiente
- 14% aporta a la sociedad / al medioambiente
- 14% uso de las tecnologías más recientes
- 4% no sé

RAZONES PARA ABANDONAR LA EMPRESA

- 51% remuneración insuficiente
- 39% perspectivas profesionales limitadas
- 36% problemas para la conciliación laboral
- 32% falta de reconocimiento / recompensas
- 27% pocos desafíos
- 25% la empresa no es estable económicamente
- 22% condiciones de trabajo poco flexibles
- 19% lugar de trabajo lejos del domicilio
- 16% relación insatisfactoria con el / la jefe/a directo/a
- 13% beneficios insuficientes
- 12% administración poco eficiente
- 8% otras

EN ESTA UNIDAD VAMOS A
TOMAR PARTIDO EN UN CONFLICTO ENTRE DOS PERSONAS

AUDIOS, VÍDEOS, DOCUMENTOS ALTERNATIVOS, ETC., DISPONIBLES EN campus difusión

RECURSOS COMUNICATIVOS
- transmitir órdenes, peticiones y consejos
- referir lo que han dicho otros en el pasado

RECURSOS GRAMATICALES
- estilo directo e indirecto

RECURSOS LÉXICOS
- **ir** y **venir**
- **llevar** y **traer**
- el trabajo
- estafas, conflictos y reclamaciones
- discriminación laboral

Empezar

1. ¿QUÉ VALORAMOS DE UN TRABAJO?

A. ¿Cuáles de estas cosas son más importantes para ti a la hora de buscar y valorar un empleo? Marca las cinco más relevantes para ti. ¿Añadirías otras?

- ☐ tener un trabajo estable y seguro
- ☐ tener un buen sueldo
- [3] poder conciliar tu vida personal con la profesional
- ☐ tener oportunidades para formarte
- [1] hacer un trabajo interesante
- ☐ que haya un buen ambiente laboral
- [2] tener posibilidades de promoción y desarrollo profesional
- ☐ trabajar en un lugar cercano, interesante… (familiar / cerca)
- ☐ tener condiciones flexibles (lugar de trabajo, horarios, etc.)
- [4] que la empresa tenga buena reputación
- ☐ que la empresa sea estable financieramente
- [5] que la empresa tenga en cuenta la diversidad y la inclusión

B. Mira el gráfico de la izquierda. ¿Coinciden las cinco cosas que más se valoran en España con las cinco que más valoras tú? Coméntalo en clase.

- *Según el gráfico, para la mayoría de las personas en España lo más importante es…*

C. Piensa en los lugares en los que has trabajado y decidiste dejar. ¿Fue por alguno de los motivos del gráfico de la derecha?

- *Yo trabajé un tiempo en una agencia de traducción, pero me fui porque…*

Fuente: Employer brand research. Randstad. Informe de España (2019)

Comprender

2. EL MUNDO LABORAL

A. Mira estas viñetas humorísticas sobre el mundo del trabajo. ¿Qué critica cada una de ellas? Coméntalo con otra persona de la clase y escribid vuestras ideas.

En la 1, que las mujeres...

1. PADYLLA
— He conocido a una mujer que consiguió trabajo fácilmente, que le dieron un sueldo justo, que la hicieron jefa, que en su casa comparte las tareas con su pareja y que nunca ha sufrido por nada.
— ¿Sí? ¿Cómo se llama?
— UTOPÍA

2. FORGES — *contratos temporales*
— Le vamos a firmar un contrato de 5 minutos y luego ya veremos.

3. ELKOKO — *discriminación por género* / *para disparar = to fire*
— En nuestra multinacional practicamos la discriminación positiva con las mujeres.
— Si dan positivo en el test de embarazo las discriminamos totalmente.

B. 🔊 45 🔊 ALT CO/MX Vas a escuchar a tres personas que hablan de experiencias en el trabajo. ¿Con qué viñeta de A relacionas cada testimonio?

1. 3   2. 2   3. 1

C. ¿Crees que en tu país existen las situaciones que denuncian las viñetas anteriores?

En inmersión

¿Conoces dibujantes de humor gráfico españoles/as? Investiga y elige viñetas que te gusten. Comparte tus descubrimientos con el resto de la clase.

Construimos el LÉXICO

A. Haz una nube de palabras con las palabras y expresiones de las actividades 1 y 2 que más necesitas para hablar de tu trabajo o del de las personas de tu entorno. Si necesitas otras, busca en internet o pregúntale a tu profesor/a.

trabajo estable, buen sueldo, funcionaria...

B. Presenta en clase esas palabras. Explica qué significan si es necesario.

3. ME DIJERON QUE TENÍA QUE PAGAR

A. MAP ALT ¿Has sentido alguna vez que te querían estafar? Estas personas sí. En parejas, cada uno/a va a leer uno de los testimonios. Después, se lo contará a su compañero/a.

¿Te han estafado alguna vez?

Nicolás, 31 años
Una vez, buscando trabajo, me intentaron estafar. Resulta que leí un anuncio en el que buscaban a jóvenes universitarios para trabajar desde casa por internet. El anuncio decía que podías ganar hasta 2000 euros al mes. Llamé al teléfono que ponía en el anuncio y me invitaron a ir ese mismo día a una entrevista. En la entrevista me dijeron que podía empezar esa misma semana, pero que tenía que comprarles un ordenador y un programa concretos por valor de 1500 euros. Me pareció muy sospechoso y no lo hice. Unas semanas después, me encontré por la calle a una chica que había conocido el día de la entrevista. Me contó que todo era una gran estafa y que la empresa había desaparecido del mapa sin entregar un solo ordenador.

Marta, 30 años
Hace unos años, vi una oferta de empleo interesante en la prensa. En el anuncio decían que había que llamarles por teléfono para obtener más información sobre el trabajo. Llamé y me pidieron que llamara a otro teléfono. Llamé a ese otro número, pero me hicieron esperar. Al cabo de 30 minutos, la llamada se cortó. Así que volví a llamar. ¡Y estuve otros 30 minutos esperando! Al día siguiente lo volví a intentar y me ocurrió lo mismo. No logré nunca hablar con ellos, pero al cabo de unos días recibí una factura de más de 300 euros por las llamadas. Se lo comenté a un amigo y él me dijo que el número al que había llamado por lo del anuncio era un número de teléfono de tarificación especial (cada minuto cuesta un montón de dinero) y que seguramente me habían estafado. Fui a la policía y puse una denuncia. Un tiempo después, encontraron a los responsables y los condenaron a pagar una multa considerable. ¡Y recuperé mi dinero!

B. Los dos casos están resumidos en estos recuadros, aunque las frases están desordenadas. Identifica las dos historias y ordena las frases.

- Volvió a llamar varias veces.
- Llamó, pero no contestaban.
- Puso una denuncia y al cabo de un tiempo le devolvieron su dinero.
- Vio una oferta de empleo interesante.
- Le llegó una factura muy elevada.
- Le dijeron que tenía que llamar a un número de teléfono.
- Un amigo le dijo que la habían estafado.

- Llamó y le dijeron que le harían la entrevista ese mismo día.
- Se enteró después de que todo era una estafa.
- Le ofrecieron empezar esa semana.
- Vio un anuncio de trabajo interesante en el periódico.
- Le pareció extraño y no aceptó el trabajo.
- Le pusieron una condición: comprar un ordenador y unos programas.

C. ¿Conoces experiencias parecidas? ¿Qué crees que hay que hacer cuando te encuentras en una situación de este tipo? Coméntalo con otras personas de la clase.

• *Yo creo que si te piden que pagues algo y no lo ves claro, lo mejor es...*

Explorar y reflexionar

4. PRÁCTICAS EN UN HOTEL /MÁS EJ. 1

A. 🔊 46 Toni está haciendo prácticas en la recepción de un hotel. Escucha la conversación que tiene con su supervisora y toma nota de lo que tiene que hacer.

1. ....
2. ....
3. ....

B. Ahora escribe qué le pide su supervisora. Completa estas frases.

1. Le pide **que llame** _un servicio de taxi para la señora_.
2. Le dice **que reserve** _un servicio de masaje en el spa_.
3. Le dice **que lleve** _las toallas a la cama 506_.
4. Le pide **que responda** _a los correos de reservación_.

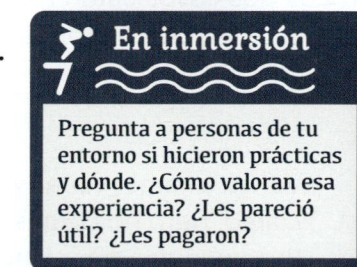

> **En inmersión**
>
> Pregunta a personas de tu entorno si hicieron prácticas y dónde. ¿Cómo valoran esa experiencia? ¿Les pareció útil? ¿Les pagaron?

C. Fíjate en la estructura que + subjuntivo de las frases del apartado B. ¿Transmite una información o una petición? _pedir algo // transmitir una petición_

D. Más tarde, durante el día, su supervisora le ha pedido estas otras cosas a Toni. Escribe en tu cuaderno cómo se lo cuenta Toni a un amigo suyo por la tarde usando **que** + presente de subjuntivo.

1. "Esta semana no uses el ordenador de mi despacho, por favor". → Mi jefa me ha pedido que... _no use_
2. "Concéntrate en el restaurante, esta semana tenemos muchas reservas". _me concentre_
3. "A partir de ahora, ¿puedes encargarte tú de avisar a los taxis para los clientes?". _me encargue_

5. ¿VAS A VENIR PARA LA REUNIÓN? /MÁS EJ. 2

A. Lee los siguientes diálogos e intenta representar gráficamente el significado de los verbos subrayados. ¿En tu lengua existen palabras equivalentes para esos verbos? ¿Se usan igual?

underlined

— ¿Vas a venir para la reunión del día 25?
— No, al final la haremos por videoconferencia porque ese día no puedo ir a Barcelona…

BARCELONA — **MADRID**

— Abel, ¿puedes traerme a mi despacho las facturas, por favor?
— Sí, las tengo aquí. ¿Te llevo también las nóminas que me pediste? *(payroll)*

2.ª PLANTA — **6.ª PLANTA**

B. 🔊 47 Míriam y Héctor son compañeros de trabajo. Hoy Héctor está en un congreso y llama a Míriam, que está en la oficina. Completa su conversación con los verbos **ir**, **venir**, **llevar** y **traer** en la forma que corresponda. Luego, escucha y comprueba.

- ¿Diga?
- Hola, Míriam, soy Héctor.
- ¡Hola, Héctor! ¿Qué tal el congreso?
- Bien, muy bien. Hay mucha gente y todo está yendo genial. Tú vas a ___venir___ por la tarde, ¿no?
- Sí, a las 15:30 h, después de comer.
- De acuerdo, pues ¿me puedes ___traer___ mis gafas de leer, por favor? Están en mi mesa.
- Vale. ¿Te ___llevo___ algo más?
- Pues si puedes, ___tráeme___ *(traerme)* algo de dinero. Unos trescientos euros en billetes pequeños.
- De acuerdo. Oye, Héctor, ¿qué es lo mejor para ___ir___ ahí? ¿Hay alguna parada de metro o de autobús cerca?
- No, mira, lo mejor es que ___vengas___ en taxi, porque esto está bastante lejos de todo.

C. Míriam le cuenta a otra compañera, que está en la oficina con ella, lo que le ha dicho Héctor. ¿Cómo se lo dice? ¿Qué cambios se producen en los verbos?

1. "¿Me puedes traer mis gafas de leer?". *llevar a él*
   Héctor me ha dicho que ___(le) lleve sus gafas de leer___.

2. "Si puedes, trae algo de dinero".
   Me ha pedido que ___le lleve algo de dinero___.

3. "Lo mejor es que vengas en taxi".
   Me ha dicho que ___lo mejor es que vaya en taxi___.

Explorar y reflexionar

6. ME DIJO QUE... /MÁS EJ. 3-7, 10

A. MAP ALT Javi hizo una entrevista de trabajo hace unos meses y escribe sobre ello en su blog. Leedlo y, en parejas, comentad las respuestas a estas preguntas.

- ¿Para qué tipo de puesto de trabajo era la entrevista?
- ¿Cómo le fue la entrevista? ¿Qué sensación tuvo?
- ¿Por qué no lo seleccionaron? ¿Qué explicaciones le dieron?
- ¿Cómo reaccionó él?
- ¿Conoces experiencias parecidas a la de Javi?

CÁPSULA DE ORTOGRAFÍA 4
La tilde en las palabras con secuencias vocálicas

Página principal | Blog | Sobre mí | Archivo

El Blog de Javi

3 de julio
Cada vez me pasan cosas más raras

Os voy a contar algo que me pasó hace unos meses y que aún no me lo puedo creer. Esto de buscar trabajo cada día es más duro y a mí cada vez me pasan cosas más raras.

Resulta que fui a una entrevista para hacer una sustitución en un banco. Era una sustitución de unos seis meses, bastante bien pagada.

La entrevista fue genial. Me la hizo la persona con la que tendría que trabajar y noté que había feeling. Nos entendimos bien, yo creo que ella también lo pensó. Es más, me dijo que estaba muy contenta de haber encontrado a alguien como yo. Así que nada, pensé que seguro que me daban el trabajo.

Pero tres días después me llamó y me dijo que lamentablemente habían elegido a otra persona y que esa misma mañana había empezado a trabajar. Me contó que habían estado toda la semana anterior dudando entre el otro candidato y yo, pero que al final lo habían elegido a él.

Lo raro es que me contaba eso, pero no paraba de decirme que yo era un candidato ideal, que era una pena no poder trabajar conmigo, que tenía muchas cualidades...

Y entonces le pregunté qué es lo que le había hecho decidirse por el otro.

Al principio no me lo quería decir. Dudó un poco, se puso nerviosa... Me dijo que le daba mucha vergüenza contármelo y tal. Pero al final dijo ¡que no me habían elegido porque llevaba gafas! Que era una lástima, pero que en ese tipo de trabajo era muy importante la imagen y que mi aspecto no pegaba con el perfil que buscaban.

Me quedé tan sorprendido que no supe qué decir. Y ella tampoco. Se disculpó y me dijo que estas cosas antes no pasaban, pero que ahora el Departamento de Recursos Humanos tenía mucha influencia y que tenían otros criterios para elegir al personal... Y al final me dijo que me llamaría si salía otra oferta de trabajo. Lo típico.

En aquel momento no se me ocurrió, pero ahora estoy pensando en poner una denuncia porque eso es discriminación. ¿Qué opináis? Contadme qué pensáis en los comentarios.

B. Escríbele un comentario a Javi contestando a la pregunta que hace al final.

C. Completa esta tabla. En la columna de la izquierda tienes algunas frases que le dijo la entrevistadora. ¿Con qué tiempos verbales lo transmite Javi? Completa la otra columna con frases del texto de A.

ESTILO DIRECTO	ESTILO INDIRECTO EN PASADO
Presente "Estoy muy contenta de haber encontrado a alguien como tú". "En este tipo de trabajo es muy importante la imagen". "El Departamento de Recursos Humanos tiene mucha influencia".	Pretérito imperfecto Me dijo que estaba muy contenta de haber encontrado a alguien como yo. Me dijo que en ese tipo de trabajo era muy importante la imagen. Me dijo que el D. de Recursos Humanos tenía mucha influencia.
Pretérito imperfecto "Antes estas cosas no pasaban".	Pretérito imperfecto Me dijo que antes esas cosas no pasaban.
Pretérito perfecto "Hemos elegido a otra persona". "Esta misma mañana ha empezado a trabajar".	Pretérito pluscuamperfecto Me dijo que habían elegido a otra persona. Me dijo que esa misma mañana había empezado a trabajar.
Pretérito indefinido "Mira, estuvimos toda la semana pasada dudando entre otro candidato y tú".	Pretérito pluscuamperfecto Me dijo que habían estado toda la semana pasada dudando entre otro candidato y yo. anterior
Futuro simple "Te llamaré".	condicional Me dijo que me llamaría.

D. Aquí tienes preguntas o comentarios extravagantes que les hicieron a algunas personas en entrevistas de trabajo. Escribe en tu cuaderno cómo lo contarían dos días más tarde.

1. (Carlos, 50 años, en un despacho de abogados): "¿Lleva más de cien euros en la cartera?"

   Me preguntaron...

2. (Tomás, 28 años, en un restaurante): "¿De qué color es la ropa interior que llevas hoy?"

3. (Malia, 31 años, en una editorial): "¿Qué ha desayunado hoy?"

4. (Tina, 26 años, en una escuela): "¿Qué canción te gustaba más cuando eras pequeña?"

5. (Julia, 33 años, en una agencia de traducción): "¿Cuándo tuviste pareja por primera vez?"

6. (Marco, 42 años, en un taller de coches): "¿Tus padres te dejarán algo en herencia?"

Léxico

EL MUNDO LABORAL /MÁS EJ. 11, 14

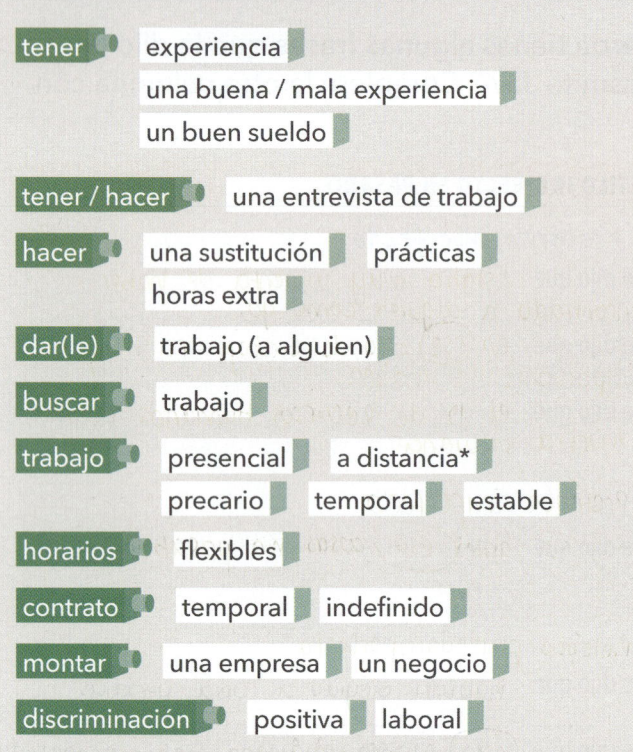

- **tener** → experiencia / una buena / mala experiencia / un buen sueldo
- **tener / hacer** → una entrevista de trabajo
- **hacer** → una sustitución / prácticas / horas extra
- **dar(le)** → trabajo (a alguien)
- **buscar** → trabajo
- **trabajo** → presencial / a distancia* / precario / temporal / estable
- **horarios** → flexibles
- **contrato** → temporal / indefinido
- **montar** → una empresa / un negocio
- **discriminación** → positiva / laboral

* El **trabajo a distancia** también se llama **teletrabajo** o **trabajo en remoto**.

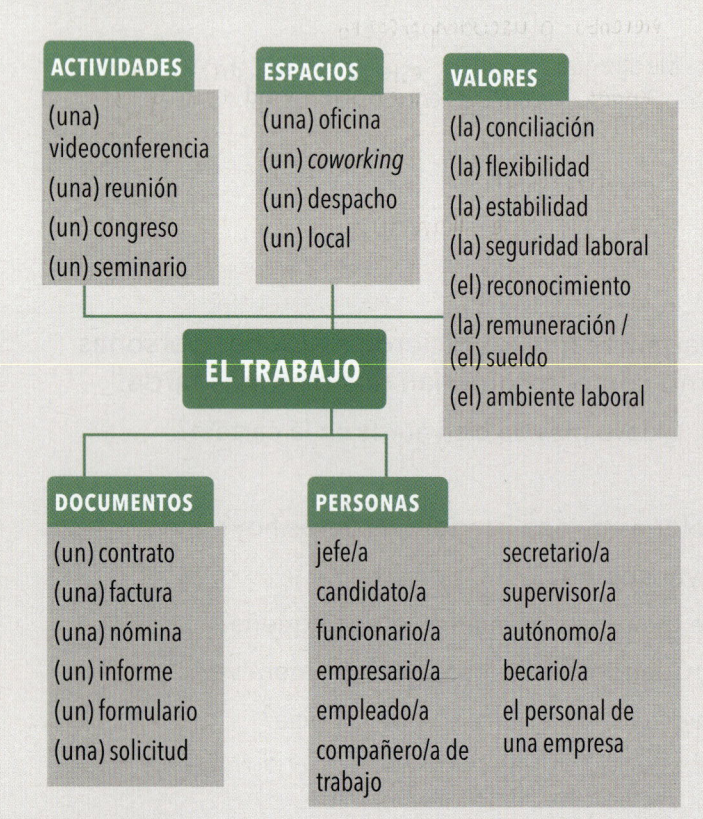

EL TRABAJO

ACTIVIDADES
- (una) videoconferencia
- (una) reunión
- (un) congreso
- (un) seminario

ESPACIOS
- (una) oficina
- (un) *coworking*
- (un) despacho
- (un) local

VALORES
- (la) conciliación
- (la) flexibilidad
- (la) estabilidad
- (la) seguridad laboral
- (el) reconocimiento
- (la) remuneración / (el) sueldo
- (el) ambiente laboral

DOCUMENTOS
- (un) contrato
- (una) factura
- (una) nómina
- (un) informe
- (un) formulario
- (una) solicitud

PERSONAS
- jefe/a
- candidato/a
- funcionario/a
- empresario/a
- empleado/a
- compañero/a de trabajo
- secretario/a
- supervisor/a
- autónomo/a
- becario/a
- el personal de una empresa

ESTAFAS, CONFLICTOS Y RECLAMACIONES /MÁS EJ. 12-13

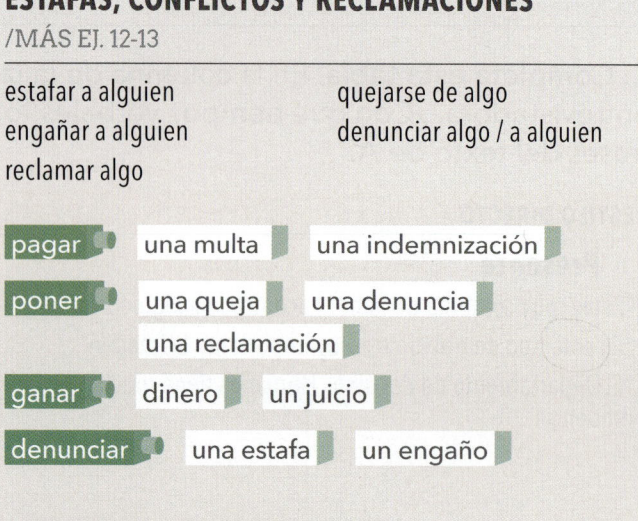

- estafar a alguien
- engañar a alguien
- reclamar algo
- quejarse de algo
- denunciar algo / a alguien

- **pagar** → una multa / una indemnización
- **poner** → una queja / una denuncia / una reclamación
- **ganar** → dinero / un juicio
- **denunciar** → una estafa / un engaño

CONECTORES TEMPORALES /MÁS EJ. 15

(unos/as) x días / meses / semanas **más tarde / después**
al cabo de x días / meses / semanas
al día / mes **siguiente**
a la mañana **siguiente**
el / la día / semana / año **antes / anterior**
ese/a mismo/a día / semana / año

EL VERBO PASAR

Poner a alguien al habla con otra persona en una llamada:
*Me **pasaron con** el Departamento de Atención al Cliente.*
(= Transfirieron mi llamada).

Dar algo:
*Me **pasaron** un contacto de una asociación de consumidores.*

*Ana me ha pedido que le **pase** el informe de ventas antes de las cinco.*

Ocurrir, suceder:
*¿Y qué **pasó** al final? ¿Te devolvieron el dinero?*

Estar durante un tiempo en un lugar o en una situación:
*Siempre **paso** las vacaciones en Inglaterra para mejorar mi inglés.*
***Pasé** tres años en el paro.*

Ir brevemente a un lugar para cumplir un encargo o atender una necesidad:
*Tengo que **pasar por** la oficina para recoger un documento.*

Gramática y comunicación   8

TRANSMITIR LAS PALABRAS DE OTRA PERSONA EN EL PASADO ⊕ P. 203-205

ESTILO DIRECTO

En el estilo directo citamos textualmente las palabras dichas.

Adela: *Ana, hoy hay mucho trabajo.*
Adela me dijo: *"Ana, hoy hay mucho trabajo".*
Herminia: *¿Has estado alguna vez en Asia?*
Herminia me preguntó: *"¿Has estado alguna vez en Asia?".*
Omar: *De pequeño no eras tan tímido…*
Omar me dijo: *"De pequeño no eras tan tímido…".*
Lorena: *¿Sabes? Ayer te vi por la calle.*
Lorena me dijo: *"Ayer te vi por la calle".*
Dirk: *Marta, no podré ir a tu fiesta mañana.*
Dirk me dijo: *"Marta, no podré ir a tu fiesta".*

ESTILO INDIRECTO

En el estilo indirecto, si se transmite información que pertenece al pasado y ya no tiene vigencia, algunos tiempos verbales cambian.

PRESENTE Trabajas demasiado.	**PRETÉRITO IMPERFECTO** Le dijo que trabajaba demasiado.
PRETÉRITO PERFECTO ¿Has comido ya?	**PRETÉRITO PLUSCUAMPERFECTO** Le preguntó si había comido ya.
PRETÉRITO INDEFINIDO ¿Al final fuiste ayer al cine?	**PRETÉRITO PLUSCUAMPERFECTO** Le preguntó si había ido al cine.
PRETÉRITO IMPERFECTO Antes mis padres vivían en Londres.	**PRETÉRITO IMPERFECTO** Le contó que antes sus padres vivían en Londres.
FUTURO SIMPLE Este año no iremos de vacaciones al extranjero.	**CONDICIONAL SIMPLE** Le comentó que ese año no irían de vacaciones al extranjero.

❗ Cuando el verbo en estilo directo está en pretérito imperfecto, no cambia en estilo indirecto.

❗ Cuando queremos expresar que la información que transmitimos sigue vigente, el tiempo verbal no cambia.

Lola: **Estoy haciendo** un máster.
Ayer me encontré a Lola y me dijo que **está haciendo** un máster.

También sufren transformaciones otras palabras que tienen que ver con el contexto: tiempo, espacio, personas que hablan…

	Le dijo que…
"Llega **hoy**".	llegaba **ese / aquel día**.
"Llega **mañana**".	llegaba **al día siguiente**.
"Llega **esta tarde**".	llegaba **esa / aquella tarde**.
"Llega **dentro de** tres días".	llegaba **al cabo de** tres días.
"Puedes quedarte **aquí**". (en Cuenca)	se podía quedar **allí**. (si el que habla no está en Cuenca)
"¿Has probado **esto**?".	si había probado **eso**.
"María **vendrá** a Madrid".	María **iría** a Madrid. (el que habla no está en Madrid).
"¿Puedes **traer** los periódicos a casa?".	si podía **llevar** los periódicos a casa. (si el que habla no está en casa)
"**Mi** hermana se llama Alejandra".	**su** hermana se llama Alejandra.

TRANSMITIR ÓRDENES, PETICIONES Y CONSEJOS EN EL PRESENTE

Transmitimos las órdenes, peticiones y consejos mediante la estructura **que** + presente de subjuntivo.

Pedro, ¿puedes pasar esta tarde por mi casa? ¡Gracias!

Le ha dicho a Pedro **que pase** esta tarde por su casa.

Maribel, ¿me ayudas con los ejercicios de mates, por favor?

Le ha pedido a Maribel **que le ayude** a hacer los ejercicios.

Señor, debería llamar a su compañía de seguros.

El agente me ha sugerido **que llame** a la compañía de seguros.

Practicar y comunicar

7. ¿TIENE USTED EXPERIENCIA?

A. 🔊 48-49 Hace 15 días, Sandra vio un anuncio de trabajo en internet. Ese mismo día, llamó por teléfono para informarse sobre el puesto. Unos días más tarde, tuvo una entrevista. Vamos a dividir la clase en dos grupos: A y B. Leed lo que tenéis que hacer.

Grupo A

1. Vais a oír la conversación telefónica de Sandra y a tomar notas de todo lo que sucede: con quién habló, qué le preguntaron, qué le dijeron, etc.

2. El grupo B escucha la entrevista. Mientras tanto, vosotros/as esperáis fuera de la clase.

Grupo B

1. El grupo A escucha la conversación telefónica de Sandra. Mientras tanto, vosotros/as esperáis fuera de la clase.

2. Vais a oír la entrevista y a tomar notas de todo lo que sucede: con quién habló, qué le preguntaron, qué le dijeron, etc.

B. En parejas formadas por un miembro del grupo A y otro del B, vais a poner en común toda la información que tenéis. ¿En qué consiste el trabajo? ¿Sandra puede hacer ese trabajo? ¿Os gustaría hacerlo?

8. ALT|DIGITAL LAS VENTAJAS E INCONVENIENTES DEL TELETRABAJO /MÁS EJ. 16

A. ¿Teletrabajas o has teletrabajado alguna vez? ¿Conoces a alguien que lo haga? ¿En qué tipo de empleos es más frecuente el teletrabajo? Comentadlo.

B. Pensad qué ventajas e inconvenientes tiene el teletrabajo para los/as trabajadores/as. Entre todos/as haced dos listas: una de ventajas y otra de inconvenientes del teletrabajo (máximo 8 ítems en cada lista).

- *Para mí, una ventaja es que es más fácil conciliar tu vida personal con la laboral.*

> **En inmersión**
> ¿Qué porcentaje de personas teletrabajan en España? ¿Y en tu país? Investiga y comparad vuestros datos en clase.

C. Cada persona de la clase ordena las ventajas y los inconvenientes por importancia, según su opinión.

D. A partir de la clasificación de cada persona, haced una en común con toda la clase. Representad los resultados en dos gráficos: 1, lo mejor del teletrabajo, y 2, lo peor del teletrabajo.

Lo mejor del teletrabajo
80 % — Se gasta menos (en comer fuera, en desplazamientos...)

Lo peor del teletrabajo
60 % — Los/as trabajadores/as se sienten aislados/as.

9. HISTORIAS DE DISCRIMINACIÓN LABORAL /MÁS EJ. 8-9

A. Mira el póster sobre las causas de la discriminación laboral y coméntalo con otra persona. ¿Quién suele sufrir esos tipos de discriminación? ¿Se os ocurren otras causas de discriminación laboral? Anotadlo.

1. Personas homosexuales, transexuales…

14 CAUSAS DE DISCRIMINACIÓN LABORAL

1. ORIENTACIÓN E IDENTIDAD SEXUAL.
2. EMBARAZO.
3. EDADISMO.
4. DISCRIMINACIÓN POR GÉNERO.
5. DISCRIMINACIÓN POR RELIGIÓN.
6. ETNIA, CULTURA O RAZA.
7. IDIOMA Y/O NACIONALIDAD.
8. SALUD.
9. CONDICIÓN SOCIAL.
10. PROBLEMAS FAMILIARES O ECONÓMICOS.
11. EXPERIENCIA LABORAL.
12. APARIENCIA FÍSICA.
13. CONDICIÓN MOTRIZ.
14. IDEOLOGÍA POLÍTICA.

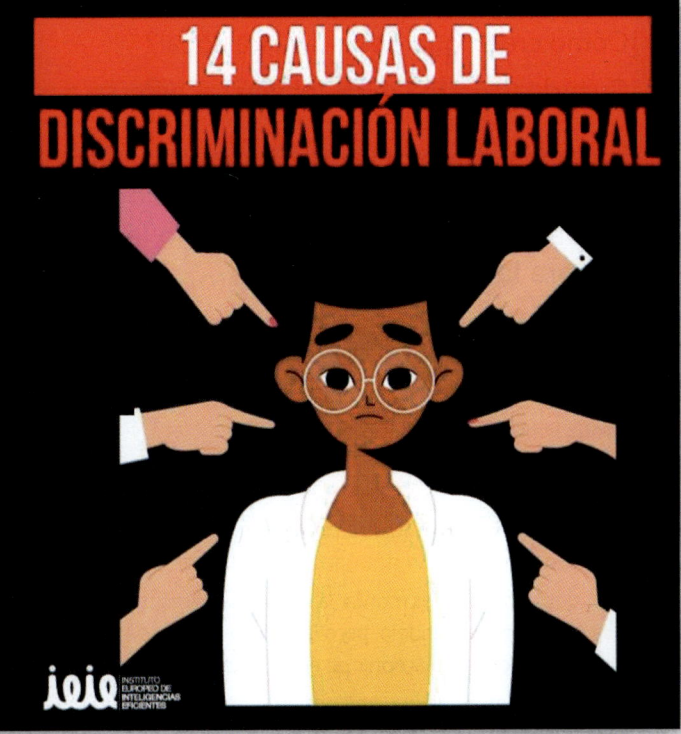

Fuente: Instituto Europeo de Inteligencias Eficientes

B. ¿Conocéis historias de personas que han sufrido discriminación alguna vez por una de estas causas o por otras? Comentadlo en grupos.

- *A una amiga mía que es peluquera le dijeron en una peluquería que no la podían seleccionar porque era importante tener buena presencia y ella llevaba tatuajes.*

C. En parejas, buscad en internet experiencias relacionadas con una o dos de las causas de discriminación de A. Luego, compartid con el resto de la clase lo más impactante que habéis encontrado.

- *Nosotros hemos leído sobre el caso de un mexicano que tenía un buen puesto de trabajo en una empresa donde llevaba muchos años. Lo despidieron cuando se enteraron de que se había casado con un hombre. Le dijeron que estaban contentos con su trabajo, pero que lo echaban por su "situación personal".*
- *Sí, y él denunció a la empresa y al final ganó el juicio.*

En inmersión

Pregunta a personas de tu entorno cuáles creen que son los motivos de discriminación en el trabajo más comunes en España. Comenta lo que te han dicho con el resto de la clase. ¿Crees que en tu país es igual?

Practicar y comunicar

10. EL LOCAL DE LA DISCORDIA

A. 🔊 50 David y Claudia llevan un tiempo colaborando profesionalmente y han decidido montar una empresa juntos y alquilar un local. Escucha la conversación que tuvieron y anota en tu cuaderno las respuestas a estas preguntas.

1. ¿Dónde cree Claudia que tiene que estar el local? ¿Y David?
2. ¿Por qué creen que es importante tener un local?
3. ¿Cómo creen que debería ser el local?
4. ¿Cuándo van a ir a mirar locales? ¿Quién va a ir? ¿Por qué?

B. Esa misma tarde, Claudia fue a ver un local y le encantó. Firmó un contrato por un año y pagó por adelantado 2700 euros en concepto de los tres primeros meses de alquiler, pero no lo consultó con David. A David no le pareció bien. Lee este correo para entender cómo está ahora la situación.

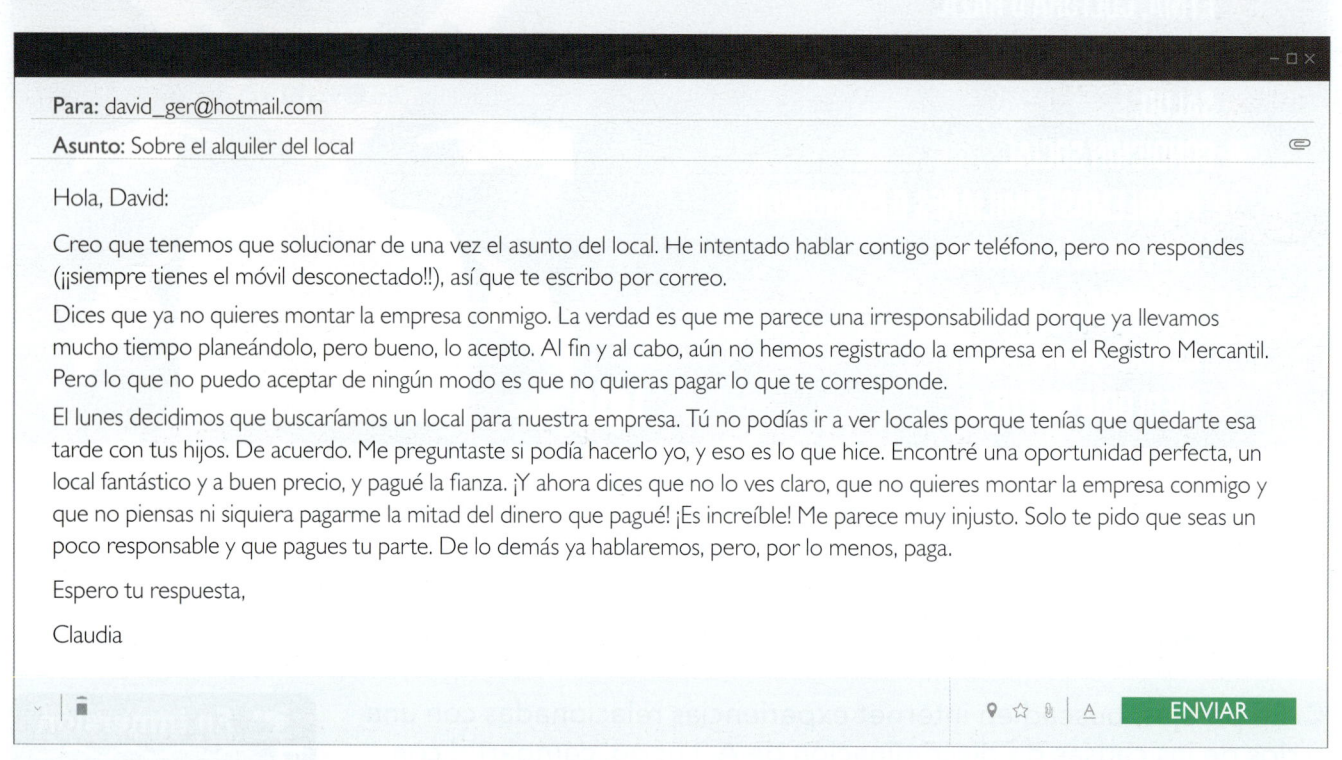

Para: david_ger@hotmail.com

Asunto: Sobre el alquiler del local

Hola, David:

Creo que tenemos que solucionar de una vez el asunto del local. He intentado hablar contigo por teléfono, pero no respondes (¡¡siempre tienes el móvil desconectado!!), así que te escribo por correo.

Dices que ya no quieres montar la empresa conmigo. La verdad es que me parece una irresponsabilidad porque ya llevamos mucho tiempo planeándolo, pero bueno, lo acepto. Al fin y al cabo, aún no hemos registrado la empresa en el Registro Mercantil. Pero lo que no puedo aceptar de ningún modo es que no quieras pagar lo que te corresponde.

El lunes decidimos que buscaríamos un local para nuestra empresa. Tú no podías ir a ver locales porque tenías que quedarte esa tarde con tus hijos. De acuerdo. Me preguntaste si podía hacerlo yo, y eso es lo que hice. Encontré una oportunidad perfecta, un local fantástico y a buen precio, y pagué la fianza. ¡Y ahora dices que no lo ves claro, que no quieres montar la empresa conmigo y que no piensas ni siquiera pagarme la mitad del dinero que pagué! ¡Es increíble! Me parece muy injusto. Solo te pido que seas un poco responsable y que pagues tu parte. De lo demás ya hablaremos, pero, por lo menos, paga.

Espero tu respuesta,

Claudia

ENVIAR

C. ¿Creéis que David debe pagar la mitad de los 2700 euros? Debatidlo en clase.

- *Yo creo que David tiene que pagar.*
- *¿Por qué?*
- *Por varias razones. Primero, porque le dijo que tenían que buscar un local…*

D. Ahora, en pequeños grupos, y según vuestra opinión, responded al correo de Claudia en nombre de David.

Vídeo

DISPONIBLE EN campus difusión

8

11. ACOUA

ANTES DE VER EL VÍDEO

A. ¿Qué crees que valoran las empresas cuando buscan empleados/as? Escríbelo.

VEMOS EL VÍDEO

B. ▶ 10 Ve el cortometraje *Acoua* hasta el minuto 02:51 y anota cómo crees que son las personas candidatas al puesto (Matías, Fabián y Silvia) y el entrevistador. Luego, coméntalo con otras personas de la clase. ¿Estáis de acuerdo? ¿Por qué lo pensáis?

C. ▶ 10 Ve el corto hasta el minuto 05:16 y comenta las respuestas a estas preguntas.
- ¿En qué consiste lo que tienen que hacer? ¿Qué les parece el ejercicio?
- ¿Qué descubren de las otras personas candidatas al puesto?
- ¿Qué persona creen los demás que va a ser la seleccionada? ¿Por qué?

D. ▶ 10 Ve el vídeo hasta el minuto 09:48 y anota qué destacan de su compañero/a.

E. ▶ 10 Termina de ver el vídeo. ¿Cuál es la valoración que hace el entrevistador del ejercicio grupal? ¿A quién selecciona?

DESPUÉS DE VER EL VÍDEO

F. ¿Qué valores relacionados con el trabajo y el trabajo en equipo se destacan en este corto?

G. Imagina que eres una de las personas candidatas al puesto. ¿Cómo cuentas a alguien, al cabo de unos días, lo que te sucedió en la entrevista? Escríbelo.

Más ejercicios

Unidad 1	→	pág. **123**
Unidad 2	→	pág. **130**
Unidad 3	→	pág. **137**
Unidad 4	→	pág. **144**
Unidad 5	→	pág. **151**
Unidad 6	→	pág. **158**
Unidad 7	→	pág. **165**
Unidad 8	→	pág. **172**

Este es tu cuaderno de ejercicios. En él encontrarás actividades diseñadas para fijar y entender mejor cuestiones **gramaticales** y **léxicas**. Estos ejercicios pueden realizarse individualmente, pero también los puede usar el / la docente en clase cuando considere oportuno reforzar un determinado aspecto.

También puede resultar interesante hacer estas actividades con otras personas de la clase. Piensa que no solo aprendemos cosas con el profesor o la profesora; en muchas ocasiones, reflexionar con otro/a estudiante sobre cuestiones gramaticales te puede ayudar mucho.

¿SE TE DAN BIEN LAS LENGUAS?

1. Fíjate en las siguientes frases del artículo de las páginas 10-11 y escribe otras sobre personas de tu entorno usando las expresiones en negrita.

a. Tiene facilidad para comunicar, informar, persuadir...

b. Le resulta fácil entender la relación entre las formas y los tamaños de los objetos.

c. Es capaz de percibir distintos tonos y de crear melodías.

d. Se mueve **con facilidad**.

e. Tiene una gran capacidad para analizarse y conocer sus defectos y virtudes.

f. No le resulta difícil concentrarse.

a. Mi amiga Nadia tiene facilidad para empezar a hablar con gente que no conoce.

a. ....

b. ....

c. ....

d. ....

e. ....

f. ....

2. Describe en tu cuaderno algunas características de cada una de las personas de la lista. Tienes que usar las estructuras del cuadro.

> Le cuesta/n...
> Se le da/n bien...
> Es bueno/a...
> Le resulta fácil / difícil...
> Le resultan fáciles / difíciles...

1. el / la profe de español perfecto/a
2. el padre perfecto / la madre perfecta
3. el / la estudiante perfecto/a
4. el / la novio/a perfecto/a
5. el / la hermano/a perfecto/a

Al profe de español perfecto se le da muy bien explicar la gramática y es bueno...

3. Describe el comportamiento de estos tipos de personas. ¿Qué hacen bien?

`intelectual` `manitas` `manazas` `políglota` `emprendedor/a` `conversador/a` `líder`

Manitas. Es una persona muy buena arreglando cosas: poniendo bombillas, solucionando averías, etc. Se le da muy bien...

Más ejercicios

4. ¿Qué puedes decir sobre estas personas? Escribe frases en tu cuaderno utilizando estos elementos.

A mi profe de español			me	cuesta	hablar en público.
A mi novio/a			le		hablar español / inglés…
A algunos políticos	(no)	(se)	les	da bien / mal	mentir.
A algunos/as de mis amigos/as			nos	resulta fácil / difícil…	bailar en público.
A mí					escribir mensajes en el móvil.
					cocinar.
					…

5. Escribe las respuestas a las preguntas que hacen en la red social de la actividad 4 de la página 15: "¿Cuáles eran vuestras asignaturas favoritas cuando ibais al colegio? ¿Cuáles odiabais? ¿Cuáles no se os daban bien?"

A mí me apasionaba la clase de Historia. Me ponía…

6. Piensa en cuando ibas a la escuela y escribe frases sobre estos temas.

1. Algo que te ponía triste.

2. Algo que te ponía nervioso/a.

3. Algo que te apasionaba hacer.

4. Algo que te daba vergüenza.

5. Algo que te daba miedo.

6. Algo que te hacía sentir mal.

Me ponía muy triste cuando algún compañero o alguna compañera repetía curso.

Me ponían nerviosa los exámenes de Latín.

¿SE TE DAN BIEN LAS LENGUAS? 1

7. 🔊 51-54 Vuelve a escuchar las conversaciones de la actividad 5 de la página 16 y complétalas.

1.
- Mira, mi mayor desgracia es que no sé cantar porque en mi familia todos cantan muy bien, ¿_____? Mi padres cantan en un coro, mi hermana es cantante en un grupo de música…
- ¿_____? No lo sabía…
- Sí, y aunque yo fui a clases de canto durante varios años, la verdad es que no lo hago bien, se me da fatal.
- ¿Y entonces no cantas nunca?
- Sí, claro que canto, en todas partes: en la ducha, en el coche… Ahora ya no me importa si lo hago mal. Pero de pequeña lo vivía mal eso de no saber cantar… Lo veía como un problema, ¿_____?
- Ya, claro.

2.
- Oye, Marisa, me gustaría pedirte un favor.
- Dime.
- Bueno, es que me he comprado un vestido por internet, muy chulo, pero me va un poco grande… Y he pensado que igual tú me lo puedes arreglar, ¿_____?
- Uf, no sé, Julia… Es que no sé si voy a saber hacerlo…
- ¿Pero tú no sabías coser?
- A ver, coso, aunque no me gusta nada.
- ¿_____? Pero yo pensaba que tu madre era modista y…
- Sí, por eso. Siempre he tenido que ayudarla desde pequeña y le he cogido manía a coser, ¿_____? Porque es que la verdad es que no se me da demasiado bien, soy un poco manazas.

3.
- Marcos habla muchos idiomas, ¿_____?
- ¿Marcos? ¡_____! Y eso que sus padres son diplomáticos y se ha pasado la vida en el extranjero, pero se le dan fatal los idiomas.

- ¿_____? ¿Pero su padre no es holandés?
- Sí, pero nunca le hablan en holandés, en casa siempre hablan todos en español. En realidad, yo creo que Marcos es el único de su familia que no tiene facilidad para los idiomas. Todos los demás hablan un montón de lenguas. No sé, igual no le gusta.
- ¡Qué curioso!

4.
- En tu familia sois todos muy deportistas, ¿_____?
- _____, ¡_____! A mí no me gusta nada el deporte y a mi hermana tampoco mucho. En realidad solo lo son mis padres. Les encantan los deportes de montaña.
- ¿_____? ¿Y cómo es que a vosotros no?
- Pues mira, nunca lo consiguieron… y eso que lo intentaron, pero yo siempre he sido un desastre haciendo deporte y mi hermana igual.
- ¿Y no se sintieron muy frustrados por eso?
- _____, _____, _____, ellos lo que quieren es que sea feliz con lo que me gusta a mí.

8. En parejas, representad los diálogos de la actividad 7 y grabaos. Prestad especial atención a las siguientes partículas discursivas.

Expresar sorpresa			
¿En serio?	¿Ah, sí?	¿Sí?	¿De verdad?

Negar	
¡Qué va!	No, hombre, no

Pedir confirmación	
¿no?	¿verdad?

Mantener la atención del interlocutor	
¿sabes?	¿entiendes?

Más ejercicios

9. Marca cuál es la continuación lógica de estas frases.

1. Vive en una casa fea y muy pequeña, **aunque**…

a. ☐ tiene un sueldo bastante bajo.

b. ☐ es riquísimo.

2. Habla muy bien español, **aunque**…

a. ☐ nunca ha vivido en un país de habla hispana.

b. ☐ ha vivido muchos años en Perú.

3. Compraron un coche carísimo, **aunque**…

a. ☐ no tienen mucho dinero.

b. ☐ les encantan los coches.

4. Toca muy bien el piano, **aunque**…

a. ☐ nunca ha estudiado música.

b. ☐ lleva muchos años estudiando música.

5. Se le dan muy bien los niños, **aunque**…

a. ☐ trabaja en una guardería.

b. ☐ no tiene hijos.

6. Viste de manera sencilla, **aunque**…

a. ☐ tiene un trabajo muy precario.

b. ☐ gana mucho dinero.

7. Se pone muy nervioso cuando habla en público, **aunque**…

a. ☐ tiene mucha facilidad para expresarse.

b. ☐ se le da fatal expresarse oralmente.

10. Todas estas frases se refieren a Arturo, el señor de la ilustración. Complétalas.

a. ………………………………………………. **Y eso que** juega al tenis dos veces por semana.

b. ……………………………………………….: ¡**Y eso que** decía que no quería tener hijos!

c. ………………………………………………. **Y eso que** a él no le gusta nada ir muy arreglado.

11. Transforma las siguientes frases como en el modelo. Fíjate en que, en las dos frases, la información es la misma; la diferencia es que en la segunda hay un matiz de involuntariedad.

1. Juan Pedro ha perdido los documentos.

A Juan Pedro se le han perdido los documentos.

2. He perdido las llaves.

……………………………………………………………………

3. Hemos olvidado tu regalo en casa.

……………………………………………………………………

4. He roto el espejo del pasillo.

……………………………………………………………………

¿SE TE DAN BIEN LAS LENGUAS?

5. ¿Habéis perdido la entrada del cine?

6. Pedro ha olvidado los pasaportes en casa.

7. He borrado un archivo muy importante de mi ordenador.

12. Piensa en cuatro personas famosas a las que admiras por lo que hacen. Preséntalas usando **buen/a** y **gran**.

Alexandria Ocasio-Cortez es una gran política y es muy buena oradora...

13. Lee estas frases y traduce los verbos en negrita a tu idioma. ¿Qué diferencias observas entre tu lengua y el español?

HACERSE
- Ana pasó un año en el Tíbet y **se hizo budista**.
- Leo **se ha hecho famoso** con su nueva película.
- Creo que **me voy a hacer vegetariana**.
- David antes era modelo y ahora **se ha hecho actor**.
- Empezó a comprar y a vender pisos, y, en poco tiempo, **se hizo rico**.

QUEDARSE
- Mi padre **se quedó calvo** a los 35 años; en cambio, mi abuelo aún tiene mucho pelo.
- Marta **se ha quedado embarazada** otra vez. ¡Va a ser el quinto hijo!
- Mi abuelo **se ha quedado** sordo. Ya no oye casi nada…
- El bebé ya no llora, **se ha quedado** dormido.
- Pablo, **quédate quieto** un minuto, por favor, que no puedo cortarte bien el pelo.

PONERSE
- Comió marisco en mal estado y **se puso enfermo**.
- Ayer vi a Álex; ha vuelto de vacaciones. **Se ha puesto** muy **moreno** en el Caribe…
- Ahora Mario va cada día al gimnasio y **se está poniendo muy fuerte**…
- Cuando Raúl ha visto a María **se ha puesto rojo** como un tomate.
- Luis aún no ha superado su divorcio. **Se pone histérico** cada vez que le hablas de su exmujer.

14. Completa las frases con los pronombres **le**, **les** o **se**.

a. A Luis .... pone nervioso tener que hacer presentaciones en público.

b. Sara .... pone muy nerviosa cuando tiene que hacer un examen.

c. A Fede .... da miedo caminar solo por la calle.

d. Dice que .... siente ridícula cuando baila.

ciento veintisiete **127**

Más ejercicios

e. Mis padres _____ ponen tristes si no los llamo por lo menos una vez a la semana.

f. A mi hermana _____ molesta mucho la gente que come en el cine.

g. A mis hijos no _____ interesan nada las matemáticas.

h. A Fátima _____ da mucha vergüenza hablar en inglés con la familia de su novio.

i. Mi padre _____ está haciendo mayor: a veces _____ olvida de las cosas.

j. Marta es muy perfeccionista y _____ siente muy frustrada cuando las cosas no le salen bien.

k. No está acostumbrada a hacer deporte y _____ queda hecha polvo cuando tiene que hacer un poco de esfuerzo físico.

l. A mis alumnos _____ cuesta hablar.

15. Marca en cada caso la continuación correcta.

1. A mi hermano le dan miedo…
☐ **a.** subirse a lugares muy altos.
☐ **b.** las alturas.

2. Se me da muy bien…
☐ **a.** los niños.
☐ **b.** trabajar con niños.

3. A Laura le da mucha vergüenza…
☐ **a.** salir a la calle en zapatillas.
☐ **b.** sus zapatillas de estar por casa.

4. Me resulta muy difícil…
☐ **a.** algunos sonidos del español.
☐ **b.** pronunciar bien el español.

5. Me cuesta…
☐ **a.** hacer bien los exámenes orales.
☐ **b.** los exámenes orales.

6. A algunas personas les cuesta mucho…
☐ **a.** las dietas muy estrictas.
☐ **b.** adelgazar.

7. Me pone nervioso…
☐ **a.** los problemas.
☐ **b.** tener poco tiempo para estar con mi familia.

16. Piensa en cosas que admiras de algunos/as compañeros/as de trabajo o de estudios. Escríbelo usando algunas de estas expresiones.

> **Es bueno/a en**…
> **Es un genio de**…
> **Es bueno/a** + gerundio
> **Tiene capacidad / habilidad para**…
> **Es un/a buen/a**…
> **Le resulta/n fácil/es**…
> **Se le da/n (muy) bien**…

....
....
....
....
....
....
....

¿SE TE DAN BIEN LAS LENGUAS? 1

17. Lee lo que escriben Carmina y Héctor en un foro. Luego, escribe un comentario dándoles tu opinión.

Héctor, Alicante
¡Qué difícil es reconvertirse!

Yo estudié Psicología y trabajé durante un tiempo como psicólogo en un instituto. También hice prácticas en un despacho de psicólogos, pero no me gustó. Descubrí que me gustaba estudiar Psicología, pero no ejercer de psicólogo. No se me daba bien y, sobre todo, me costaba desconectar al salir del trabajo, me resultaba imposible no pensar en los problemas de mis pacientes. El año pasado lo dejé, me puse a trabajar en un bar y empecé a estudiar traducción, una carrera que siempre me ha atraído mucho. Se me dan bien las lenguas y disfruto traduciendo. Pero me resulta difícil combinar los estudios con el trabajo: me estreso y me pongo nervioso pensando que nunca voy a terminar la carrera. Además, me da miedo terminarla cuando sea demasiado mayor. ¿Y si no encuentro trabajo? No sé, me siento en desventaja en comparación con mis compañeros, que son más jóvenes que yo. ¿Os ha pasado alguna vez algo parecido? ¿Alguien se encuentra en mi situación?

Comentarios

Carmina, Santander
¿Demasiado mayor para aprender?

Siempre he querido saber bailar bien, pero se me da muy mal. De joven, me daban envidia mis amigas, que podían salir a bailar con chicos. Yo siempre me quedaba sentada y nunca salía a la pista a bailar. Tendría que haber intentado aprender entonces, pero no lo hice. Ahora me he hecho mayor y, aunque me gustaría, me da miedo ir a clases de baile… Me da vergüenza sentirme rodeada de gente joven que tiene facilidad para bailar. ¿Creéis que podría hacerlo sola con un profesor particular? ¿O es demasiado tarde? ¿Alguien ha tenido alguna experiencia parecida?

Comentarios

Más ejercicios

1. Piensa en dos combinaciones más para cada tipo. Escríbelas.

a. tener problemas > económicos > .... > ....

b. tener problemas de > trabajo > .... > ....

c. tener problemas relacionados con > la salud > .... > ....

d. tener problemas para > llegar a fin de mes > .... > ....

e. tener problemas con > el / la jefe/a > .... > ....

2. Completa la carta abierta al alcalde de Monreal.

> amenaza con · luchar · trasladarse · exigir · invertirá · hacemos un llamamiento
> sufrirán un daño · abajo firmantes · actuar · cursar · disminuir · abandonarán

CARTA ABIERTA AL ALCALDE DE MONREAL

EN MONREAL, A 8 DE MARZO

Apreciado señor alcalde:

Los (1) ...., representantes de asociaciones de vecinos y comerciantes y de grupos culturales de Monreal, nos dirigimos a usted para plantearle una cuestión de gran importancia para el futuro de nuestro pueblo: el instituto de enseñanza media Camilo José Cela.

Como usted sabe, el instituto tiene más de 50 años de historia y por él han pasado muchas generaciones de jóvenes de Monreal, pero sobre todo es el único centro de la comarca en el que se puede (2) .... bachillerato. Desde hace ya algunos años, la Consejería de Educación (3) .... cerrar el instituto por razones económicas. Si finalmente se toma esa decisión, nuestro pueblo y toda la comarca (4) .... enorme. Nuestros jóvenes tendrán que (5) .... cada día en autobús a la capital en un viaje de 90 minutos de ida y 90 minutos vuelta; tendrán que comer allí, con el gasto que eso comporta, y, con seguridad, muchos de ellos (6) .... los estudios.

Si finalmente se produce, el cierre será dramático para el pueblo: ¿quién se querrá quedar a vivir en Monreal si se cierra el instituto? ¿Qué hará el ayuntamiento cuando la población empiece a (7) .... y se queden en el pueblo únicamente las personas mayores, como ha pasado en tantos otros lugares? El ayuntamiento habla de atraer inversiones a Monreal, pero ¿qué empresa (8) .... en nuestro pueblo cuando no tengamos jóvenes formados?

Por todo ello, antes de que se tome esa decisión, el ayuntamiento debería (9) .... Le pedimos a usted y a todo el ayuntamiento que luche por la continuidad del centro. Tenemos que (10) .... a la Consejería que mantenga el instituto Camilo José Cela porque es esencial para el futuro de nuestro pueblo y de nuestra comarca. Pero sería injusto decir que este problema es únicamente responsabilidad del ayuntamiento. Este es un tema que nos afecta a todos y todos deberíamos (11) .... juntos. Por eso, (12) .... a todos los ciudadanos de Monreal y les pedimos que se unan a nosotros para salvar el instituto.

Quedamos a la espera de una pronta respuesta y nos ponemos a su disposición para elaborar un calendario de actuaciones.

¡BASTA YA! 2

3. 🔊 55-57 Escucha y completa la transcripción con las palabras que faltan.

a.

- Manifestaciones en varias ciudades de España y de Europa contra la (1) .... del precio del (2) .... Según datos de portales inmobiliarios, en cinco años han subido las rentas un 51 % en Palma de Mallorca y un 45 % en Barcelona. Muchas personas han dicho (3) ....

○ Efectivamente, aquí, en Barcelona, los manifestantes (4) .... de que las ayudas a las rentas solo van dirigidas a personas con rentas muy bajas y exigen un control de los precios de los alquileres.

- ¡El (5) .... del alquiler no para de subir y en cambio los (6) .... se mantienen! De media, los españoles destinan el 34 % de su salario al alquiler, pero hay lugares como aquí, en Cataluña, donde es el 51 %! ¡La mitad de los (7) .... va al alquiler! Exigimos al Gobierno que limite los precios de los alquileres. La (8) .... es un (9) .... y aquí, en ciudades como Barcelona, cada vez es menos (10) ....

b.

- Decenas de miles de manifestantes salieron hoy a las calles en México para (1) .... al Gobierno que actúe y haga algo para acabar con la (2) .... que mata, en promedio, a diez mujeres cada día.

○ Estamos hartas de ver que agredirnos y matarnos no tiene (3) .... en nuestro país, que los (4) .... salen impunes. No queremos tener miedo de salir a la calle solas. Sentimos rabia, mucha rabia. Algo se tiene que hacer ya.

- No quiero que un día mis nietas salgan y no regresen nunca más. Vine aquí con ellas para que lo vean y que (5) .... para (6) .... todo lo que nosotras no pudimos cambiar.

c.

- Hoy, gremios del personal de la salud de Argentina se manifestaron en Buenos Aires para exigir más protección ante la pandemia del coronavirus y una (1) .... Más de 40 asociaciones se adhirieron a la (2) .... Nuestro reportero Víctor Santos se encuentra en estos momentos allá. Hola, Víctor. Los sanitarios están (3) .... , ¿no es cierto?

- Hola, Vero. Sí, dicen que se sienten desprotegidos ante la pandemia. (4) .... que haya más personal en los equipos y que se hagan más test y más rápidamente, ya que hay más contagios entre sanitarios. Además, (5) .... una subida de los salarios. Mira, Vero, tengo aquí conmigo a Flor, una enfermera. Flor, dicen que se sienten desprotegidas…

- Sí, es que nuestro trabajo es muy (6) .... La mayoría de las personas que trabajamos en salud estamos (7) .... Vamos de un sitio para otro, con el riesgo de pasar el virus. Y, además, estamos cansadas y eso nos lleva a protegernos menos, a bajar la atención. No puede ser, tienen que ayudarnos y protegernos. Si no, no vamos a aguantar, estamos en una situación (8) ....

4. Crea un cartel con una reivindicación. Tu compañero/a tiene que adivinar qué pides.

Más ejercicios

5. Escribe las formas que faltan del presente de subjuntivo.

	ABANDONAR	VENDER	VIVIR
(yo)		venda	
(tú)			
(él / ella, usted)	abandone		
(nosotros / nosotras)			vivamos
(vosotros / vosotras)			
(ellos / ellas, ustedes)			

6. Clasifica en regulares e irregulares estas formas verbales conjugadas en presente de subjuntivo.

viva   vayan   sepan   habléis
empiecen   traduzcas   veamos
digan   bebáis   salgamos   conciencie
escriban   oigas   duermas
hayáis   defiendan   salgas

REGULARES	IRREGULARES
viva	

7. Conjuga los siguientes verbos en presente de subjuntivo.

	(yo)	(tú)	(él / ella, usted)	(nosotros/as)	(vosotros/as)	(ellos/as, ustedes)
HACER	haga		haga		hagáis	
SER	sea	seas		seamos		sean
QUERER	quiera				queráis	
JUGAR	juegue	juegues		juguemos		
PODER	pueda					
ESTAR	esté				estéis	
PEDIR	pida		pida			
SABER	sepa					sepan
IR	vaya	vayas				
CONOCER	conozca			conozcamos		
TENER	tenga					tengan
PONER	ponga					

¡BASTA YA! 2

8. Completa la tabla con las formas que faltan del presente de subjuntivo de estos verbos. Luego, contesta a las preguntas.

	(yo)	(tú)	(él / ella, ustedes)	(nosotros/as)	(vosotros/as)	(ellos/as, ustedes)
REIVINDICAR	reivindique		reivindique		reivindiquéis	
EXIGIR	exija	exijas		exijamos		exijan
LLEGAR	llegue				lleguéis	
REALIZAR	realice	realices		realicemos		

a. ¿Son regulares o irregulares? ....

b. ¿Qué particularidad tienen? ....

c. ¿Qué otros verbos conoces que funcionen igual? ....

9. Escribe el pronombre personal de sujeto al lado de cada forma.

a. aciertes: ....
b. traduzcas: ....
c. nieguen: ....
d. conduzcamos: ....
e. te vistas: ....
f. vuelvas: ....
g. cuentes: ....
h. valgan: ....
i. produzcáis: ....
j. tengáis: ....
k. sirva: ....
l. sienta: ....
m. salgamos: ....
n. duelan: ....

10. Clasifica los verbos de la actividad 9 según su irregularidad. Luego, escribe otros verbos que funcionen igual.

COMO CERRAR	acertar,
COMO PODER	
COMO PEDIR	
COMO PONER	
COMO CONOCER	

11. Lee el siguiente texto y escribe cuáles son los temas que más preocupan a Raúl.

Raúl Oliva Pozo
22 años
estudiante de Psicología

"Cuando termine la carrera no sé qué voy a hacer. Vivo con mis padres, aunque me gustaría vivir solo. Pero es que encontrar trabajo es cada vez más difícil, especialmente cuando no tienes experiencia. Y, si tienes la suerte de encontrar trabajo, es con un contrato temporal y mal pagado. Comprar un piso es imposible y los pisos de alquiler que hay son carísimos. El Gobierno debería construir más viviendas para jóvenes".

....
....
....
....

12. ¿Y a ti qué temas te preocupan? Escribe en tu cuaderno un texto similar al de la actividad 11.

Más ejercicios

13. Observa estos dos ejemplos. Luego, completa las frases de debajo con indicativo o subjuntivo.

- Cuando el Gobierno baja los impuestos, la gente consume más.
  (**cuando** + *indicativo: acción habitual*)
- Cuando el Gobierno baje los impuestos, la gente consumirá más.
  (**cuando** + *subjuntivo: hablamos del futuro*)

1
   a. Estoy muy cansado. Cuando (LLEGAR) .... a casa, me iré a la cama directamente.
   b. Cuando (LLEGAR) .... a casa, siempre me tomo una taza de café.

2
   a. Cuando (ESTAR) .... triste, eres tú la única persona que me entiende.
   b. Cuando (ESTAR) .... triste, pensaré en los buenos momentos que vivimos juntos.

3
   a. Te llamo cuando (SALIR, YO) .... del trabajo y vamos al cine, ¿de acuerdo?
   b. Siempre te llamo cuando (SALIR) .... del trabajo y nunca te encuentro.

4
   a. Cuando (TENER) .... dinero, me compraré un coche nuevo.
   b. Cuando (TENER) .... dinero, me lo gasto enseguida.

14. Piensa en lo que pasa en tu país o en el mundo y completa estas frases.

1. ....
cuando haya leyes más estrictas.

2. Cuando ....,
siento mucha rabia e impotencia.

3. Cuando los jóvenes terminan sus estudios,
....

4. Cuando un/a hijo/a está enfermo/a,
....

5. Cuando ....,
tendré esperanza en el futuro.

6. Cuando los jóvenes de ahora sean mayores,
....

15. Completa la tabla con los verbos y los sustantivos que faltan.

SUSTANTIVOS	VERBOS
....	cerrar
(la) mejora	....
(la) reivindicación	....
(el) consumo	....
....	disminuir
....	defender
(la) petición	....
....	actuar
(la) lucha	....

16. Escoge cinco de las palabras de la actividad 15 y escribe en tu cuaderno frases relacionadas contigo o con tu entorno.

En mi país, el consumo de alcohol entre los jóvenes ha aumentado muchísimo en los últimos años.

¡BASTA YA! 2

17. ¿Cómo crees que se podrían solucionar los siguientes problemas? Escribe tus propuestas. Puedes usar las estructuras **debería/n**, **se debería/n**, **deberíamos**, **habría que** u otras.

a. La violencia de género:

b. El desempleo:

c. La contaminación del aire:

d. El fraude fiscal:

e. El precio de la vivienda:

f. El terrorismo:

18. Escribe en tu cuaderno dos reivindicaciones para cada uno de estos colectivos. Usa los siguientes verbos.

querer   reivindicar   necesitar

exigir   pedir

- colectivo de mujeres víctimas de la violencia machista
- asociación de profesionales de la salud
- asociación de celíacos y sensibles al gluten
- asociación de estudiantes universitarios
- colectivo LGTB

El colectivo de mujeres víctimas de la violencia machista quiere que las leyes sean más duras para los maltratadores.

19. Escribe el nombre de otros movimientos políticos y sociales con el sufijo **-ista** y el prefijo **anti-**. Si quieres, puedes inventarte alguno.

movimiento ecolog**ista**, movimiento femin**ista**,

movimiento **anti**globalización, movimiento **anti**nuclear,

20. Elige un movimiento de cada tipo de los de la actividad anterior, ponle un nombre y redacta, en tu cuaderno, algunas de sus reivindicaciones.

Movimiento animalista "El gato feliz": Quieren que todos los gatos...

ciento treinta y cinco **135**

Más ejercicios

21. Aquí tienes algunas situaciones en las que se dicen frases con la estructura **que** + subjuntivo. Completa las frases con la forma en subjuntivo que corresponda.

mejorarse   tener (2)   cumplir
ir   pasar   divertirse   ser

a. Si sales con amigos/as:
¡Que lo _____ bien!

b. El día de tu cumpleaños:
¡Que _____ muchos más!

c. Si vas a hacer un examen:
¡Que te _____ muy bien!

d. Si te vas de viaje:
¡Que _____ buen viaje!

e. Si vas a hacer algo divertido:
¡Que _____ !

f. El día de tu boda:
¡Que _____ muy felices!

g. Si participas en un sorteo:
¡Que _____ suerte!

h. Si estás enfermo/a:
¡Que _____ !

22. ¿En qué otras situaciones se pueden usar las frases de la actividad 21?

23. Elige a cinco de estas personas y escribe un deseo para cada una de ellas.

tu pareja   tu hermano/a
un/a compañero/a de tu clase
un/a compañero/a de trabajo
tu mejor amigo/a   tu padre
tu madre   tu profesor/a de español

a. Quiero que _____

b. Espero que _____

c. Ojalá _____

d. Deseo que _____

e. Quiero que _____

24. Piensa en algo que te molesta o te preocupa del centro en el que estudias (puedes inventártelo). Escribe una carta a un/a responsable (el director o la directora de la escuela, el alcalde o la alcaldesa de la ciudad, etc.). Sigue esta estructura.

Saludo

Presentación y exposición del problema

Consecuencias

Reivindicaciones y soluciones

Despedida

EL TURISTA ACCIDENTAL 3

1. Completa estos textos (de las páginas 38 y 39) con las palabras que faltan.

Cartagena de Indias

`predilecto`   `los turistas`   `cuenta con`   `amantes`

Esta ciudad declarada Patrimonio de la Humanidad por la UNESCO es el destino .... de los .... de la arquitectura colonial. En la región hay playas increíbles y la ciudad .... multitud de servicios para .... que buscan placer y descanso.

Bogotá

`increíble`   `oferta`   `del arte`

La capital de Colombia es un destino .... para los amantes ...., por sus museos y festivales (como el famoso Festival Iberoamericano de Teatro). Bogotá es también una ciudad con una amplia .... de restaurantes de comida típica, bares y discotecas.

Triángulo del café

`pasear`   `hospedarse`   `del café`   `de producción`

Aquí se cultiva el mejor café del mundo. Un lugar con bellos paisajes, en el que los amantes .... podrán .... en haciendas tradicionales, ... por plantaciones, ver el proceso .... del café y conocer la cultura cafetera.

2. Busca información en internet y escribe en tu cuaderno los textos para una web sobre dos destinos turísticos de moda en tu país. Acompáñalos con fotos.

3. 🔊 58-59 Escucha a estas personas que hablan de la primera vez que fueron de viaje solas y completa las frases.

Carlota, chilena:

1. La primera vez que viajó sola fue a Bariloche porque ....

2. Al principio pensaba viajar en autobús porque ...., pero finalmente ...., ya que ....

3. Reservó el alojamiento porque ....

4. En sus desplazamientos por la región ....

5. Recomienda ir con ....

Isabel, española:

1. Durante los viajes que hizo acompañada ....

2. Viajó sola a la India porque ....

3. En algunos destinos poco turísticos le dijeron que ....

4. Cuando se lo contó a sus hijas ...., pero al final ....

4. Imagina que acabas de volver de vacaciones. Escribe en tu cuaderno un correo contando alguna anécdota del viaje.

Más ejercicios

5. Lee estas frases y marca si la acción expresada por los verbos en negrita es anterior o posterior a la acción expresada por el verbo subrayado.

	ANTERIOR	POSTERIOR
a. Cuando llegamos a la estación, el tren ya **había salido**.	○	○
b. Cuando llegó Pedro, **empezamos** a cenar.	○	○
c. No los encontré en casa porque **se habían ido** de vacaciones.	○	○
d. Estudió mucho y, por eso, **aprobó** el examen.	○	○
e. Reclamé a la agencia, pero no **aceptaron** ninguna responsabilidad.	○	○
f. La guía que nos acompañó no **había estado** nunca en Madrid.	○	○
g. Me llevaron a un hotel terrible, aunque **habíamos reservado** uno de tres estrellas.	○	○
h. Cuando llegamos al aeropuerto, ya **habían empezado** a embarcar.	○	○

6. Piensa en cosas que ya habías hecho en tu vida (o que alguien de tu entorno había hecho) en cada uno de los siguientes momentos y continúa estas frases.

a. A los 15 años, ya ....

b. Antes de estudiar español, ...

c. Antes de empezar este curso, ...

d. Cuando terminé la carrera, ...

7. Señala la opción correcta en cada una de las siguientes frases.

a.
• ¿Has visto a Carla últimamente?
○ Sí, la **veía** / **vi** ayer.

b. Ayer fuimos al cine; **vimos** / **veíamos** una película malísima.

c.
• Hablas muy bien alemán.
○ Bueno, es que de joven **pasé** / **pasaba** dos años en Berlín.

d.
• Llegas tardísimo, Marta.
○ Es que **he perdido** / **perdía** el bus.

e. El jueves pasado no **iba** / **fui** a clase. Tuve que quedarme en casa.

f. Antes no **me gustaba** / **me gustó** el pescado. Ahora me encanta.

g. Leí ese libro hace tres años y **me encantaba** / **me encantó**.

h. Pasé tres meses en Suecia, pero no **aprendí** / **aprendía** casi nada de sueco.

i. Mi hermano nunca **ha estado** / **estaba** en Italia, pero habla muy bien italiano.

j. Se tomó una aspirina porque **le dolía** / **le dolió** la cabeza.

k. Me encontré con Pablo y no lo reconocí: **estuvo** / **estaba** muy cambiado.

EL TURISTA ACCIDENTAL   3

8. Aquí tienes una anécdota desordenada. Ordénala (de 1 a 4) según este esquema.

1. Empieza a contar la anécdota.
2. Cuenta más detalles de la anécdota.
3. Cuenta el final.
4. Valoran la anécdota.

○
- ○ Acabaste comprándole el libro, ¿no?
- • Pues sí.
- ○ ¿Y cuánto te costó?
- • Bueno, pues, en total, me cobró doce euros del libro y cinco del taxi....

○
- ○ ¿Doce euros? ¡Qué caro!, ¿no?
- • Sí, pero por lo menos fue una experiencia curiosa, ¿no?
- ○ Pues sí, bastante surrealista lo del taxista poeta...

○
- • ¿Sabes lo que me pasó ayer en un taxi?
- ○ No. ¿Qué?
- • ¡Que acabé comprando un libro de poesía!

○
- ○ ¿Al taxista? ¿Por qué?
- • Nada, que cuando me estaba bajando del taxi, me preguntó: "¿Te gusta la poesía?" Y me enseñó un libro que había escrito él, del que estaba superorgulloso.
- ○ ¡Ostras! ¡Un taxista poeta!
- • Sí, sí. Bueno, le eché un vistazo rápido para no ofenderle y... La verdad es que eran bastante malos los poemas, pero me dio un poco de pena y...

9. Lee estas frases y marca, en cada caso, si quien las dice está empezando a contar una anécdota, la está terminando o está reaccionando.

	EMPEZANDO	TERMINANDO	REACCIONANDO
a. A mí, una vez, me pasó una cosa muy curiosa.			
b. Total, que fuimos a un cajero, sacamos dinero y…			
c. ¡No me digas!			
d. Yo, una vez, estaba en Londres y…			
e. Por eso, a partir de ahora, voy a viajar solo.			
f. ¿Sabes qué me pasó el otro día?			
g. No te lo vas a creer, pero… ¿sabes qué les pasó a Pedro y a María?			
h. ¡Qué me dices!			
i. ¿En serio?			
j. ¡Qué horror!			

Más ejercicios

10. Completa esta conversación con las siguientes frases y expresiones.

> Pues sí que era fácil, sí.   ¡No, no, qué va!
> No, ¿qué?   ¿En serio? ¿Y cómo?
> ¿Sí? ¿Y qué te han preguntado?

• ¿Sabes qué me ha pasado hoy?
o _____
• No te lo vas a creer. ¡He ganado 3000 euros!
o _____
• Pues resulta que iba por la calle y, de repente, me para un reportero de un programa de la tele.
o ¿De la tele? ¿Seguro que no era una broma?
• _____ Justo después, me ha llamado un compañero de trabajo que me ha visto…
o ¿Ah, sí? ¿Y cómo has conseguido el dinero?
• ¡Superfácil! El reportero me para y me explica que es un concurso y que, si acierto la respuesta a una pregunta, me llevo 3000 euros.
o _____
• Nada, una tontería: la capital de Perú.
o ¿De Perú? _____
• Sí, sí, facilísimo.
o Hay que ver la suerte que tienes…

11. 🔊 60 Escucha estas conversaciones y complétalas con los signos de puntuación (¿ ?, ¡ !, Ø) que tienen que llevar las expresiones en negrita.

a. • Ayer me encontré en la calle un billete de cien euros.
   o ¡Qué suerte!, ___ **no** ___

b. • Ayer me encontré en la calle un billete de cien euros.
   o ___ **No** ___ ¿Y lo cogiste?

c. • ¿Sabes a quién vi ayer? ¡A Teo!
   o ___ **Ah, sí** ___ ¿Dónde?

d. • ¿Sabes a quién vi ayer? ¡A Teo!
   o Teo… ___ **Ah, sí** ___ ¡El del instituto!

e. • Esta mañana me he encontrado a Juan en el metro. Está tan cambiado que casi no lo he reconocido.
   o ___ **Ya** ___ , es increíble, yo lo vi hace poco y pensé lo mismo.

f. • Esta mañana me he encontrado a Juan en el metro.
   o ___ **Ya** ___ ¡Pero si acaba de llegar a Madrid!

12. 🔊 61-62 Dos personas cuentan dos anécdotas. Escucha cómo lo hacen y usa las siguientes expresiones para reaccionar. Úsalas en el orden indicado y presta atención a la entonación.

1
a. ¿Ah, sí? ¡Qué rabia!, ¿no?
b. ¡Qué rollo!
c. ¡A Cuba!
d. ¿Y qué hiciste?
e. ¿Tres días? ¡Qué fuerte!
f. Ya, claro. Eso o ir desnuda.
g. … ibas todo el día disfrazada, ¿no? ¡Menos mal!

2
h. ¿Qué?
i. ¿Ah, sí? ¿Y por qué? ¿Qué pasó?
j. ¡No!
k. Ya.
l. ¿Y qué hiciste?
m. ¡Qué mala suerte!
n. ¡Menos mal!

EL TURISTA ACCIDENTAL   3

13. Completa las frases con el conector que te parezca más adecuado. Escribe mayúscula cuando sea necesario.

| como | porque | total, que | resulta que |

a. Salimos tardísimo y nos encontramos con un atasco horroroso, y encima tuvimos un pinchazo. .... llegamos a Córdoba a las cuatro de la madrugada.

b. No te llamé .... me quedé sin batería en el móvil.

c. .... no tenía dinero, no pude invitarlos a tomar nada.

d. Me dieron una indemnización de 200 € .... me habían perdido la maleta.

e. • ¿Qué tal Carlos y Azucena?
  ○ Pues .... al final no se han casado.

f. .... sabía que le gustaba García Márquez, le regalé un libro suyo.

g. Yo quería ir a Nueva York y ella, a Cartagena de Indias. Estuvimos discutiendo días y días; .... nos quedamos en casa y no fuimos a ningún lado.

h. ¿Que cómo lo conocí? ¡No te lo vas a creer! .... llevábamos trabajando en la misma empresa un montón de años, pero nadie nos había presentado. Y entonces, un día…

14. Continúa estas frases de manera lógica.

a. No pude desayunar en el hotel **porque** ....

b. **Como** había reservado una habitación sin baño, ...

c. Perdimos el tren de las 23:00 h, **así que** ....

d. Me gusta improvisar cuando viajo, **o sea que** ....

e. Al final nos cambiaron de hotel **porque** ....

f. **Como** no tenía equipaje para facturar, ...

g. Cancelaron la excursión al lago, **así que** ....

h. No había sitio en el albergue para las fechas que dijiste, **o sea que** ....

15. En un viaje, escribe qué cosas se pueden…

a. organizar	
b. recorrer	
c. perder	
d. facturar	
e. cancelar	
f. reservar	
g. descubrir	

16. Relaciona los elementos de las dos columnas para formar combinaciones posibles. Escríbelas en tu cuaderno.

ir de	un hotel
decidir sobre	noche
planificar con	vacaciones
perderse por	las calles
alojarse en	la marcha
salir de	antelación

Más ejercicios

17. Relaciona estas palabras y expresiones con los dibujos correspondientes.

○ hacer escala en un lugar
○ embarcar
○ facturar
○ compañía aérea
○ buscador de vuelos
○ perder el equipaje
○ hacer una reclamación
○ recibir una indemnización

18. ¿Cómo dices las palabras y expresiones de la actividad 17 en tu lengua o en otra que conoces bien? Escríbelo en tu cuaderno.

19. En todas estas frases aparece el verbo **salir**. Traduce a tu lengua las partes en negrita.

a. El vuelo sale a las 8:00 h.

b. Las maletas saldrán pronto.

c. Fue un viaje perfecto. **Todo salió bien**.

d. Cuando salimos del teatro nos fuimos a casa.

20. Completa estas frases sobre dos lugares de tu país.

[＿＿＿＿＿＿]: Es un destino ＿＿＿＿＿
＿＿＿＿＿＿＿＿＿＿ para los
de ＿＿＿＿＿＿＿＿＿＿＿＿＿＿＿.
Hay ＿＿＿＿＿＿＿＿＿＿＿＿＿＿＿
＿＿＿＿＿＿＿＿＿＿＿＿＿＿＿＿＿
＿＿＿＿＿＿＿＿＿＿＿＿＿＿＿＿＿.

[＿＿＿＿＿＿]: Es un lugar ＿＿＿＿＿
＿＿＿＿＿＿＿＿＿＿ para los que ＿＿＿
＿＿＿＿＿＿＿＿＿＿＿＿＿＿＿＿＿.
Cuenta con ＿＿＿＿＿＿＿＿＿＿＿＿
＿＿＿＿＿＿＿＿＿＿＿＿＿＿＿＿＿
＿＿＿＿＿＿＿＿＿＿＿＿＿＿＿＿＿.

EL TURISTA ACCIDENTAL   3

21. ¿Dónde se pueden hacer estos tipos de turismo? Completa la tabla.

	LUGAR (REGIÓN, PAÍS...)	ACTIVIDADES	CUÁNDO ES MEJOR IR
1. turismo rural			
2. turismo de aventura			
3. turismo de sol y playa			
4. turismo cultural			
5. turismo gastronómico			
6. turismo musical			
7. turismo urbano			
8. turismo deportivo			

22. Escoge una de estas viajeras famosas, busca información sobre ella y escribe en tu cuaderno un pequeño texto con la información que consideres más interesante.

Jeanne Baret (1740-1807): fue la primera mujer que dio la vuelta al mundo.

Isabelle Eberhardt (1877-1904): recorrió el norte de África vestida de hombre.

Mary Kingsley (1862-1900): escaló el Monte Camerún.

Amelia Earhart (1898-1937): fue la primera mujer que atravesó el Atlántico en avión.

ciento cuarenta y tres **143**

Más ejercicios

1. Completa de forma lógica las siguientes viñetas. Luego, compara lo que has escrito con el texto de la actividad 1 (páginas 52-53). ¿Tiene un sentido parecido?

¡Qué ganas tengo de ver al pesado de tu cuñado! ¡Grrr!

Ay, ... te quejes siempre que estamos con mi familia.

¡Pero si tú .... !

¡Socorro! ....

¡Qué barriguita, Fernando! Desde que te has casado... ¿Qué le das, María? Je, je...

Se lo consientes todo. Tienes que obligarlo a comer lo que tiene en el plato.

Ay, mamá... .... tus consejos. Hago lo que me parece, es mi hijo.

¿Sigues yendo a pescar, papá?

¿Fascinante? Pues ....

Sí, y ahora estoy descubriendo el mundo de los anzuelos. Es un tema fascinante.

2. Según el artículo de la página 54, ¿qué tipo de manía tienen estas personas?

a. manías de orden y posición
b. manías de comprobación
c. manías higiénicas
d. manías de contar
e. manías relacionadas con la superstición

○ Ana siempre tiene que besar la puerta al salir de casa. Si no lo hace, le da miedo que pase algo malo.

○ A Pepe le provoca ansiedad ver que los bolígrafos están mal colocados y siempre los pone en la mesa de forma simétrica.

○ Lola no soporta que los desconocidos la toquen ni dar la mano para saludar.

○ Celia llama cada día a sus hijos para preguntarles si han cerrado las ventanas al salir de casa.

○ A Carina le da asco que alguien le pase el pan con la mano cuando están comiendo.

○ Ignacio cuenta el número de palabras de los correos que escribe y siempre tiene que ser un número par.

○ Chema siempre comprueba si los platos están bien colocados en el lavavajillas y los cambia de sitio si su pareja no lo ha hecho bien.

TENEMOS QUE HABLAR   4

3. ¿Qué manías tienes tú? ¿Y otra persona que conoces bien? Escríbelo.

MIS MANÍAS	LAS MANÍAS DE ....

4. Completa cada frase con la expresión más adecuada.

¡Qué rabia!   ¡Qué asco!
¡Qué mal me siento!   ¡Qué pereza!
¡Qué rollo!   ¡Qué ilusión me hace!

a. Agggg, no me ha tocado la lotería por un número, ...

b. ¡Cómo llueve! Tengo que salir a comprar, pero se está tan bien aquí en casa… ....

c. Este fin de semana por fin voy a conocer a mi sobrino. ....

d. ¡Uff! ¡Qué mal huele aquí! ....

e. Ayer discutí con Sebastián y le dije cosas muy fuertes; creo que me pasé, la verdad. ....

f. El fin de semana tengo que quedarme para terminar el proyecto: tengo que hacer informes, mandar presupuestos, hacer facturas. ....

5. ¿Qué tipo de emoción expresan los verbos de la tabla? Algunos verbos pueden expresar más de una emoción.

cariño   sorpresa   miedo   enfado
aburrimiento   alegría   indiferencia
tristeza

	EMOCIÓN O EMOCIONES
a. me horroriza	
b. me fascina	
c. me apasiona	
d. me irrita	
e. me entusiasma	
f. me molesta	
g. me pone furioso/a	
h. me da igual	
i. me pone de mal humor	
j. me hace ilusión	
k. me da rabia	
l. me da miedo	
m. me aburre	
n. me encanta	
o. adoro	
p. me da pereza	
q. me cansa	

Más ejercicios

6. Piensa en situaciones que te provocan los sentimientos de la actividad 5. Escribe frases sobre ellas.

– Me horroriza que...

7. Escribe a qué personas (**yo**, **tú**, etc.) corresponden estas series de verbos. Luego, marca en cada serie la forma que no pertenece al presente de subjuntivo.

a. vayamos / estemos / comamos / tenemos ....

b. tenga / compre / está / vuelva ....

c. lleváis / perdáis / estéis / volváis ....

d. escribas / hagas / pierdes / tengas ....

e. vendan / compran / sientan / estén ....

f. duerma / pierde / cierre / venga ....

8. ¿Cuál de estas formas verbales no corresponde a la misma persona que las demás? Márcala.

☐ uses   ☐ escribas
☐ vayas   ☐ pases
☐ pongas   ☐ lleve
☐ duermas   ☐ estés

9. Escribe qué sentimientos te provocan las siguientes cosas o situaciones.

a. Los atascos:

b. La gente mentirosa:

c. Tener demasiado trabajo:

d. Envejecer:

e. Que te regalen algo:

f. Que te engañen:

g. Que te llamen por tu cumpleaños:

h. Hablar en público:

i. Que critiquen a un/a amigo/a:

TENEMOS QUE HABLAR 4

10. Relaciona cada principio de frase con su correspondiente final.

1

a. A mi prima Marta
b. La gente hipócrita
c. A los padres de mi novio

○ no los soporto.
○ no me gusta.
○ no la aguanto.

2

a. A las dos nos fascinan
b. A las dos nos encanta
c. Las dos estamos hartas

○ los mismos grupos de música.
○ de tener que llegar a casa a las 22 h.
○ comprar ropa.

3

a. A Pati le da rabia que
b. A Pati le gustan
c. Pati no aguanta

○ las personas sensibles.
○ su pareja sea siempre impuntual.
○ al mejor amigo de su pareja.

11. ¿Cómo eres? Escribe la continuación de estas frases.

1. Me pone contento/a
2. Me pongo contento/a
3. Me ponen nervioso/a
4. Me pongo nervioso/a
5. Me siento mal
6. Me sienta mal

12. Completa con los verbos adecuados este fragmento del diario de un joven.

Mis padres son unos pesados. Estoy harto de que siempre (ellos) me (1) .... todo lo que tengo que hacer. ¡Nada de lo que hago les parece bien! Por ejemplo, a mi padre no le gusta que (yo) (2) .... el pelo largo, ni que (yo) (3) .... gorra dentro de casa. Y a mi madre le da miedo que (yo) (4) .... al colegio en el skate. Prefiere que (yo) (5) .... en autobús, claro. Esta tarde he estado estudiando en casa de Vanesa. Vanesa es genial, me encanta ir a su casa porque allí podemos pasar la tarde oyendo música tranquilamente, estudiando un poco o charlando. A sus padres no les molesta que (yo) (6) .... la tarde en su casa y creo que les gusta que Vanesa y yo (7) .... amigos. ¡Son mucho más modernos que mis padres! Además, son muy interesantes. El padre de Vanesa trabaja en la tele; me encanta hablar con él porque siempre me cuenta cotilleos de personas famosas que conoce. Su madre es fotógrafa y, de vez en cuando, nos hace fotos a Vanesa y a mí. A mí me da un poco de vergüenza que nos (8) .... fotos, pero, por otro lado, está muy bien porque las fotos que hace son superguays...

Más ejercicios

13. Completa las conversaciones con las siguientes expresiones. Algunas tienen que ir en mayúscula.

`pero si`   `yo no diría eso`   `pues`
`lo que pasa es que`   `cómo`
`pero qué dices`

a.
• Javi, ¡ayer por la noche te dejaste la ropa en la lavadora y ahora está húmeda y huele mal!
◦ ¡¿_____?! ¡Si la lavadora no la puse yo!

b.
• Estás muy callada hoy, ¿no?
◦ ¿_____? ¡Pero si no paro de hablar!

c.
• Nunca vamos al cine ni al teatro…
◦ ¡_____ me dijiste que no querías salir tanto!

d.
• El novio de Ruth es un poco antipático, ¿no?
◦ Mujer, _____. _____ es un poco tímido.

e.
• Estoy harta de que me critiques continuamente.
◦ ¿Ah, sí? _____ yo estoy harto de muchas cosas también.

14. Completa las frases siguientes con un adjetivo. La primera letra de cada adjetivo está en negrita.

a. Me dan asco las ostras, no soporto su textura, son **a**_____ .

b. A mi hermano le da mucho miedo la oscuridad y siempre duerme con las luces encendidas. Es muy **m**_____ .

c. No lo puedo evitar, antes de un examen me pongo muy **n**_____ .

d. Estoy muy **i**_____ con este proyecto: es algo que siempre he querido hacer y veo que hay mucha gente a la que le interesa.

e. Estoy un poco **e**_____ con Belén; la verdad es que podría decir las cosas de una manera más delicada.

f. Miguel ha tenido un hermanito y está un poco **c**_____ porque ve que su mamá pasa mucho tiempo con él…

15. 🔊 63-64 ¿Te acuerdas de cómo son Leo y Ana? Escucha otra vez y completa.

1
a. Según Leo, Ana es _____
b. A los dos les encanta _____
c. A Ana no le importa que Leo _____

2
a. Según Ana, Leo es _____
b. A los dos les apasiona _____
c. A Ana le da pena _____
d. A Ana le pone nerviosa _____

TENEMOS QUE HABLAR   4

16. Pili, Mila y Loli son trillizas, pero, en lo que se refiere a las relaciones de pareja, son muy diferentes. Completa las frases e intenta formular una más para cada una.

Pili es tradicional y muy romántica.

a. Le gusta que su pareja _____

b. Le encantan _____

c. Le hace mucha ilusión _____

d. _____

Mila es muy sociable y moderna.

a. No le importa que su pareja _____

b. No le gustan demasiado _____

c. Le entusiasma _____

d. _____

Loli es intolerante y posesiva.

a. No soporta que su pareja _____

b. Le horroriza _____

c. Le sienta mal _____

d. _____

17. Escribe una lista de los factores que consideras más importantes para que una relación de pareja funcione.

18. ¿Conoces a personas con estas características? Piensa en cinco personas y escribe cómo son y por qué son así.

detallista   maniático/a   celoso/a
moderno/a   tradicional   romántico/a
posesivo/a   fuerte   divertido/a
independiente   dependiente
sociable   ordenado/a   metódico/a
desordenado/a

Un amigo mío, Connor, es muy posesivo, porque no soporta que su novia salga con amigos chicos.

ciento cuarenta y nueve **149**

Más ejercicios

a. ....

b. ....

c. ....

d. ....

e. ....

19. ¿Cómo traducirías a tu lengua los adjetivos que has usado en la actividad 18? Escríbelo en tu cuaderno.

20. Escribe dos cosas que te gustan de cada una de estas personas.

UNA PERSONA CON LA QUE CONVIVES O HAS CONVIVIDO
....

UN CONTACTO EN REDES SOCIALES
....

TU JEFE/A O UN/A PROFESOR/A
....

21. Víctor y Manuel son pareja. Completa las frases de manera lógica con algunos de los problemas que tienen.

a. La madre de Manuel aparece muchas veces en su casa sin avisar aunque ....

b. Víctor no sabe cocinar y no le hace nunca la cena a Manuel; por eso ....

c. Manuel solo tiene dos semanas de vacaciones al año, así que ....

d. Víctor está en el paro desde hace ocho meses; por eso ....

22. ¿A cuál de los siguientes ámbitos pertenece cada uno de los problemas de la actividad 21? Anótalo.

○ el trabajo   ○ las tareas de casa

○ la familia   ○ el tiempo libre

23. De las siguientes tareas de la casa, ¿cuáles haces tú? Márcalo. Luego, escribe en tu cuaderno qué sentimientos te provocan.

☐ hacer la compra   ☐ preparar la comida
☐ poner la lavadora   ☐ quitar el polvo
☐ barrer   ☐ limpiar el cuarto de
☐ bajar la basura   baño
☐ regar las plantas   ☐ hacer la cama
☐ limpiar los cristales

Hacer la compra me da mucha pereza. Siempre hay mucha gente en el supermercado y...

DE DISEÑO 5

1. 🔊 65-70 Escucha estos fragmentos de las conversaciones de la actividad 2 (página 68) y complétalos con las expresiones que faltan.

1
- ¿Y qué tal funciona?
- Bueno, (1) .... O sea, además, es que (2) ...., porque te hace masajes en los pies, en las piernas, sobre todo en el cuello, que yo tengo muchísimas molestias... Bueno, para cualquier parte del cuerpo... Es increíble.
- ¿Y es fácil de usar?
- Sí, sí, (3) .... Se enchufa en la corriente y ya está.

2
- ¿Qué le parece?
- (4) ...., pero creo que con este vestido (5) ....

3
- ¡Mira lo que nos ha regalado mi suegra!
- ¡Uf! ¡(6) ....!, ¿no?
- (7) .... Además, no sabemos ni para qué sirve.

4
- Pues (8) .... Sirve para un montón de cosas: para amasar, para picar, para batir claras de huevo... (9) ....
- Y, además, no ocupa mucho espacio, ¿no?
- ¡No, qué va! (10) .... Y (11) ...., de verdad. Ayer hice una torta riquísima.

5
- (12) ...., ¿no? Así puedes guardar las mantas y la ropa de invierno...
- Sí, (13) .... Caben un montón de cosas. Además, como mi dormitorio no es demasiado grande... Y mira qué fácil se abre: se levanta por aquí y ya está.
- ¡(14) ....!

6
- Pues es (15) .... Además, no tienes que poner casi aceite. Solo pones un poco de agua, las verduras o la carne o el pescado, o lo que quieras, y en unos minutos ya está: tienes una comida riquísima y muy muy sana.

2. ¿Qué te parece el diseño de estos restaurantes? Descríbelo usando las siguientes estructuras.

Es un lugar...   Tiene un aire...   Evoca...
Destaca...   ... está/n hecho/a/os/as de...
... combina con...

Restaurante Quatre Gats, Barcelona (España)

....
....
....
....

Restaurante Quinta Avenida, Palma de Mallorca (España)

....
....
....
....

ciento cincuenta y uno **151**

Más ejercicios

3. Lee este texto y escribe qué características de la obra de Gaudí ves en las imágenes.

GAUDÍ, EL ARQUITECTO DE LA NATURALEZA

Casa Milà, Barcelona

Antoni Gaudí i Cornet (1852-1926) fue un artista total: arquitecto innovador, escultor, interiorista, ceramista, forjador... Empleó y combinó todo tipo de materiales: piedra, hierro, cerámica, yeso, cristal, madera y pintura. Sus principales fuentes de inspiración fueron el paisaje, la vegetación y la fauna de su Mediterráneo natal. De hecho, en la obra de madurez de Gaudí se produce una identificación entre arquitectura y naturaleza conocida como *arquitectura orgánica*. Gaudí combinaba sabiamente su dominio de la geometría y los cálculos matemáticos con métodos intuitivos que aplicó a su arquitectura, con lo que obtuvo formas equilibradas muy parecidas a las que se encuentran en la naturaleza.

«Ese árbol que crece ahí fuera, ese es mi mejor libro de arquitectura»

Su universo decorativo es riquísimo y complejo, repleto de símbolos en cada detalle. Para decorar sus edificios Gaudí exploró todas las técnicas tradicionales: los trabajos de forja, el uso del ladrillo, la cerámica, la ebanistería... Es el original uso de esas técnicas lo que da a sus obras su especial dimensión plástica. El lenguaje gaudiniano está lleno de color, texturas, formas ondulantes y constantes referencias al mundo vegetal y animal.

«El color es la señal de la vida»

EL MOSAICO

Aunque el mosaico está presente en Cataluña desde el siglo I d.C., el *trencadís* es una técnica nueva que no se utilizó hasta el Modernismo y que fue impulsada como método decorativo por Gaudí y sus discípulos. En esta técnica, los fragmentos que forman el mosaico suelen ser de cerámica, lo que permite realizar magníficas obras de arte con restos de baldosas rotas. El *trencadís* tiene la ventaja de ofrecer un diseño muy espontáneo. Se utiliza para la decoración de superficies verticales exteriores, en las que se obtienen ricos efectos decorativos.

GAUDÍ DISEÑADOR

Gaudí diseñó también el mobiliario para los edificios que le encargaron. Cada mueble es una auténtica pieza de arte y tiene personalidad propia, pero se combina y se integra tanto en el conjunto del mobiliario como en el espacio al que va destinado. El artista catalán estudió detalladamente el cuerpo humano para poder adaptar muchos de sus muebles a la anatomía humana.

Escultura de un lagarto, en Park Güell, Barcelona

Gaudí diseñó una estructura única en su género: un banco de dos plazas no alineadas. Aquí, el espacio de cada persona está delimitado por un apoyabrazos central que actúa de divisor. Además, los asientos están opuestos. Estamos ante una muestra del gusto de Gaudí por los símbolos: en la realidad íntima humana, las personas a menudo se encuentran solas y aisladas aunque compartan un mismo espacio.

Banco de dos plazas, en Casa Batlló, Barcelona

1. El edificio es de piedra y los balcones, de hierro. La fachada tiene una forma de...

4. Completa las frases con la preposición adecuada.

a. Una **licuadora** es un aparato _____ el que se hacen zumos naturales.

b. Un **mantel** es una tela _____ la que pones los platos, cubiertos y vasos para no manchar la mesa.

c. Un **grifo** es un utensilio _____ el que sale el agua.

d. Una **tintorería** es una tienda _____ la que puedes llevar a limpiar tu ropa delicada.

e. Un **wok** es un recipiente de cocina _____ el que puedes preparar deliciosas recetas asiáticas.

f. Un **monedero** es una pequeña bolsa _____ la que puedes llevar el dinero.

DE DISEÑO   5

5. Relaciona los elementos de las columnas para obtener definiciones y escríbelas en tu cuaderno. En algunos casos, hay varias posibilidades.

un abrigo	un mueble			iluminas cuando no hay luz.
una linterna	una etapa			descansas o puedes echar la siesta.
un sofá	un objeto			todo el mundo pasa.
un sacacorchos	un documento	con		puedes cortar un cable.
una tenaza	un lugar	de	el que	te proteges del frío.
un pasaporte — es	una prenda de vestir	a	la que	todo el mundo habla.
una biblioteca	una tienda	por		puedes viajar por otros países.
una droguería	un tema	en		vas a leer o a estudiar.
el tiempo	un utensilio			puedes comprar productos de limpieza.
la adolescencia	una herramienta			abres una botella.

6. Completa las siguientes descripciones.

1 Una silla

Es un mueble en ....

2 Aceite

Es un líquido con ....

3 Una cartera

Es una cosa en ....

4 Una sartén

Es un utensilio con ....

Más ejercicios

7. Une cada frase con su continuación lógica.

1. Me han regalado un juego de sábanas…
2. Tengo que preguntarle a mi padre dónde puedo comprar unos calcetines…

○ que abriguen mucho.
○ que abrigan mucho.

3. Hola, no sé si tenéis algún molde de bizcocho…
4. Coge la sartén roja, es la única…

○ que no se pegue.
○ que no se pega.

5. Me han regalado un altavoz *bluetooth*…
6. Me he mudado a un piso muy pequeño, así que necesito un sofá…

○ que ocupa poco espacio.
○ que ocupe poco espacio.

7. Necesito una cafetera nueva…
8. Me recomendó María una plancha del pelo…

○ que es buena y no muy cara.
○ que sea buena y no muy cara.

9. Para las niñas siempre uso un cepillo para el pelo…
10. Quiero encontrar un cepillo para el pelo…

○ que desenrede bien y no haga daño.
○ que desenreda bien y no hace daño.

8. Completa estas frases conjugando los verbos que están entre paréntesis en presente de indicativo o en presente de subjuntivo, según corresponda.

a. He conocido a una chica que (LLAMARSE) .... Alba.

b. Quiero un coche que no (COSTAR) .... más de 12 000 euros.

c. Quiero llevar a María José a un restaurante que (TENER) .... una terraza con vistas al mar. ¿Conoces alguno?

d. ¿Sabes dónde están los zapatos que (PONERSE, YO) .... normalmente con el vestido rojo?

e. No encuentro ningún trabajo que (GUSTAR, A MÍ) .... realmente.

f. ¿Sabes ese bar que (ESTAR) .... en la esquina de tu casa? Pues allí nos encontramos ayer a Luisa.

g. ¿Conoces a algún arquitecto que (TENER) .... experiencia en locales comerciales? Es que necesito encontrar uno urgentemente.

h. ¿Sabes si hay alguna aplicación con la que (PODER) .... organizar lo que voy a cocinar durante la semana y hacer la lista de la compra?

DE DISEÑO 5

9. Imagínate que te encuentras en las siguientes situaciones. ¿Qué dices? Escríbelo.

1 Quieres regalarle a una amiga una bufanda verde y no quieres gastarte más de 20 euros. Entras en una tienda. ¿Qué le dices a la dependienta?

¿Tenéis alguna bufanda que .... ?

2 Ayer, en un bar, conociste a Julia, una chica muy simpática que trabaja en el Hospital del Mar. Hoy se lo cuentas a un amigo. ¿Qué le dices?

Ayer conocí a una chica que ....

3 Quieres comprarte un champú biológico. Tienes el pelo muy graso y con tendencia a tener caspa. ¿Cómo explicas lo que quieres en la farmacia?

Busco un champú que ....

4 Eres celíaco y no puedes comer gluten. Una vez compraste un pan sin gluten en una panadería y te gustó mucho. Vuelves a la panadería para comprarlo. ¿Cómo explicas lo que quieres?

Estoy buscando un pan que ....

10. ¿Cuáles de estos comentarios te parecen positivos (+)? ¿Cuáles negativos (-)? Márcalo.

	+	-
a. Los encuentro un poco caros.		
b. Me parece horroroso.		
c. Pues a mí no me desagrada.		
d. Esas son un poco llamativas, ¿no?		
e. No sé si voy a comprármela.		
f. La encuentro espantosa.		
g. No es excesivamente barato.		
h. Este me va genial.		

11. Describe en tu cuaderno las siguientes cosas. Intenta usar las expresiones que aparecen al lado de las fotos.

1
Es...
Sirve para...
Funciona con...
Consume...
Ocupa...
Cabe en...
Va muy bien para...

2
Es...
Es de...
Sirve para...
Es muy...
Dura...

3
Es...
Es de...
Sirve para...
Es muy...
Ocupa...
Cabe en...
Dura...

4
Es...
Sirve para...
Funciona con...
Consume...
Ocupa...
Cabe en...
Va muy bien para...

5
Es...
Es de...
Lo usas cuando...
Se guarda en...

ciento cincuenta y cinco **155**

Más ejercicios

12. Fíjate en estas frases y tradúcelas a tu lengua. ¿Entiendes cuándo decimos **sirve para** y **sirve de**?

a. Es un aparato que **sirve para** cocinar al vapor todo tipo de alimentos.

b. Es un sillón que **sirve de** maceta y **de** vivienda para los animales.

13. Escribe, en cada caso, el nombre de algún objeto que cumpla las siguientes características.

a. Práctico, de madera, barato: _____

b. Suave, de lana, con forma rectangular y alargada: _____

c. Sólido, de metal, cabe en un bolsillo: _____

d. De cerámica, bonito, se rompe con facilidad: _____

e. Llamativo, blando, se estira: _____

f. Precioso, de cristal, frágil: _____

g. De algodón, útil, se arruga: _____

14. Escribe, en cada caso, el adjetivo que corresponda a cada definición. La primera letra del adjetivo está en minúscula.

a. Algo caro y de gran categoría: **l**_____

b. Algo que se rompe con facilidad: **f**_____

c. Algo que puede servir para algo: **ú**_____

d. Algo que se deforma con facilidad al presionarlo: **b**_____

e. Algo muy feo, muy malo o muy desagradable: **h**_____

f. Algo liso y agradable al tacto: **s**_____

g. Algo que llama mucho la atención: **ll**_____

h. Algo sin muchos adornos o que no es difícil de usar: **s**_____

15. Tacha en cada caso el adjetivo que no se puede combinar con el nombre.

a. Un restaurante **elegante** / **alegre** / **favorecedor** / **precioso**

b. Un hotel **sofisticado** / **feo** / **clásico** / **favorecedor**

c. Una camiseta **moderna** / **portátil** / **alegre** / **reversible**

d. Una olla **colorida** / **especial** / **blanda** / **sólida**

e. Un jarrón **frágil** / **delicado** / **cómodo** / **precioso**

16. 🔊 71 Escucha cómo se pronuncian estas palabras y subraya la sílaba tónica. Luego, léelas en voz alta poniendo énfasis en esa sílaba.

a. caro – carísimo

b. raro – rarísimo

c. feo – feísimo

d. rico – riquísimo

e. largo – larguísimo

f. cómodo – comodísimo

DE DISEÑO 5

17. Fíjate en el ejemplo y transforma estas frases intensificando de otra manera el valor del adjetivo.

Es un vestido **muy feo**.
Es un vestido feísimo.

a. Ayer en una tienda vi unos zapatos **supercaros**.

b. Tengo un aparato que hace unos zumos **muy buenos**.

c. El otro día me compré un sofá **muy cómodo**.

d. Me encanta. Es **muy moderno**.

e. Este horno tiene muchas funciones, es **muy práctico**.

f. Este jarrón es **muy frágil**.

18. Completa estas frases con **que** o **qué**.

a. ¿_____ es esto?

b. ¡_____ horror! ¡Es feísimo!

c. Quiero un gorro _____ cueste menos de 20 euros.

d. ¡_____ maravilla de hotel!

e. Es un restaurante en el _____ solo hacen tacos.

f. ¡_____ vestido tan bonito!

g. Yo creo _____ con ese traje está guapísimo.

19. Escribe tres nombres de…

a. aparatos eléctricos: _____

b. prendas de vestir: _____

c. muebles: _____

d. utensilios de cocina: _____

e. recipientes: _____

f. objetos de decoración: _____

g. establecimientos comerciales: _____

h. instrumentos musicales: _____

20. Completa las frases con las siguientes expresiones y los verbos conjugados.

seguir la moda   estar de moda   pasarse de moda

a. Los suelos de madera en las casas _____. Son bonitos y cálidos, por eso mucha gente los quiere.

b. Los pantalones acampanados _____, ¿no? Ahora ya casi nadie los lleva.

c. A Mario le gusta _____ y compra lo mismo que algunos *influencers* que ve en Instagram.

Más ejercicios

1. Lee este texto sobre una empresa que comercializa frutas y verduras "feas" (que no cumplen con los estándares estéticos para comercializarse). Complétalo con las expresiones que faltan.

sostenibles y biodegradables   del uso de plásticos   razones estéticas   productos de temporada

contra el cambio climático   contaminación ambiental   desperdicio alimentario

un precio justo   el comercio de proximidad   con la sostenibilidad

IMPERFECTUS, la empresa que aprovecha la fruta y verdura que los supermercados no quieren

Imperfectus es una empresa creada por dos hermanos con el objetivo de luchar contra el (1) ....

La idea nació cuando observaron que una gran parte de la cosecha de frutas y hortalizas de los agricultores de la zona se desechaba por (2) ....: eran demasiado grandes, demasiado pequeñas, tenían formas extrañas…

Y a esta circunstancia se unió la pregunta que ya se llevaban haciendo durante un tiempo: ¿por qué tenemos que ir a la otra punta del mundo a buscar manzanas, peras, pimientos, tomates, etc., cuando nuestras tierras son ricas en estos cultivos? Cuantos menos kilómetros recorran estos productos desde el campo hasta nuestros hogares, más frescos estarán y menos (3) .... provocaremos con su transporte.

Y fue así como crearon Imperfectus, un proyecto modesto, pero con grandes ambiciones: promover la agricultura local, incentivar (4) .... y pagar (5) .... a los productores locales.

En Imperfectus tienen clara la filosofía de reducción (6) .... y todas sus frutas y hortalizas se venden en cajas (7) ....

En su web, venden cestas de (8) .... de diferentes tamaños, según las necesidades de los clientes, que suelen ser personas concienciadas (9) ...., el consumo responsable y la lucha (10) ....

158 ciento cincuenta y ocho

UN MUNDO MEJOR 6

2. Escribe qué cosas podemos hacer para tener un mundo mejor.

Ahorrar: ....
....
Reciclar: ....
....
Reducir: ....
....
Compartir: ....
....
Luchar contra: ....
....
Fomentar: ....
....

3. Piensa en tu ciudad o en tu país y completa estas frases.

a. No es normal que ....
....
b. Es injusto que ....
....
c. No es lógico que ....
....
d. Es necesario que ....
....
e. Es una vergüenza que ....
....

4. Ana y Ada son hermanas y tienen opiniones contrarias en casi todo. Completa las frases en tu cuaderno de la manera más lógica.

1. Sobre la alimentación vegana

   a. Ana es vegana. Cree que no es lógico que…

   b. Ada come de todo. Cree que no es necesario que…

2. Sobre el cambio climático

   a. Ana cree que es cierto. Piensa que es evidente que…

   b. Ada es escéptica. Piensa que no está probado que…

3. Sobre la circulación de los coches en el centro de la ciudad

   a. Ana cree que se debería limitar. Según ella, no es normal que…

   b. Ada cree que circular en coche por la ciudad es necesario. Según ella, es natural que…

4. Sobre los alimentos transgénicos

   a. Ana está totalmente en contra. Cree que no está bien que…

   b. Ada cree que son muy necesarios. Cree que es normal que…

5. Sobre la experimentación con animales

   a. Ana está en contra. Cree que no es ético que…

   b. Ada está a favor. Piensa que está totalmente justificado que…

5. Escribe en tu cuaderno qué piensas sobre estos temas.

- Sobre la alimentación vegana
- Sobre el cambio climático
- Sobre la circulación de los coches en la ciudad
- Sobre los alimentos transgénicos
- Sobre la experimentación con animales

Más ejercicios

6. 🔊 72-73 Vas a escuchar a personas hablando de iniciativas para cuidar el medioambiente. Completa la tabla.

	¿DE QUÉ HABLAN?	¿CÓMO FUNCIONA?	¿QUÉ LES PARECE?
1			
2			

7. Imagina que en tu país se han publicado estos titulares. Escribe tu opinión en tu cuaderno.

- Se prohíbe la venta de animales domésticos
- El Gobierno suprime la asignatura de Educación Física del currículo educativo
- Entra en vigor una nueva ley que prohíbe hablar por teléfono en el transporte público
- Se prohíbe la fabricación de todo tipo de vehículos con motores no eléctricos

Me parece fantástico que el Gobierno prohíba...

8. Completa esta tabla con las formas adecuadas del condicional.

	PREPARAR	SABER	DECIR	TENER	HACER
(yo)	prepararía			tendría	
(tú)		sabrías	dirías		harías
(él / ella, usted)	prepararía			tendría	
(nosotros / nosotras)		sabríamos	diríamos		haríamos
(vosotros / vosotras)	prepararíais			tendríais	
(ellos / ellas, ustedes)		sabrían	dirían		harían

UN MUNDO MEJOR

9. Marca cuáles de estas cosas haces. De las que no haces, ¿cuáles harías y cuáles no? ¿Por qué? Escríbelo en tu cuaderno.

a. producir tu propia miel ☐
b. usar energías alternativas ☐
c. compartir coche con desconocidos ☐
d. hacer compost en casa ☐
e. no tener ningún producto hecho con piel de animal ☐
f. usar un cuaderno de papel reciclado ☐
g. dejar de comer carne ☐
h. usar una esponja vegetal ☐
i. usar un cepillo de dientes de bambú ☐
j. comprar alimentos a granel ☐
k. no usar nunca bolsas de plástico ☐
l. usar cosméticos hechos con productos naturales ☐
m. reutilizar las botellas ☐

A mí me gustaría hacer mi propia miel, pero lo veo muy complicado y además ¡no me gustan nada las abejas!

10. Lee las conversaciones e indica en cada caso con qué uso del condicional las relacionas.

> a. expresar deseos
> b. opinar sobre acciones y conductas
> c. evocar situaciones imaginarias
> d. aconsejar, sugerir

1 ☐
• ¡Qué jardín más grande! **Podrías** plantar un huerto, ¿no?
○ Sí, es una buena idea.

2 ☐
• Es imperdonable lo de los productos transgénicos.
○ Sí, la Unión Europea **debería** prohibir totalmente su venta.

3 ☐
• Yo nunca me **iría** a vivir a un pueblo pequeño. **Echaría** de menos la ciudad, no **sabría** qué hacer…
○ Ya, yo me **aburriría** un montón.

4 ☐
• Cada vez hay más tiendas que venden productos biológicos.
○ Sí, me **encantaría** comprar siempre productos biológicos, pero es que es carísimo.

5 ☐
• ¿Te **maquillarías** con cosméticos testados con animales?
○ ¡Ni de broma! No, no.

6 ☐
• Ana, **deberías** comprar siempre productos locales. Es importante que apoyemos la producción local.
○ Ya…

7 ☐
• En mi siguiente viaje, me **gustaría** mucho probar eso del *couchsurfing*.
○ Uy, pues yo **preferiría** hacer lo del intercambio de casas, así no tienes que convivir con desconocidos.

8 ☐
• Fran siempre se queja de que no tiene dinero, pero es que no para de comprar ropa. Cada día aparece con algo nuevo.
○ Sí, yo creo que **tendría** que controlarse un poco o comprar ropa de segunda mano.

ciento sesenta y uno **161**

Más ejercicios

11. Escribe frases sobre ti usando el condicional.

un deseo: ....

....

....

una opinión: ....

....

....

una situación imaginaria: ....

....

....

un consejo o sugerencia: ....

....

....

12. Marca la opción correcta en cada caso.

1 • ¿Qué piensas de **lo que** / **lo de** Mario?
  ◦ Ah, uf, no sé… Él está muy contento, pero yo no lo haría nunca. Me gusta demasiado vivir en la ciudad.

2 • Pues a mí **eso que** / **eso de** ha hecho Julia, me parece una gran idea.
  ◦ Sí, está muy bien su página web. ¡Y parece que está funcionando!

3 • Ya sabes **lo de** / **lo que** la normativa europea con respecto a los plásticos, ¿no?
  ◦ Sí, sí, me parece muy necesaria. También he oído que Ciudad de México tiene como objetivo ser una ciudad de basura cero.

4 • Me parece magnífico **lo que** / **lo de** ha hecho el ayuntamiento en tu barrio.
  ◦ Sí, los vecinos estábamos hartos del ruido y de la contaminación, ¡es que había muchísimo tráfico durante todo el día!

5 • **Esto de** / **Eso que** han dicho sobre los microplásticos me inquieta…
  ◦ A mí me da miedo que, en unos años, ya no podamos ni bañarnos en el mar.

13. Escribe a qué crees que pueden referirse las conversaciones de la actividad 12.

14. Lee esta conversación y complétala con **lo de**, **lo que** o **lo de que**.

• Mira lo que pone en esta infografía: consejos para cuidar el medioambiente.
◦ ¿A ver? Ah, son cosas bastante fáciles de hacer, ¿no? Yo lo hago todo. No siempre, pero lo hago todo…
• ¿Sí? Bueno, sí que son consejos básicos, pero, por ejemplo, ... evitar juguetes y aparatos a pilas no lo había pensado… Si lo pienso, tengo un montón en casa… Y .... dice sobre la basura, ... pensar antes de tirar algo… A veces tiro cosas y no lo pienso mucho. No sé, envases de vidrio o cajas… A lo mejor podría reutilizarlos y casi siempre lo tiro todo sin pensar.
◦ Ya, pero otras cosas seguro que las haces sin pensar. Por ejemplo, ... hay que apagar la luz si no estás en la habitación.
• Hombre, claro, eso sí. Pero los aparatos eléctricos, la tele, el ordenador y eso, no los apago del todo. .... el grifo, eso sí, siempre.
◦ ¿El qué?
• .... no dejar el grifo abierto.
◦ Ah, claro… ¿Ves como ya sigues muchos de los consejos? ¡Y encima eres vegana!

15. Busca en internet alguna iniciativa interesante para cuidar el medioambiente. Prepara una presentación y di qué te parece.

UN MUNDO MEJOR 6

16. Escribe los sustantivos correspondientes a cada uno de estos adjetivos.

ADJETIVO	SUSTANTIVO
injusto/a →	
sorprendente →	
normal →	
importante →	
vergonzoso/a →	
sostenible →	
loco/a →	
ético →	
difícil →	
necesario/a →	
tonto/a →	
absurdo/a →	
grave →	

17. Completa las tablas.

SUSTANTIVO	ADJETIVO
ecología	
reciclaje	
contaminación	

SUSTANTIVO	VERBO
reciclaje	
ahorro	
gasto	
consumo	
contaminación	

producto	
fabricación	
maltrato	
promoción	
reducción	

18. Escribe el nombre de objetos que tienes con estas características.

REUTILIZABLE

RECICLADO/A

BIODEGRADABLE

DE USAR Y TIRAR

DE BAJO CONSUMO

DE SEGUNDA MANO

APTO PARA PERSONAS VEGANAS

Más ejercicios

19. Completa las frases con las siguientes palabras.

1 reciclable   reciclado

a. En un pueblo de Jaén han hecho decoraciones navideñas solo con material .... Por ejemplo, no han usado lámparas ni espejos, que no se pueden reciclar.

b. Yo siempre compro papel .... No tiene un color tan blanco, pero para escribir me sirve…

2 contaminado   contaminante

a. Ya no compro cápsulas de café de esas de aluminio, ya que es un material muy ....

b. ¿Sabías que el mar Mediterráneo está muy .... ? Como es un mar muy cerrado y hay muchísimo tráfico marítimo…

3 productos   producción

a. ¿Sabes que hay .... de limpieza ecológicos? Detergente para la lavadora, lavavajillas…

b. Ha aumentado mucho la .... de soja transgénica en los últimos años.

4 alimentos   alimentación

a. Últimamente solo compro .... de producción local.

b. Es muy importante llevar una .... sana desde que somos pequeños.

5 fábrica   fabricación

a. ¿Te has enterado de que han cerrado una .... de jabón que estaba aquí al lado?

b. Debería prohibirse la .... y la venta de armas en todos los países del mundo.

20. ¿Cómo traducirías a tu lengua en cada caso las palabras de la actividad 19? Escríbelas en tu cuaderno.

21. Completa con las palabras o expresiones adecuadas. Puedes buscarlas en la unidad.

a. productos que se descomponen en la naturaleza:
productos ....

b. agua envasada en botellas:
agua ....

c. personas que realizan su actividad en el lugar en el que viven:
productores ....

d. materias que extraemos de la naturaleza para elaborar bienes de consumo:
materias ....

e. electrodomésticos que consumen poca energía:
electrodomésticos ....

f. vegetales originarios de la zona:
vegetales ....

g. cuchillas de afeitar que se pueden usar varias veces:
cuchillas ....

h. alimento que no tiene ingredientes de origen animal:
alimento ....

i. ropa fabricada con materiales de desecho:
ropa ....

MISTERIOS Y ENIGMAS 7

1. 🔊 74 Escucha un pódcast en el que hablan de dos misterios y elige la opción adecuada en cada caso.

Dodecaedro romano

a. Su origen ....
- ☐ es incierto ☐ se conoce

b. Los agujeros tienen ....
- ☐ el mismo tamaño ☐ distintos tamaños

c. Algunos se encontraron en ....
- ☐ cofres ☐ sarcófagos

d. Hay indicios de que se usaban para llevar ....
- ☐ velas ☐ herramientas

e. Según algunas hipótesis, se usaba para ....
- ☐ protegerse ☐ atraer la buena suerte

f. Quizá era un objeto ....
- ☐ decorativo ☐ para entretenerse

Manuscrito Voynich

g. .... en 1912.
- ☐ Se escribió ☐ Se descubrió

h. Hay ....
- ☐ un ejemplar ☐ varias copias

i. Contiene dibujos ....
- ☐ de plantas ☐ de animales extintos

j. El verdadero enigma del Manuscrito Voynich es ....
- ☐ su autor/a ☐ la lengua en la que está escrito

2. Relaciona las experiencias con sus posibles explicaciones.

- **a.** tener pesadillas
- **b.** tener visiones
- **c.** tener una premonición
- **d.** tener telepatía
- **e.** tener un sexto sentido

○ Tener la capacidad de intuir cosas.
○ Soñar cosas que causan sufrimiento.
○ Pensar lo mismo o tener las mismas sensaciones que otra persona con la que no hay ningún tipo de comunicación física.
○ Ver cosas que no existen en la realidad.
○ Creer que algo concreto va a ocurrir.

3. Relaciona los elementos de las dos columnas para formar combinaciones posibles. En algunos casos hay más de una opción correcta. Escríbelas en tu cuaderno.

hacer	telepatía
leer	un fantasma
tener	un presentimiento
ver	un viaje en el tiempo
sentir	una presencia
oír	la mente
	voces extrañas
	las líneas de la mano
	el pensamiento
	escalofríos
	alucinaciones

Más ejercicios

4. Lee los testimonios de estas personas y contéstales dando posibles explicaciones a sus problemas.

FORO
http://www.experiencias_paranormales.dif/foro

¿QUIÉN HA TENIDO EXPERIENCIAS PARANORMALES?

Esta mañana me he levantado perfectamente, como cualquier otro día, y he hecho mis cosas. Todo como siempre. Pero, al mediodía, he vuelto a casa del trabajo, me he empezado a sentir fatal y me han entrado unas ganas de llorar como jamás había sentido. No entiendo por qué, en el trabajo no me ha pasado nada, he llamado a mi familia y todos están bien... Solo sé que quería irme a la cama, pero no podía. Tengo mucho miedo, todavía me encuentro fatal, con esta angustia insoportable dentro de mí. ¿Qué creéis que me pasa? Espero vuestras respuestas, a ver si me puedo ir a dormir más tranquila.

Carla (Valencia)

Desde hace unas semanas tengo una sensación extrañísima, la de encontrarme en un lugar fuera del mío. Miro a mi alrededor y, a veces, tengo visiones de ese lugar, completamente diferente al lugar donde de verdad me encuentro: hay mucha vegetación y ruinas. No sé, me pasan algunas cosas más, pero son demasiado incomprensibles. ¿Alguien me puede ayudar?

Fernando (Mallorca)

Hace unos meses empecé a practicar yoga y a probar técnicas de meditación. Un día, mi concentración me llevó al recuerdo de una chica que había visto ese mismo día por la mañana y, de repente, sentí que estaba dentro de ella. Fue una sensación rápida, pero intensa. No le di importancia; pensé que seguramente me lo había imaginado. Sin embargo, al día siguiente noté que la chica estaba wdentro de mí. Fue curioso, porque en esos momentos no estaba meditando. Desde entonces, al menos una vez a la semana tengo la misma sensación, siempre en momentos en los que estoy solo y relajado. ¿A alguien le ha pasado algo parecido? ¿A qué pensáis que se debe eso?

Julián (Cáceres)

Carla:
Seguramente

Fernando:

Julián:

5. Responde a estas preguntas usando **no creo** o **no me lo creo**.

a. • ¿Sabes que ya ha llegado Juan?
 ○

b. • ¿Sabes si ya ha llegado Juan?
 ○

c. • ¿Sabes si Mario se ha casado?
 ○

d. • ¿Sabes que Mario se ha casado?
 ○

e. • ¿Sabes que ya han publicado mi artículo en el periódico?
 ○

f. • ¿Sabes si ya han publicado mi artículo en el periódico?
 ○

MISTERIOS Y ENIGMAS 7

6. Completa las conversaciones con estas palabras y expresiones. Escribe mayúsculas cuando sea necesario.

las ondas wifi   pruebas   muchas religiones
viajes astrales   una máquina del tiempo
el terraplanismo   la homeopatía
esa tontería   la astrología   consecuencias

a. • (1) _____ afirman que los actos que hacemos en esta vida tienen (2) _____ cuando morimos.
○ Sí, los budistas, por ejemplo, creen en el karma, que es algo parecido.

b. • He oído que van a inventar (3) _____ en la que podremos viajar al pasado. ¿Crees que puede ser verdad?
○ ¡Qué va! Seguro que habría (4) _____.

c. • He leído que (5) _____ pueden provocar cáncer.
○ ¿De verdad te crees (6) _____?

d. • He visto un programa sobre (7) _____ y me parece increíble que haya gente que piense eso. ¡Está demostrado!
○ Bueno, hay gente para todo…

e. • Yo no creo en (8) _____, pero lo cierto es que una vez la probé y me fue fenomenal.
○ Yo no creo que pueda curar ciertas enfermedades, pero es probable que ayude en muchos casos.

f. • Mira, acabo de leer que hay cursos para aprender a hacer (9) _____, ¿qué te parece?
○ Pues qué quieres que te diga, creo que es una manera de sacar el dinero a la gente que necesita creer en algo.

g. • No creo en los horóscopos. De hecho, (10) _____ está considerada una pseudociencia.
○ Estoy de acuerdo contigo, pero hay mucha gente que sí cree en ellos.

7. Lee estas conversaciones e indica para qué se usa el futuro simple en cada caso.

1. Para hacer hipótesis sobre el presente.
2. Para referirse al futuro o hacer predicciones sobre el futuro.
3. Para hacer hipótesis sobre el pasado.

a. • No puedo dejar de pensar en el tema. ¿Me **estaré** volviendo loca? [1]
○ No, mujer, pero no te obsesiones…

b. • ¿Has oído ese ruido? Siempre oigo voces extrañas a estas horas, me da un poco de miedo. [3]
○ Hombre, **habrá sido** algo que se ha caído en casa del vecino.

c. • ¡Qué bien vestido viene Juan! ¿**Vendrá** del trabajo? [1]
○ Seguramente. Como trabaja en un banco tiene que ir con traje…

d. • ¿Tú crees que **existirán** algún día los medicamentos contra sentimientos como el miedo o los celos? [2]
○ Seguro, ya existen medicamentos parecidos.

e. • ¿Va a venir Juan a la fiesta? [2]
○ Sí, pero **llegará** un poco más tarde.

f. • ¡Qué raro! Son ya las 14:00 y Belén no ha venido a comer. [3]
○ Tranquilo, **habrá salido** tarde de clase.

g. • Rosa no me contesta mis correos. ¿Tú crees que **estará** enfadada por algo? [1]
○ No, hombre, no. No **podrá** conectarse a internet… Cuando viajas no es fácil.

h. • ¿**Iréis** al Cañón del Colorado? [2]
○ Sí, claro, y también **pasaremos** por Las Vegas.

Más ejercicios

8. Completa estas conversaciones conjugando en futuro simple o futuro compuesto los verbos que están entre paréntesis.

a. • ¿Dónde está Pedro?
   ○ No sé. (ESTAR ESTUDIANDO) _estará estudiando_ en la biblioteca… Es que mañana tiene un examen.

b. • ¿Y tu hermano? Hace rato que ha salido de casa y todavía no ha vuelto.
   ○ No sé, (ESTAR) _estará_ en el supermercado.

c. • María lleva todo el mes insistiendo en invitarme a cenar. No sé qué quiere. Estoy un poco preocupada.
   ○ No (SER) _será_ nada, mujer. (QUERER) _querrá_ charlar un rato contigo y ya está.

d. • Hace mucho tiempo que no veo a Raúl por el barrio, ¿sabes algo de él?
   ○ No, no, (CAMBIARSE) _habrá se cambiado_ de casa, me comentó que quería hacerlo.

e. • ¿Qué hace Luis hablando con María? ¿(QUERER) _querrán_ contarle algo malo de nosotros?
   ○ No, mujer, (ESTAR HABLANDO) _estarán hablando_ de sus cosas, ¿no ves que son amigos?

f. • Victoria estaba rarísima ayer, ¿no? Normalmente habla mucho y hace bromas, y ayer no abrió la boca.
   ○ Sí es verdad. (ESTAR PREOCUPADA) _habrá estado preocupada_ por algo, ¿no?
   se estará preocupada

g. • ¿Has visto mis llaves? Llevo media hora buscándolas.
   ○ Las (METER) _habrás metido_ en el cajón, como siempre.

h. • He visto a Sara por la calle y ha pasado de largo, sin saludarme. ¡Qué antipática!
   ○ No, hombre, no, Sara no es así, no (RECONOCERTE) _te habrá reconocido_ con ese corte de pelo.

9. Completa las frases con **que**, **en**, **de** o **a** si es necesario.

a. ¿Qué piensas _____ este curso sobre terapias alternativas?

b. Yo no creía _____ los fantasmas, pero el otro día me pasó algo que me hizo cambiar de opinión…

c. ¿Piensas _____ en el futuro será posible viajar en el tiempo?

d. ¿Te acuerdas _____ lo que te conté el otro día, lo de que soñé con Verónica y me la encontré por casualidad por la calle?

e. No sé de qué depende que puedas recordar _____ los sueños o no.

f. Mis vecinos creen _____ hay algo paranormal en nuestro edificio, porque dicen que oyen voces extrañas por la noche.

g. Mira, igual me equivoco, pero no pienso _____ ir mañana a esa excursión, tengo un presentimiento raro.

h. Mira esta foto de Paula cuando era joven, ¿no te recuerda _____ alguien?

MISTERIOS Y ENIGMAS   7

10. María está preocupada porque su novio no ha llegado a casa. Escribe las hipótesis que baraja María usando el futuro (simple o compuesto) o las siguientes estructuras.

Puede que…	A lo mejor…
Seguramente…	Quizás…
Posiblemente…	Lo más seguro es que…

a. ....
b. ....
c. ....
d. ....
e. ....

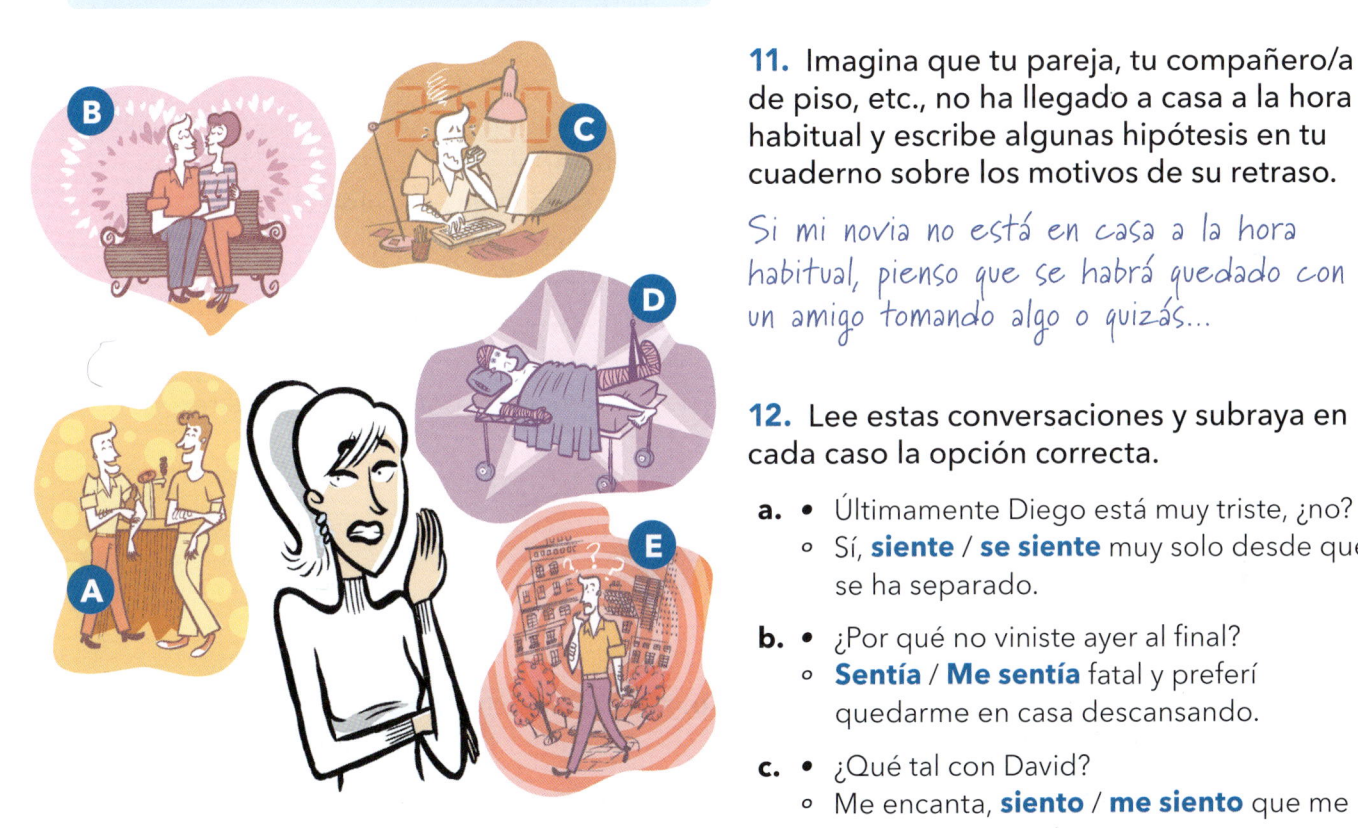

11. Imagina que tu pareja, tu compañero/a de piso, etc., no ha llegado a casa a la hora habitual y escribe algunas hipótesis en tu cuaderno sobre los motivos de su retraso.

Si mi novia no está en casa a la hora habitual, pienso que se habrá quedado con un amigo tomando algo o quizás…

12. Lee estas conversaciones y subraya en cada caso la opción correcta.

a. • Últimamente Diego está muy triste, ¿no?
   ○ Sí, **siente** / **se siente** muy solo desde que se ha separado.

b. • ¿Por qué no viniste ayer al final?
   ○ **Sentía** / **Me sentía** fatal y preferí quedarme en casa descansando.

c. • ¿Qué tal con David?
   ○ Me encanta, **siento** / **me siento** que me estoy enamorando.

d. • Sara está muy enfadada con su jefa.
   ○ Claro, es normal que **sienta** / **se sienta** rabia, la han echado injustamente.

e. • Esta mañana he ido a correr una hora antes de venir al trabajo.
   ○ ¿Ah, sí? ¿Y eso?
   • No sé, **he sentido** / **me he sentido** la necesidad de salir a correr.

f. • ¿Qué te pasa? Estás muy rara últimamente.
   ○ No sé… **Siento** / **Me siento** muy perdida, no sé qué decisiones tomar…

ciento sesenta y nueve **169**

Más ejercicios

13. Fíjate en el uso de las comas en estas frases. Relaciona cada frase con un uso.

○ Fenómenos paranormales: premoniciones, telepatía y sueños que se hacen realidad.

○ En la región de Nazca, al sureste del Perú, existen unas espectaculares y misteriosas líneas trazadas en el suelo.

○ Hay un pájaro de 300 metros de largo, un lagarto de 180, un pelícano, un cóndor y un mono de más de 100 metros.

○ Luis, lo que dices lo leí hace poco en un artículo.

○ Paul Kosok, el primero en realizar una observación aérea, dijo que se trataba de caminos o rutas para procesiones rituales.

○ No creo que sea una teoría científica, pero probablemente sirva para aprender a ser más optimistas y a tener confianza en nosotros mismos.

○ La Frida de la izquierda lleva un traje europeo y la de la derecha, uno tradicional.

> **a.** antes de determinados conectores (como **pero**, **aunque**, **así que**, **de modo que**, etc.)
>
> **b.** para separar elementos de una enumeración
>
> **c.** para separar sustantivos que sirven para llamar o nombrar al / a la interlocutor/a
>
> **d.** al principio y al final de expresiones que intercalamos en una frase para dar más información
>
> **e.** para separar el sujeto de los complementos cuando no aparece el verbo

14. Pon comas en estas frases.

a. Pasa Pablo.
b. Ayer vi a Javi el novio de Yolanda en un bar.
c. Este año Luis va de vacaciones a Cuba. Yo a Tailandia.
d. Mi marido es astrólogo así que estoy familiarizada con esto de los horóscopos.
e. Ayer soñé que vivía en una casa de lujo. Tenía una piscina diez habitaciones un jardín enorme un baño con *jacuzzi*…

15. Completa las frases con los elementos de la lista. Justifícalo.

> • leer el pensamiento
> • adivinar el futuro
> • recordar vidas anteriores
> • ver un fantasma
> • ser inmortal
> • tener sueños que se cumplen
> • viajar en el tiempo
> • hacer magia
> • ver un ovni
> • ser invisible
> • ser abducido/a por un extraterrestre

a. Me gustaría ....
....
....
....

b. Me daría mucho miedo ....
....
....
....

c. Sería interesante ....
....
....
....

16. Ahora, escoge uno de los elementos de la lista de la actividad 15 y escribe en tu cuaderno lo que piensas: si crees que es posible, si tiene una explicación racional, etc.

MISTERIOS Y ENIGMAS 7

17. 🔊 75-77 Tres personas llaman a un programa de radio y cuentan un problema que tienen. Escucha y completa la tabla.

	¿QUÉ PROBLEMA TIENEN?	¿QUÉ EXPLICACIÓN LE DAN?
1.		
2.		
3.		

18. Completa estos fragmentos del audio de la actividad 10C con los verbos entre paréntesis en indicativo o en subjuntivo.

1
- ¿Y qué significa soñar con famosos?
- Bueno, normalmente suele ser algo positivo. Una persona que ha tenido un sueño de este tipo es probable que (RECIBIR, ELLA) .... pronto una oferta de trabajo interesante o un aumento de sueldo o que (CONOCER, ELLA) .... a alguien especial. Lo más seguro es que esa persona (EXPERIMENTAR, ELLA) .... cambios positivos, del tipo que sean, y que (EMPEZAR) .... a cumplirse sus sueños.

2
- Cuando soñamos algo así, es muy probable que (TENER, NOSOTROS) .... miedo de algo que tenemos que afrontar. Quizás (HABER) .... obstáculos que impiden que siga su camino y debe vencerlos. O a lo mejor (ESTAR, ÉL) .... intentando evitar a alguien. También puede que (SIGNIFICAR) .... que no quiere aceptar algo nuevo en su vida. O que no quiere aceptar una idea o un punto de vista.
- Em... Es decir, que esa persona tiene mucho trabajo que hacer.
- Sí. Normalmente, si soñamos que lo que nos persigue consigue atraparnos, lo más seguro es que todavía (QUEDAR) .... mucho por hacer. Si no nos atrapan, lo más seguro es que ya (ESTAR, NOSOTROS) .... a punto de vencer los obstáculos.

3
- El tercer caso es para los que sueñan que se pierden.
- Sí, este es también un sueño muy recurrente. Y es fácil de interpretar. El que sueña que se pierde se siente perdido en su vida, no sabe qué camino elegir o está preocupado porque no sabe si una decisión que ha tomado es correcta o no. A lo mejor (ENCONTRARSE, ÉL) .... en un momento de cambio y (TENER, ÉL) .... que acostumbrarse a nuevos lugares, nuevos hábitos y nuevas personas.

19. Busca en internet información sobre el significado de uno de estos sueños (u otro) y prepara una presentación para explicar su significado. Puedes grabarla y compartirla con el resto de la clase.

- Soñar que volamos
- Soñar que nos caemos
- Soñar que estamos en una casa

ciento setenta y uno **171**

Más ejercicios

1. Pilar ha recibido varios correos de sus compañeros de trabajo. Léelos y completa las frases resumiendo qué le piden.

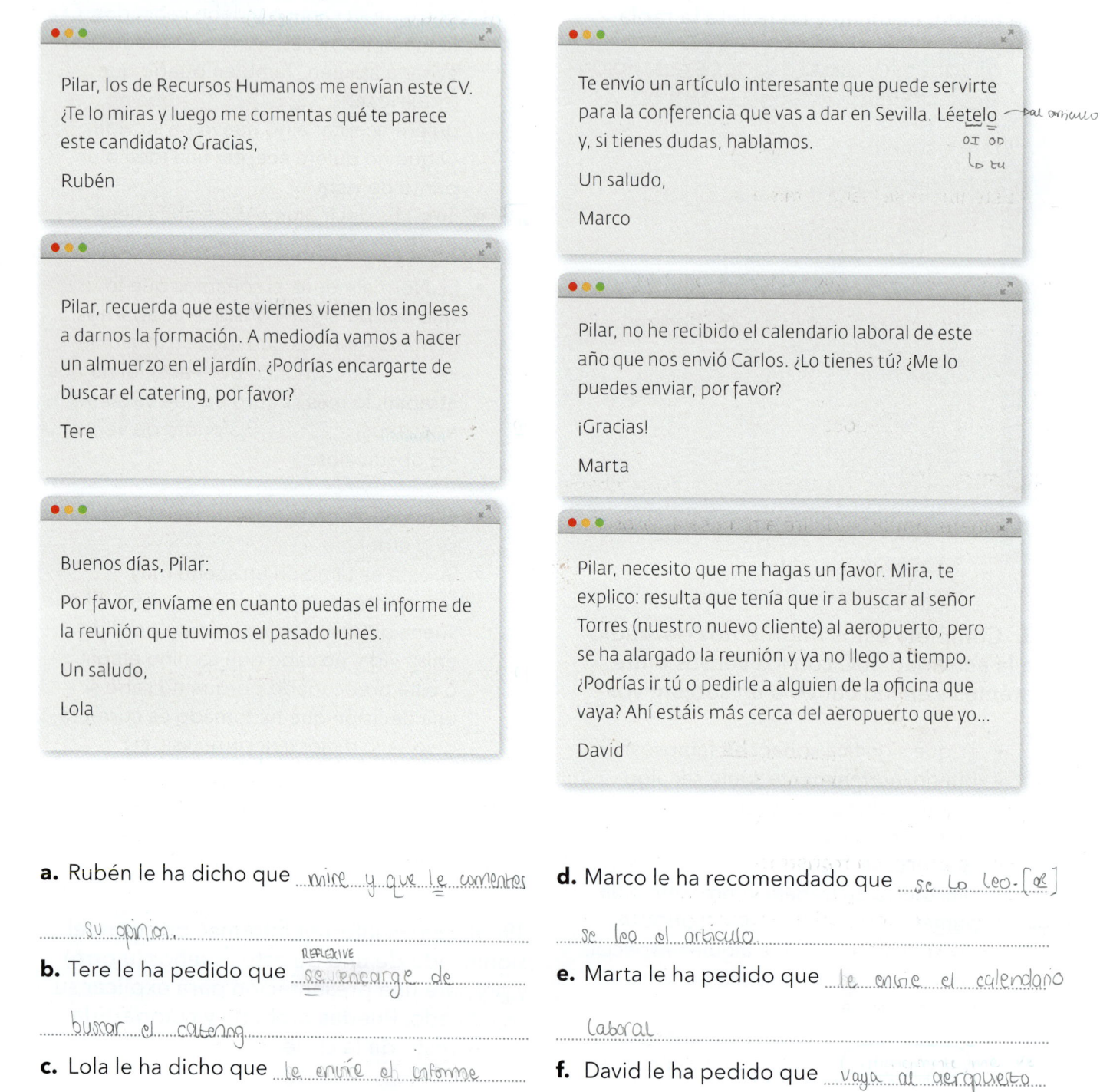

Pilar, los de Recursos Humanos me envían este CV. ¿Te lo miras y luego me comentas qué te parece este candidato? Gracias,

Rubén

Pilar, recuerda que este viernes vienen los ingleses a darnos la formación. A mediodía vamos a hacer un almuerzo en el jardín. ¿Podrías encargarte de buscar el catering, por favor?

Tere

Buenos días, Pilar:

Por favor, envíame en cuanto puedas el informe de la reunión que tuvimos el pasado lunes.

Un saludo,

Lola

Te envío un artículo interesante que puede servirte para la conferencia que vas a dar en Sevilla. Léetelo y, si tienes dudas, hablamos.

Un saludo,

Marco

Pilar, no he recibido el calendario laboral de este año que nos envió Carlos. ¿Lo tienes tú? ¿Me lo puedes enviar, por favor?

¡Gracias!

Marta

Pilar, necesito que me hagas un favor. Mira, te explico: resulta que tenía que ir a buscar al señor Torres (nuestro nuevo cliente) al aeropuerto, pero se ha alargado la reunión y ya no llego a tiempo. ¿Podrías ir tú o pedirle a alguien de la oficina que vaya? Ahí estáis más cerca del aeropuerto que yo…

David

---

a. Rubén le ha dicho que _mire y que le comentes su opinión_.

b. Tere le ha pedido que _se encargue de buscar el catering_.

c. Lola le ha dicho que _le envíe el informe_.

d. Marco le ha recomendado que _se lo lea / se lea el artículo_.

e. Marta le ha pedido que _le envíe el calendario laboral_.

f. David le ha pedido que _vaya al aeropuerto o le pide a una colega_.

¿Y QUÉ TE DIJO? 8

2. Clara le cuenta a su pareja una conversación que ha tenido con su madre por teléfono. Transforma las frases a estilo indirecto.

a. "Nunca venís a verme". → *not a request or order ∴ no subjunctive*

Dice mi madre que <u>nunca vamos a verla</u>. → *a ella*

b. "Este fin de semana, ¿vais a algún sitio o podéis venir a casa?".

Dice mi madre que <u>podemos ir a su casa si no vamos a ningún sitio</u>.

c. "Pues entonces el domingo venid a comer".

Dice mi madre que <u>vayamos a comer el domingo</u>.

d. "Traed algo de postre".

Dice mi madre que <u>llevemos algo de postre</u>.

e. "Mañana por la tarde iré a tu casa a veros y te llevaré las llaves".

Dice mi madre que <u>mañana por la tarde va a</u> *FUTURO / vendrá* <u>nuestra casa a vernos y nos traerá las llaves</u>.

f. "Oye, Paqui me ha dicho que esta tarde irá a tu trabajo para saludarte porque ya se marcha mañana de Madrid". *rse*

Dice mi madre que <u>Paqui irá a mi trabajo</u> *[le ha dicho / le dijo] can add* <u>para saludarme</u>. ↳ *if not already in the office* ↳ *if already in the office*

3. Fíjate en cómo transmite Fran estas frases que le han dicho. ¿Lo que le dijeron sigue estando vigente en el momento en que transmite el mensaje? Escribe **sí** o **no** en cada caso.

1 ....sí....

ESTILO DIRECTO	ESTILO INDIRECTO
Anabel: "Últimamente estás muy guapo".	Anabel me dijo que últimamente **estoy** muy guapo.

2 ....no....

ESTILO DIRECTO	ESTILO INDIRECTO
Su madre: "¡Qué guapo estás hoy!".	Ayer mi madre me dijo que **estaba** muy guapo.

3 ....no sí....

ESTILO DIRECTO	ESTILO INDIRECTO
Mercedes: "Ahora estoy viviendo en Madrid".	Ayer vi a Mercedes y me dijo que **está** viviendo en Madrid. *todavía*

4 ....no....

ESTILO DIRECTO	ESTILO INDIRECTO
Fran: "¿Salimos a tomar algo?". **Leo:** "No, hoy no. Es que estoy un poco cansada".	Ayer le propuse a Leo salir a tomar algo, pero me dijo que **estaba** cansada.

5 ....sí....

ESTILO DIRECTO	ESTILO INDIRECTO
Cristina: "El mes que viene no voy a poder ir con vosotros a Tailandia…".	Cristina me dijo que no **va a poder venir** con nosotros a Tailandia el mes que viene.

6 ....sí....

ESTILO DIRECTO	ESTILO INDIRECTO
Fran: "¿Vas a la boda de Elena?". **Anaís:** "Claro que voy".	Anaís me dijo que **va** a la boda de Elena.

Más ejercicios

4. Ayer Lidia habló con varias personas en varios contextos. Ese mismo día, les contó esas conversaciones a otras personas. Completa las frases. Ten en cuenta si las frases son aún vigentes o no. PRESENTE → IMPERFECTO

AYER DURANTE EL DÍA	AYER POR LA NOCHE
Su hijo: "Mamá, <u>eres</u> la madre más guapa del mundo".	Mi hijo me ha (dicho) que ~~estoy~~ / soy la madre más guapa del mundo.
Una vecina en el ascensor: "Lidia, tienes muy buen aspecto". tener buen aspecto = doing well	Mi vecina me ha dicho que tengo muy buen aspecto. [TEMPORARY STATE] tenía
Un policía en la calle: "Señora, no puede aparcar la moto en la <u>acera</u>". sidewalk	Esta mañana un policía en la calle me ha indicado que no podría aparcar la moto en la acera. [podía]
Un compañero de trabajo: "Lidia, te tengo que contar una cosa".	Esta mañana un compañero de trabajo me ha dicho que me tenía que contar una cosa. o tenía que contarme una cosa.
Su jefa: "Lidia, últimamente te veo muy <u>despistada</u>". forgetful	Esta tarde mi jefa me ha dicho que me veía muy despistada.
Su hermana: "Lidia, ¿puedo ponerme tu vestido azul?".	me ha preguntado mi hermana ~~me preguntó~~ si podía ponerse mi vestido azul.

5. Imagina que Lidia cuenta hoy lo que le dijeron ayer. Completa las frases. Ten en cuenta si las frases son aún vigentes o no.

el día siguiente

AYER DURANTE EL DÍA	HOY
Su hijo: "Mamá, eres la madre más guapa del mundo".	Ayer mi hijo me dijo que soy / ~~era~~ la madre... → vigente. No cambio / if finished
Una vecina en el ascensor: "Lidia, tienes muy buen aspecto".	Ayer una vecina me dijo que ~~había tenido~~ muy buen aspecto. tenía (descripción)
Un policía en la calle: "Señora, no puede aparcar la moto en la acera".	Ayer por la mañana un policía me ha dijo que no podía aparcar...
Un compañero de trabajo: "Lidia, te tengo que contar una cosa".	Ayer por la mañana un compañero de trabajo me dijo que tenía que contarme una cosa.
Su jefa: "Lidia, últimamente te veo muy despistada".	Ayer por la tarde mi jefa me dijo que me ~~veía~~ muy... (últimamente) me ve muy... VIGENTE veía.
Su hermana: "Lidia, ¿puedo ponerme tu vestido azul?".	Mi hermana me preguntó si podía ponerse mi vestido azul.

¿Y QUÉ TE DIJO? 8

6. 🔊 78-79 Vas a escuchar dos conversaciones entre compañeros de trabajo. Escucha y toma notas.

Conversación 1:

Mar y Sebas hablan de su jefe, Paco

a. ¿Dónde está Paco? ¿Qué está haciendo?
....
....

b. ¿Cuándo vuelve?
....
....

c. ¿Cuándo va a llamar Mar a Paco?
....
....

d. ¿Qué tiene que decirle?
....
....
....

Conversación 2:

Discusión entre Sara y Antonio

a. ¿Qué le pide Antonio a Sara?
....
....

b. ¿Cuándo tiene que hacerlo?
....
....

c. ¿Por qué?
....
....

d. ¿Qué le reprocha Antonio a Sara?
....
....
....

7. Un tiempo después Sebas y Sara cuentan a otros compañeros la conversación que tuvieron. Completa con las palabras adecuadas.

1.

- "Mar me dijo que Paco estaba en Roma y que volvía el lunes .... Me dijo que lo iba a llamar .... un rato para decirle que .... tarde tenía que salir antes del trabajo para llevar a .... hija al médico".

2.

- "Me dijo que tenía que limpiar la oficina porque .... venían unos inversores a ver la empresa. Pero es que me lo dijo de una forma… Que tenía que hacerlo .... momento, que todos .... papeles que estaban en .... mesa eran .... y que siempre hacía lo mismo… No sé, creo que no hacía falta decirlo así".

8. ¿Te han intentado estafar alguna vez? Escribe un texto como los de la página 111 contando la historia.

Yo, una vez, me compré un teléfono móvil y...

Más ejercicios

9. Piensa en alguna experiencia que hayas tenido relacionada con estos temas y grábate contándola.

- Una vez quise devolver algo y fue un poco complicado.
- Quise recuperar el dinero que había gastado en algo y no lo logré.
- Puse una denuncia o una reclamación.
- Protesté porque me habían puesto una multa que consideraba injusta.
- Tuve una pequeña discusión con un/a compañero/a de trabajo.
- Hice una reserva en un hotel o en un restaurante y no la anotaron.

10. Gastón trabaja en un centro comercial. Lee esta conversación, en la que algunos compañeros suyos hablan de él, y complétala con los verbos siguientes en el tiempo verbal correspondiente.

- comprar ir llevar hacer (2)
- poder ducharse tener estar

- Gastón no para de pedir favores, ¿no?
- Sí, a mí esta mañana me ha llamado y me ha pedido que le (1) _____ el pan y que se lo (2) _____ a su casa.
- ¿Y lo has hecho?
- Pues sí, como vivo al lado y de todas formas tenía que bajar a comprar el pan para mí… Me ha dicho que no (3) _____ nada para desayunar y que aún no (4) _____… En fin, no me importa hacerle un favor, ¡pero es que él nunca hace nada por los demás!
- Ya… Yo el otro día le pregunté si (5) _____ cambiarme el turno porque mi hija (6) _____ enferma ese día y me dijo que no.
- ¿En serio?
- Sí, y no tenía que hacer nada especial, simplemente no quería. Le insistí, le dije que si lo hacía me (7) _____ un gran favor, pero nada. Me dijo que por qué no buscaba a una canguro para la niña.
- Qué fuerte… Pero la verdad es que eso me sorprende, porque en el fondo es muy majo, ¿no?
- Bueno, sí… Es muy simpático, muy alegre y todo lo que quieras, pero un poco caradura.
- Es verdad que siempre está pidiendo cosas. A Azucena, por ejemplo, le ha pedido que le (8) _____ una traducción de 20 páginas para un asunto personal. Como ella es traductora, pues venga…
- Yo creo que el problema no es que pida mucho. Es que es un egoísta, hace lo que quiere y nunca piensa en los demás. A mí me dijo que (9) _____ a la fiesta que hice el sábado en mi casa y después no se presentó y ¡ni siquiera me mandó un mensaje!
- No es un egoísta, hombre, lo que pasa es que no se da cuenta…

11. ¿Con qué verbos puedes combinar estas palabras?

1. hacer 2. ser 3. montar → empezar algo (un negocio, problemas)

a. _ser_ funcionario/a — trabajador por el gobierno / público
b. _hacer_ una reunión
c. _hacer_ una factura
d. _ser_ jefe/a
e. _ser_ autónomo/a
f. _ser_ becario/a — intern
g. _montar_ un negocio
h. _hacer_ una sustitución
i. _ser_ empresario/a
j. _hacer_ horas extra
k. _hacer_ prácticas

¿Y QUÉ TE DIJO? 8

12. ¿En qué situaciones se hacen estas cosas normalmente? Escríbelo.

a. poner una multa	
b. poner una denuncia	
c. poner una queja o reclamación	
d. pagar una indemnización	

13. Escribe en tu cuaderno sobre situaciones que has vivido tú o alguien que conoces, y usa las expresiones de la actividad 12.

A mi hermano una vez le pusieron una multa por beber una cerveza en la calle.

14. Piensa en tu trabajo y escribe en tu cuaderno palabras relacionadas con estos ámbitos. Puedes buscar en el diccionario.

a. tu profesión

b. tipo de contrato que tienes (indefinido, temporal…)

c. herramientas que usas para comunicarte con compañeros/as o clientes

d. actividades que haces en tu trabajo

e. espacio o espacios en los que trabajas

f. personas con las que trabajas habitualmente (posición o cargo en la empresa, tipo de trabajador/a, etc.)

g. cosas que valoras de tu trabajo

haremos → haríamos
futuro   simple

15. Fíjate en qué le dijo a Yolanda su jefa y escribe qué pasó. Intenta usar alguno de estos conectores temporales.

> (unos/as) x días / meses / semanas más tarde / después
> al cabo de x días / meses / semanas
> al día / mes siguiente
> a la mañana siguiente
> el / la día / semana / año antes / anterior
> ese/a mismo/a día / semana / año

a. Lunes a las 9h: "Tenemos una reunión a las 12h" / **Lunes a las 10h:** "Al final la reunión la haremos mañana".

b. Lunes: "Esta semana va a venir un inspector". / **Martes:** "Parece que al final el inspector no podrá venir".

c. Martes: "¿Irás al congreso?". / **Miércoles a las 9h**: "¿Irás al congreso?".

d. Miércoles: "Te puedes coger un día libre la semana que viene". / **Viernes:** "La semana que viene te necesito aquí todos los días".

a. El lunes *a las 9* le dijo que _tenían una reunión tres unas horas después, pero le dijo que la reunión la harían al día siguiente._

b. El lunes le dijo que _esa semana iba a venir un inspector, pero al día siguiente le dijo que al final el inspector no podría venir._

c. El martes le preguntó _si iría al congreso. y al día siguiente a las 9h le preguntó de nuevo/otra vez si iba al congreso._

d. El miércoles le dijo que _le podía coger un día libre la semana siguiente. después pero al cabo de unos días le dijo que la semana siguiente le necesitaba allí todos los días._

(s or la)
allí or ahí

Más ejercicios

16. Lee este texto y contesta las siguientes preguntas.

1. ¿Cuáles son las ventajas e inconvenientes del teletrabajo, según el texto? ¿Estás de acuerdo? ¿Añadirías otros?

2. De las nuevas formas de trabajar que se mencionan en el texto, ¿cuáles te parecen mejor? ¿Por qué?

EL TRABAJO ES PORTÁTIL

Decían que el siglo XXI sería el del teletrabajo y la pandemia del coronavirus lo ha acelerado. El trabajo ya no se sitúa en un lugar concreto, sino allí donde haya alguien con ideas, capacidad y ganas de esforzarse. Cada vez más personas trabajan en su casa, en un bar, en el tren, en un *coworking*… Hoy en día, el trabajo es portátil.

¿Todo son ventajas?

Las ventajas de trabajar donde uno quiera son múltiples. El trabajador se ahorra tiempo en transporte y en reuniones, elige su lugar de residencia (un pueblo, una pequeña ciudad, otro país…) y le resulta más sencillo conciliar su vida profesional y familiar. Las empresas también reducen costes (ahorro de electricidad, menos gastos en alquiler de oficinas…). Además, trabajar en casa aumenta la productividad: entre un 5 y un 25 %, según las encuestas. ¡Todos salen ganando!

Aunque no todo son ventajas. Los trabajadores corren el riesgo de sentirse aislados. Se relacionan menos con sus compañeros y acaban colaborando menos. Algunas de las mejores ideas surgen de discusiones en los pasillos o en la cafetería, y por eso en algunas empresas creen que el trabajo presencial favorece la innovación. Además, para algunas personas puede resultar confuso vivir y trabajar en el mismo espacio. Se requiere mucha autodisciplina y organización para vencer el llamado "síndrome del pijama".

Reinventar el concepto de oficina

Lo que está claro es que la oficina tal y como la conocíamos está desapareciendo y se están redefiniendo las formas de trabajar.

Una de las posibilidades que están explorando algunas empresas es el trabajo híbrido, que consiste en trabajar unos días a la semana en la oficina y el resto de los días de la semana, de forma remota.

Otro modelo consiste en trabajar tres semanas a distancia y una en la oficina. Puede ser ideal para personas que viven lejos de su lugar de trabajo, ya que les permite trabajar en su casa, pero no pierden el vínculo con la empresa.

Finalmente, algunas empresas han optado por no supervisar el tiempo de trabajo: cada trabajador decide qué horarios hace y cuándo va a la oficina o trabaja desde casa. Lo importante no es cumplir con el horario, sino lograr buenos resultados. Los que defienden esta forma de trabajo creen que la flexibilidad ayuda a conciliar la vida laboral con la vida personal y eso motiva a los trabajadores, a los que, además, les gusta que confíen en ellos.

17. 🔊 80-82 Vas a escuchar a tres personas que hablan de sus experiencias con el teletrabajo. ¿Les gusta teletrabajar? ¿Qué ventajas o inconvenientes del teletrabajo mencionan? Toma notas.

MÁS GRAMÁTICA

Cuando tengas una duda gramatical o quieras entender mejor una regla, puedes consultar este resumen. En él, los contenidos no están ordenados por unidades, sino por temas y categorías gramaticales.

Además de leer atentamente las explicaciones, fíjate también en los ejemplos para entender cómo se utilizan las formas lingüísticas en la comunicación real.

ARTÍCULOS	→ pág. 180	**ALTERNANCIA DE LOS TIEMPOS DEL PASADO EN EL RELATO**	→ pág. 194
PRONOMBRES PERSONALES	→ pág. 181	**FUTURO SIMPLE**	→ pág. 195
PREPOSICIONES Y ADVERBIOS	→ pág. 186	**FUTURO COMPUESTO**	→ pág. 196
SUPERLATIVOS Y OTROS GRADATIVOS	→ pág. 188	**CONDICIONAL SIMPLE**	→ pág. 196
CONECTORES	→ pág. 188	**IMPERATIVO**	→ pág. 197
VERBOS: FORMAS NO PERSONALES	→ pág. 190	**SUBJUNTIVO**	→ pág. 198
PRESENTE DE INDICATIVO	→ pág. 191	**PRESENTE DE SUBJUNTIVO**	→ pág. 198
PRETÉRITO PERFECTO	→ pág. 192	**SUBORDINACIÓN**	→ pág. 199
PRETÉRITO INDEFINIDO	→ pág. 192	**DISCURSO REFERIDO**	→ pág. 203
PRETÉRITO IMPERFECTO	→ pág. 193	**EXPRESIÓN DE LA CONJETURA**	→ pág. 205
PRETÉRITO PLUSCUAMPERFECTO	→ pág. 193		

Más gramática

ARTÍCULOS

▸ Los artículos son palabras que aportan información gramatical útil para interpretar la referencia del nombre al que acompañan. En especial, los artículos indican si ese nombre introduce una entidad (persona, animal o cosa) nueva en ese contexto o si se trata de una entidad ya mencionada o conocida. En español hay dos tipos de artículos: determinados e indeterminados.

LOS ARTÍCULOS INDETERMINADOS Y LOS SUSTANTIVOS SIN ARTÍCULO

▸ Cuando hablamos por primera vez de una cosa o de una persona, usamos los artículos indeterminados (**un**, **una**) o el nombre sin artículo. En singular, el artículo indeterminado se refiere a un individuo, una unidad o un miembro de una categoría concreta. En cambio, el nombre sin artículo se refiere a una cantidad indeterminada de algo.
- Hay **un** coche en la esquina.
- Hay Ø gente en la esquina, ¡qué extraño!

▸ En plural, el artículo indeterminado individualiza a un grupo concreto de miembros de una categoría. En cambio, para hablar sobre personas o cosas en general, sin destacar un grupo, no ponemos artículo.
- Han venido **unos** amigos de mi hijo y se han metido todos en la habitación.
  (Se subraya la idea de que se trata de un grupo concreto de personas).
- ¿Tienes Ø monedas? Es que solo tengo un billete de 50 euros, y no puedo pagar con eso.
  (Aquí no es importante la idea de grupo).

LOS ARTÍCULOS DETERMINADOS

▸ Los artículos determinados (**el**, **la**, **los**, **las**) se usan para volver a hablar de una persona o de una cosa mencionada antes o, en general, conocida.
- (10:00 h) Hay un coche rojo delante de tu casa.
- (10:03 h) Ahora **el** coche (es el mismo coche) está en **la** plaza (conozco la plaza).

▸ Los artículos determinados pueden aparecer sin nombre o con complementos introducidos por **de** + grupo nominal o **que** + frase para identificar a una persona o cosa dentro de un grupo.

> **Atención**
>
> En la mayoría de las zonas hispanohablantes, los nombres propios no llevan nunca artículo determinado.
> - Carmen está en tu casa.
> - ~~La~~ Carmen está en tu casa.

EL ARTÍCULO NEUTRO LO

▸ Usamos el artículo neutro **lo** sin nombre (no hay nombres neutros en español) para generalizar, para referirnos a todas las cosas, masculinas y femeninas.
- Odio los libros antiguos y las películas antiguas. → Odio todo **lo** ø antiguo. (= Las cosas antiguas, en general).
- La gramática es complicada y el vocabulario es difícil, pero **lo** ø peor son los verbos. (= La cosa peor de todas).

▸ Usamos **lo de** + grupo nominal, **lo de** + infinitivo o **lo que** + frase para referirnos a frases o a algo inconcreto, no a una palabra que se haya mencionado.
- ¿Sabes **lo de** María? (= Las noticias, las novedades de María).
- Sí, me han dicho que se va a vivir a Chile por un trabajo que le han ofrecido. Me alegro por ella.

- ¿Qué te parece **lo de** ir de fin de semana todos juntos?
- Estupendo, me apetece mucho.

- A veces eres demasiado directo, ¿no crees?
- Bueno, digo **lo que** pienso. (= Las cosas que pienso).

PRONOMBRES PERSONALES

▸ Los pronombres personales son palabras que usamos para referirnos a la persona o personas que hablan, a la persona o personas que escuchan o a personas o cosas que no están en la conversación. La forma de los pronombres personales cambia según su función en la frase.

	SUJETO	CON PREPOSICIÓN	OD	OI	REFLEXIVO
1.ª pers. singular	yo	mí (conmigo)	me	me	me
2.ª pers. singular	tú	ti (contigo)	te	te	te
3.ª pers. singular	él / ella, usted	él / ella, usted	lo / la	le (se)	se
1.ª pers. plural	nosotros / nosotras	nosotros / nosotras	nos	nos	nos
2.ª pers. plural	vosotros / vosotras	vosotros / vosotras	os	os	os
3.ª pers. plural	ellos / ellas, ustedes	ellos / ellas, ustedes	los / las	les (se)	se

LOS PRONOMBRES PERSONALES EN FUNCIÓN DE SUJETO

▸ En español, la terminación del verbo concuerda con el sujeto, por eso los pronombres personales con función de sujeto se usan poco.
- *Esta es mi clase, ~~yo~~ estudio Matemáticas.*
- *Perdona, ¿~~tú~~ tienes hora?*

▸ Los pronombres de sujeto solo se utilizan cuando queremos resaltar que una información se refiere a una persona, en contraste con otra u otras.
- *Paula y **tú** estudiáis Biología, ¿verdad?*
- ***Ella** sí, pero **yo** estoy en cuarto de Filología Inglesa.* (Hay dos informaciones distintas sobre los estudios y cada una corresponde a una persona distinta).

▸ También se usan cuando su ausencia puede llevar a confusión (como, por ejemplo, en la tercera persona).
- *¿Es **usted** el último de la cola?* (La forma del verbo puede corresponder a una segunda persona de respeto o a una tercera persona).
- *No, el último es aquel señor.*

▸ O cuando la identidad del sujeto es una información que se desea resaltar especialmente.
- *¿La señora María Suárez, por favor?*
- *Soy **yo**. ¿Qué desea?* (La información sobre la identidad de la persona es la información que se desea resaltar).

➕ Para saber más

Con las preposiciones **entre**, **excepto**, **hasta**, **incluso**, **salvo** y **según**, y con los adverbios **como** y **menos**, se usan los pronombres de sujeto.
- *Entonces, según **tú**, ¿la policía actuó correctamente? (~~Según ti~~).*
- *Entre **tú** y **yo**, lo que ha hecho Sara no está bien. (~~Entre ti y mí~~).*
- *Yo, en el fondo, soy como **tú**. (~~Como ti~~).*
- *Menos **yo**, todos los de la clase han aprobado. (~~Menos mí~~).*

Más gramática

PRONOMBRES EN CONSTRUCCIONES VALORATIVAS (CON VERBOS COMO GUSTAR, ENCANTAR O PARECER)

▸ En español, hay verbos que expresan valoraciones o sentimientos (como **gustar**, **encantar**, **parecer** y otros similares) en los que el individuo que experimenta el sentimiento (**a mí**, **a ti**, **a vos**, **a usted**, **a él / ella**, **a nosotros / nosotras**, **a vosotros / vosotras**, **a ustedes**, **a ellos / ellas**) no es el sujeto gramatical. Sin embargo, igual que pasa con los pronombres de sujeto, estos otros pronombres solo están presentes cuando queremos resaltar la persona a la que se refiere la información, o cuando la ausencia del pronombre puede llevar a confusión.

- *Me fastidia que no me diga la verdad.* (No es necesario decir "a mí me fastidia" si no contrasto mi reacción con la de otras personas).
- *Te encantan los espectáculos en vivo, ¿verdad?* (No es necesario decir "a ti te encantan" si en ese contexto solo hay una persona a la que puede dirigirse la pregunta).
- *A Elisa le dan pánico los aviones, pero a mí no.* (Decimos "a Elisa y a mí" para contrastar a quién corresponde cada información).
- *¿A usted le interesa el arte?* (Si no decimos "a usted", no sabemos si la pregunta se dirige a una segunda persona o a una tercera persona).
- *A ellas no les importa esperar un poco, pero a mí, sí.* (Decimos "a ellas, y, a mí" para contrastar a quién corresponde cada información).

> **Atención**
>
> El uso de los pronombres **me**, **te**, **le**, **nos**, **os** o **les** es obligatorio en estas construcciones.
> - *Me fastidia que no me diga la verdad.*
> - *¿A usted le interesa el arte?*
> - *¿Os importaría hablar más bajo? Estoy tratando de estudiar…*

A Carlos le encantan las mandarinas, pero a Diana, no mucho.

LOS PRONOMBRES PERSONALES DE OBJETO DIRECTO (OD)

▸ El objeto directo (OD) es la persona, animal o cosa que recibe de manera directa la acción expresada por el verbo.

▸ Los pronombres de OD solo se utilizan para referirse a una persona, animal o cosa concreta, determinada, cuando el OD está claro por el contexto, especialmente si ya ha sido mencionado y no lo queremos repetir.
- *Juan, ¿tienes el coche aquí?*
- *No, hoy no lo he traído. He venido en autobús.*

▸ Sin embargo, si el OD se refiere a algo genérico, no concreto, no se pone pronombre.
- *¿Sabes si Juan tiene coche?*
- *No, no ø tiene. Siempre va en transporte público.*

▸ El pronombre de OD **lo** puede sustituir a toda una frase o una parte del discurso.
- *¿Te ha tocado la lotería?*
- *Sí, pero nadie lo sabe.* (= Nadie sabe que me ha tocado la lotería).
- *Al final, ¿aprobaste los exámenes?*
- *No lo sé. Hasta la semana que viene no salen las notas.*

▸ Normalmente, no se usa el pronombre de OD si, en la misma frase, el complemento está explícito. Sin embargo, el pronombre de OD sí aparece cuando el complemento de OD está antes del verbo.
- *Al protagonista de la novela lo meten en la cárcel.*   ~~*Al protagonista de la novela meten en la cárcel.*~~
- *En la película la historia la cuenta una abuela.*   ~~*En la película la historia cuenta una abuela.*~~

- La forma **lo** también puede sustituir al atributo de verbos como **ser**, **estar** o **parecer** cuando se expresa una cualidad, una característica del sujeto.
    - *Administrar una casa no es tan difícil.*
    - *¡Sí que lo es!*
    - *¿Está enfadada Eva?*
    - *No, no lo está, tranquilo.*
    - *Emilio parece muy buena persona.*
    - *Lo parece, pero no lo es.*

- En cambio, en los usos de **ser** y **estar** referidos a la localización, no puede usarse el pronombre.
    - *Antes estaba en casa, pero ya no lo está. Ha salido.*

> ✚ **Para saber más**
>
> Si el OD es una persona y está en masculino singular, podemos utilizar **le** (en lugar de **lo**) para sustituirlo.
>
> Este uso de **le** por **lo** es muy común en España.
> - *¿Qué tal está Pablo?*
> - *No le / lo he visto desde hace días, pero creo que sigue bien.*

LOS PRONOMBRES DE OBJETO INDIRECTO (OI)

- El objeto indirecto es la entidad (persona, animal o, con menos frecuencia, cosa) destinataria final de la acción del verbo.
    - *¿Marcos sabe que estás aquí?*
    - *No, no le he dicho nada todavía.* (= No he dicho nada a Marcos).

    - *He ido a casa de mis padres y les he llevado un regalo.* (= He llevado un regalo a mis padres).

- En español, y especialmente en la lengua oral, es muy frecuente que el OI y el pronombre que lo representa estén presentes a la vez, en la misma frase.
    - *¿Qué le has comprado a Marta por su cumpleaños?*

- Los pronombres de OI **le** o **les** se convierten en **se** cuando aparecen junto a los de OD **lo**, **la**, **los**, **las**.
    - *¿Le has contado el chiste a Ana?*
    - *Sí, ya se lo conté ayer.* (Le lo conté ayer).
    - *¿Les has dicho a tus padres que nos vamos?*
    - *No. ¿Se lo puedes decir tú?* (¿Les lo puedes decir tú?).

¿Y este casco? ¿Es nuevo?

No, es de mi hermana. Me lo prestó y todavía no se lo he devuelto.

ciento ochenta y tres **183**

Más gramática

POSICIÓN DE LOS PRONOMBRES DE OD Y DE OI

▸ Si en una misma frase aparece un pronombre de OD y otro de OI, este es el orden de aparición de los pronombres en la frase: OI + OD + verbo.
- *¿Has visto mi bici nueva?* **Me la** *regalaron por mi cumpleaños.*

▸ Con los verbos conjugados (menos la forma afirmativa del imperativo), los pronombres se colocan siempre delante del verbo. Sin embargo, con el infinitivo, el gerundio y la forma afirmativa del imperativo, los pronombres se colocan después del verbo y forman una sola palabra.
- *Cuando hay un problema lo mejor es discutir**lo**.*
- *Siempre soluciono mis dudas preguntándo**selas** a mi profe.*
- *¡Dáme**las**! ¡Son mías!*

▸ Con perífrasis y con estructuras como **poder** + infinitivo, **querer** + infinitivo o **ir a** + infinitivo, los pronombres pueden ir delante del verbo conjugado o detrás del infinitivo, pero nunca entre los dos.
- *Tengo que contar**te** algo.*   ***Te** tengo que contar algo.*   ~~*Tengo que te contar algo.*~~
- *Quiero regalar**le** algo a tu madre.*   ***Le** quiero regalar algo a tu madre.*   ~~*Quiero le regalar algo a tu madre.*~~
- *Voy a cambiar**me** de casa.*   ***Me** voy a cambiar de casa.*   ~~*Voy a me cambiar de casa.*~~

LOS PRONOMBRES REFLEXIVOS

▸ Los pronombres reflexivos (**me**, **te**, **se**, **nos**, **os**) se utilizan cuando el sujeto y el OD o el OI coinciden.
- *(Yo) **Me** preparo la cena cada día.* / *(Yo) **Preparo** la cena a mi familia cada día.*
  Sujeto OI   Sujeto   OI

▸ También se utilizan los pronombres reflexivos cuando el OD es una parte del cuerpo o cuando es una posesión del sujeto.
- *Niños, ¿**os habéis lavado** las manos?*
- *María **se ha comprado** una bicicleta eléctrica de último modelo.*

▸ Además, se utilizan cuando el sujeto está en plural y queremos indicar que existen relaciones mutuas entre los individuos que forman ese plural.
- *María y Pedro no son pareja, pero son muy amigos y **se quieren** mucho.*
  (María quiere a Pedro y Pedro quiere a María).
- *En España, normalmente los amigos **se saludan** con dos besos.*
  (Un amigo saluda al otro y al revés).

*Pedro y María **se** conocieron en la universidad.*

▸ Algunos verbos que expresan un cambio o proceso que afecta al sujeto se construyen obligatoriamente con un pronombre reflexivo. Los de uso más frecuente son **acordarse (de)**, **arrepentirse (de)**, **atreverse (a)**, **esforzarse (en / por)**, **escaparse (de)**.
- *Hace tiempo que no veo a mi amigo Hans, pero **me acuerdo** mucho **de** él.*
- *¿Cómo **te atreves** a gritarle a tu jefe?*

▸ Hay verbos que tienen dos formas: una con pronombre reflexivo y otra sin pronombre. Cada forma suele tener un sentido un poco diferente.

— En los verbos de movimiento, como **ir(se)**, **venir(se)** o **volver(se)**, el reflexivo indica el cambio de posición, es decir, el inicio del movimiento, mientras que la forma no reflexiva indica el desarrollo sin referirse a un punto concreto del mismo.
- *Estaba a punto de salir. ¿**Te vienes**?*
- *Esta mañana estoy liadísimo: ahora mismo **me voy** a la universidad porque tengo una reunión. Luego vuelvo. Por la tarde podré hablar contigo.*

- *¿**Vienes** a Madrid estas vacaciones?*
- *No, este año no **voy**. Es que como he empezado un trabajo nuevo, casi no tengo vacaciones.*

[Viñeta: Una mujer sentada leyendo pregunta "¿Te vas?" a un hombre que se pone la chaqueta junto a la puerta. Él responde: "Sí, ya me voy... He quedado con Mario. Vamos al teatro."]

— En los verbos que no son de movimiento, como **morir(se)**, **comer(se)** o **beber(se)**, el uso del pronombre se interpreta como un énfasis en la realización completa o culminación de la acción; la forma no reflexiva no aporta esa precisión.
- ***Se comió** la tarta.* (Toda la tarta).
- ***Comió** tarta.* (Algo de tarta, una cierta cantidad no especificada, etc.).

▸ Algunos verbos cambian totalmente de sentido según se usen como reflexivos o no.
- *¿**Quedamos** mañana a las 8 h en la puerta del cine?* (= Nos citamos).
- *No te muevas, **quédate** ahí donde estás.* (= Permanece).

Más gramática

PREPOSICIONES Y ADVERBIOS

a	modo	patatas **al** vapor, cita **a** ciegas
	destino, distancia	• *El tren **a** Valladolid sale ahora.* • *Estamos **a** 10 km del cortijo.*
	a + hora	• *La clase termina **a** las once.*
	OD (con personas)	• *¿Por qué no invitas **a** Maite?*
de	procedencia	• *Vengo **de** mi casa.*
	material	**de** seda, **de** madera
	pertenencia, relación	la moto **de** Juan, el tío **de** Ana
	género, especie	un libro **de** historia
	utilidad	una máquina **de** afeitar, una caña **de** pescar
	de + inicio… **a** + fin	• *Las tiendas abren **de** lunes **a** sábado, **de** 9 **a** 20 h.*
	lejos / cerca / al lado… de	• *Eso queda muy **lejos de** aquí.*
	algo de, **un poco de**, **nada de** + sustantivo	algo **de** dinero, un poco **de** leche, nada **de** gracia
desde	punto de partida u origen	• ***Desde** mi casa **hasta** aquí hay unos 3 km.*
	desde + punto inicial en el tiempo	• *Trabajo aquí **desde** 2014.*
en	ubicación	• *Medellín está **en** Bogotá.*
	medio de transporte	• *Siempre viajo **en** tren.*
	en + mes / estación / año	• *Vino **en** marzo.* • ***En** 1978 llegaron a España.*
entre	ubicación en medio de dos o más cosas	• *Panamá está **entre** Costa Rica y Colombia.*
hacia	dirección	• *Toma el metro **hacia** Plaza de España y bájate en la tercera estación.*
	hora aproximada	• *El robo tuvo lugar **hacia** las tres de la madrugada.*
hasta	punto de llegada o límite	• *Tomas el metro **hasta** Plaza de España y allí haces transbordo.*
	punto final o límite	• *Tienes tiempo **hasta** octubre para enviar la solicitud.*

para	**para** + finalidad	• Se compró un perro **para** no estar tan solo.
	para + fecha límite, plazo	• Tienes que terminar el trabajo **para** el martes. (= No más tarde del martes).
por	movimiento dentro o a través de un espacio	• He dado una vuelta **por** el centro. • Yo siempre paso **por** Rosario para ir a Córdoba.
	por + parte del día	• Nunca tomo café **por** la noche.
	por + época del año	• Vendrá **por** Navidad. (= En torno a Navidad, un poco antes o un poco después).
con	compañía	• ¿**Con** quién harás el trabajo? ¿**Con** Amalia?
	modo	• Ábrelo **con** cuidado. (= cuidadosamente)
	acompañamiento	pollo **con** verduras
	instrumento	• Como el mío estaba estropeado, tuve que hacer el trabajo **con** el ordenador de mi hermana.
	componentes	una silla **con** apoyabrazos, una maleta **con** ruedas
según	opinión	• **Según** Lucía, Carlos tiene la culpa de todo.
	fuente	• **Según** el periódico, el fin de semana va a hacer buen tiempo.
sin	ausencia	• Lo hice **sin** darme cuenta.
sobre	tema	• No tenemos la misma opinión **sobre** este tema.
	ubicación superior	• Las maletas ponlas **sobre** el armario de mi dormitorio.
	sobre + hora aproximada	• Volveré **sobre** las ocho.

Atención

Para hablar de medios de transporte, utilizamos la preposición **en** (**ir en barco**, **en tren**, **en moto**, **en coche**, **en autobús**, etc.), excepto en dos casos: **a caballo** y **a pie**.

*Es un objeto **de** madera **con** el que podemos escribir o dibujar.*

Más gramática

SUPERLATIVOS Y OTROS GRADATIVOS

▸ La cualidad que expresan los adjetivos se puede graduar, es decir, aumentar, reducir o intensificar. Los recursos que usamos para eso se denominan gradativos. El adjetivo o expresión equivalente que expresa una cualidad en el grado más alto se denomina superlativo.

feo	caro	rico	rápido
muy feo	**muy** caro	**muy** rico	**muy** rápido
fe**ísimo**	car**ísimo**	riqu**ísimo**	rapid**ísimo**

> **Atención**
>
> A veces es necesario realizar cambios ortográficos.
> ri**c**o → ri**qu**ísimo
> lar**g**o → lar**gu**ísimo

▸ **Muy** y el sufijo **-ísimo** son gradativos. **-ísimo** es una forma de superlativo muy frecuente que expresa el grado más alto que podemos imaginar para una cualidad.
- *Esto es un error grandísimo.*
- *Vi una película buenísima.*
- *Son dos amigos divertidísimos.*
- *He comido unas croquetas riquísimas.*

▸ Para intensificar un adjetivo, en lengua coloquial, podemos usar el prefijo **super-**.
- *Es un aparato superpráctico.*

▸ La intensidad de un adjetivo superlativo (formado con **-ísimo**) o la de adjetivos o expresiones que indican cualidad en grado muy alto se puede destacar más con los adverbios **realmente** o **verdaderamente**.
- *Es verdaderamente fantástico.*
- *Es realmente horrible.*
- *Es realmente rapidísimo.*

▸ Los adjetivos intensificados con **muy** admiten al mismo tiempo **realmente** o **verdaderamente** para aumentar la intensidad. En cambio, los superlativos (y los adjetivos que por su propio significado expresan una cualidad en grado muy alto) no admiten **muy**.
- *Es realmente muy interesante.*
- *Es realmente muy rapidísimo.*

▸ Otros gradativos:
- *Es demasiado / excesivamente llamativo.*
- *Es (muy) poco práctico.*
- *Es un poco caro.* (= Es caro).
- *No es nada interesante.*

> **Atención**
>
> **Poco** se usa para rebajar la intensidad de una cualidad que, generalmente, se considera positiva.
>
> **Un poco** se utiliza con cualidades que, generalmente, se consideran negativas.

CONECTORES

▸ Los conectores son palabras o expresiones que establecen relaciones lógicas, discursivas o argumentativas entre partes de un texto. Entre estas relaciones se encuentran las de causa, consecuencia, concesión y oposición. Los conectores también pueden indicar la secuencia temporal de una serie de acciones.

CAUSA Y CONSECUENCIA

▸ Presentamos las causas, entre otros, con los conectores **porque**, **ya que**, **dado que**, **como**, **puesto que**, **es que**.

– **Ya que** sirve para presentar causas ya mencionadas anteriormente o que se consideran conocidas por el / la interlocutor/a. Puede usarse al principio de la frase o en el interior.
- *Ya que es tan fácil, habla tú con ella. Yo no sé cómo decírselo. / Habla tú con ella, ya que es tan fácil.*

– **Como** va siempre al comienzo de la frase; es decir, lo usamos para presentar la causa antes que la consecuencia.
- *Como no llegabas, me fui.*

- **Porque**, en cambio, se usa en el interior de la frase para citar la causa después de la consecuencia.
    - *Me fui **porque** no llegabas.*
- **Dado que** y **puesto que** se usan al principio de la frase o en su interior. Son conectores más propios de registros formales, sobre todo escritos.
    - ***Dado que** ha habido un aumento importante de población, hay un déficit de viviendas.*
- **Es que** sirve para presentar una causa como excusa o disculpa. Se usa sobre todo en la expresión oral informal.
    - *Lo siento, he perdido el autobús… **Es que** no he oído el despertador.*

▸ Podemos presentar las consecuencias con **así que**, **de modo que**, **o sea que**. Normalmente, estas expresiones se usan en el interior de la frase.
- *Estaba muy cansado, **así que** se acostó a las nueve.*

CONCESIÓN Y OPOSICIÓN

▸ **Aunque**, **pero** y **sin embargo** introducen una relación de concesión, es decir, un tipo de relación lógica de contraste en la que dos elementos se presentan como contradictorios, pero no se anulan entre sí.
- *No son españoles, **pero** hablan muy bien español.*
- *No son españoles. **Sin embargo**, hablan muy bien español.*
- ***Aunque** no son españoles, hablan muy bien español. / Hablan muy bien español, **aunque** no son españoles.*

▸ **Pero si** se utiliza en la lengua oral para presentar razones por las que estamos en desacuerdo con algo o razones por las que algo nos parece extraño.
- *Me voy a tomar un café. ¿Quieres uno?*
- *¿Otro? ¡**Pero si** acabamos de tomarnos uno!*

▸ **Sino** se utiliza para contraponer dos elementos; el segundo de estos elementos anula al primero. Sirve, pues, para corregir una información equivocada.
- *No lo hizo Juan, **sino** Pedro.*

▸ Si el elemento que introducimos con el conector es un verbo o una frase completa, usamos **sino que**.
- *Al final, Juan no salió, **sino que** se quedó en casa.*

▸ **Pues** se utiliza en un lenguaje coloquial cuando alguien empieza a hablar, para marcar un contraste con algo anterior. La persona que habla, por ejemplo, puede expresar sorpresa o extrañeza ante una noticia, o bien puede expresar desacuerdo o contradicción.

- *¿Qué vais a tomar?*
- *Yo, una cerveza.*
- ***Pues** yo, un agua con gas.*

- *Tomás no está.*
- ***Pues** es verdad. No me había dado cuenta.*

- *Siempre he pensado que la mejor forma de viajar es en tren.*
- ***Pues** yo no estoy de acuerdo, creo que es mejor viajar en avión.*

Atención

Pero suele relacionar dos elementos de una misma frase, es decir, no suele usarse a principio de frase, después de un punto.

Sin embargo suele relacionar dos frases distintas o dos partes diferenciadas de un texto. Es frecuente usarlo a principio de frase, después de un punto.

Atención

Pero y **sino (que)** no se usan igual. Para marcar un contraste, usamos **pero**. Para corregir una información equivocada y sustituirla por otra, usamos **sino (que)**.
- *Llueve, **pero** no hace frío.*
- *María no es enfermera, **sino** médica.* (**sino** + elemento de la frase)
- *No llueve, **sino que** nieva.* (**sino que** + frase)

Más gramática

SECUENCIA DE ACCIONES

▸ Para organizar un relato, solemos usar conectores que secuencian las acciones, relacionando las distintas partes de la historia.

- **De repente** y **de pronto** indican que algo ocurrió bruscamente y de forma inesperada.
- **(Y) entonces** y **en aquel momento** introducen una acción que ocurre en un momento concreto, a menudo como consecuencia de algo anterior.
- **Al final** introduce el término o conclusión de un relato.
  - *El otro día estaba durmiendo la siesta en el sofá de casa y, **de repente**, me despertó un ruido muy fuerte. Me levanté medio dormido y **entonces** me di un golpe en la cabeza. Tuve que ir corriendo al hospital porque estaba sangrando. **Al final** no fue nada grave, pero ¡menudo susto!*

VERBOS: FORMAS NO PERSONALES

▸ Los verbos tienen tres formas no personales, es decir, formas que no se conjugan: el infinitivo, el participio y el gerundio. Estas formas, combinadas con un verbo conjugado, forman los tiempos compuestos y las perífrasis.

INFINITIVO

▸ Forma parte de numerosas perífrasis (ver el apartado *Perífrasis verbales*). Por sí solo, funciona como un nombre y, por lo tanto, puede ser sujeto u objeto directo de una frase.
  - ***Fumar*** *es malo para la salud.* (El infinitivo es el sujeto).
  - *Odio **estudiar** por la noche.* (El infinitivo es el OD).

▸ Aunque en una frase el infinitivo tenga la función de sujeto o de objeto directo, también puede tener complementos propios del verbo.
  - **ESTUDIAR** IDIOMAS *es necesario hoy en día.*
    (La construcción de infinitivo –en mayúsculas– tiene la función de sujeto, pero el infinitivo tiene su propio OD).
  - *Es fundamental* **EXPLICARLES** CLARAMENTE LAS COSAS A LOS NIÑOS.
    (La construcción de infinitivo –en mayúsculas– tiene función de OD y al mismo tiempo el infinitivo tiene su propio complemento circunstancial de modo y sus propios OD y OI).

PARTICIPIO

▸ Se usa para formar los tiempos compuestos junto con el verbo auxiliar **haber** (conjugado). En estos casos, el participio es invariable.
  - *Hoy me he **levantado** temprano.*
  - *Hoy hemos **conocido** a nuestros nuevos vecinos.*

▸ El participio de algunos verbos también puede usarse para referirse a una situación que se produce como resultado de una acción anterior. En este caso, el participio concuerda con el nombre al que se refiere y lo usamos con el verbo **estar**.
  - *La impresora está **rota**.* (Alguien la ha roto).
  - *¿Por qué están todas las puertas **cerradas**?* (Alguien las ha cerrado).

*La camiseta de Mauro está **manchada**.*

➕ Para saber más

Combinado con el verbo **ser**, el participio se utiliza para construir frases pasivas. En estas construcciones, concuerda en género y en número con el nombre al que se refiere.
- *Esta casa fue **construida** a principios del siglo pasado, pero se encuentra en perfecto estado.*

GERUNDIO

▸ Combinado con el verbo **estar**, el gerundio (con todos los tiempos verbales) presenta una acción en desarrollo.
- *Estoy **leyendo** las notas de gramática.*
- *Cuando llamaste, estábamos **durmiendo**.*
- *A las nueve estaremos **volando** hacia Moscú.*

▸ Con otros verbos, forma diferentes perífrasis que tienen siempre un sentido de acción en desarrollo (ver el apartado *Perífrasis verbales*).
- *Llevo diez años **estudiando** violín.*

▸ Por sí solo, el gerundio es un adverbio de modo, es decir, expresa el modo en que alguien hace algo o la simultaneidad de dos acciones.
- *Se marchó **corriendo**.*
- *Solemos cenar **viendo** la tele.*

▸ En función de adverbio, el gerundio puede tener sus propios complementos.
- *Entró **tarareando** muy bajito una canción de cuna.*
    (En relación con el verbo **entrar**, el gerundio se comporta como un adverbio de modo, pero a la vez tiene también su propio complemento circunstancial de modo y su propio OD).

PRESENTE DE INDICATIVO

Usamos el presente principalmente para:

▸ Hacer afirmaciones generales que no corresponden a un momento determinado.
- *Enero **es** el primer mes del año.*

▸ Hablar de hechos habituales.
- ***Visito** a mis padres todos los domingos.*

▸ Hablar de situaciones actuales.
- ***Hace** mucho frío esta mañana, ¿verdad?*

▸ Hablar de acciones futuras cuando son inmediatas o cuando hablamos de intenciones firmes.
- *Esta noche te **llamo** y te **digo** algo.*

▸ Expresar condiciones que tienen que cumplirse para que algo sea posible (ahora o en el futuro).
- *Si **vienes**, te **digo** un secreto.*

▸ Dar instrucciones.
- *Primero **cortas** los ingredientes y luego los **fríes** todos al mismo tiempo.*

Más gramática

PRETÉRITO PERFECTO

▸ Usamos el pretérito perfecto para referirnos a situaciones pasadas que tienen conexión con el presente. Con el pretérito perfecto podemos:

1. Hablar de una experiencia actual que resulta de haber hecho algo en el pasado.
   - *He viajado* mucho por Asia y conozco bien el continente. (Experiencia actual fruto de acciones pasadas).

2. Expresar un estado de cosas que comenzó en el pasado y que aún continúa.
   - Siempre me **ha gustado** la buena comida. (Se entiende que aún me gusta ahora).

3. Situar una acción realizada en un tiempo pasado que tiene relación con el presente.
   - *Este año* **ha hecho** muy mal tiempo. (El año al que se refiere la frase no ha terminado aún).
   - *Esta semana* me **han propuesto** un empleo muy interesante. (La semana no ha terminado aún).

4. Referirnos a acciones muy próximas al momento actual.
   - *Hace un rato* **he visto** a tu marido. **Hemos hablado** un momento. (El momento de la conversación está muy próximo al presente).
   - *Estas vacaciones* **he ido** a Perú. ¡Me **ha encantado**! (Las vacaciones han terminado hace poco y el hablante las siente aún muy próximas).

▸ Debido a que muestra situaciones pasadas conectadas o próximas al presente, el pretérito perfecto es especialmente compatible con expresiones de tiempo como **hoy**, **hace un rato**, **esta semana**, **este mes**, **este año**, **estas vacaciones**... También con **siempre**, **ya** o **todavía** si se refieren a períodos de tiempo no terminados. Pero esos marcadores no son necesarios para que se pueda utilizar el perfecto: simplemente, son expresiones que indican una proximidad o conexión con el momento actual y por eso es frecuente su aparición con el pretérito perfecto.

▸ En los distintos países hispanohablantes hay mucha variación en el uso del pretérito perfecto. Su uso para hablar de una experiencia (1) es el más extendido en diferentes países, mientras que la referencia a acciones pasadas próximas al momento actual (3 y 4) es frecuente en muchas zonas de España, pero mucho menos en otras áreas. En algunas zonas (tanto de España como de América) este tiempo no se usa nunca en la lengua oral.

PRETÉRITO INDEFINIDO

▸ El pretérito indefinido se usa para hablar de situaciones ocurridas en el pasado que se presentan como concluidas.
   - *Anoche* **cené** con unos amigos.
   - *Pablo Picasso* **fue** un pintor español que **vivió** muchos años en París.
   - *Mi abuelo siempre* **quiso** visitar Nueva York, pero **murió** sin hacer ese viaje.

▸ Cuando contamos historias pasadas, el pretérito indefinido es el tiempo principal, que utilizamos para construir el relato y hacer avanzar la historia.
   - *Ayer* **cené** con unas amigas en un restaurante muy bueno. **Comimos** muy bien, nos **reímos** muchísimo y **volvimos** a casa muy tarde. ¡**Fue** una noche estupenda!

▸ Debido a que muestra situaciones pasadas que se presentan como concluidas (y por tanto, sin conexión con el presente), el pretérito indefinido aparece a menudo junto a fechas (**en 2003**, **en 2018**, **el 8 de septiembre**, **en enero**…) o junto a expresiones de tiempo como **ayer**, **anoche**, **anteayer**, **el otro día**, **el mes pasado**, **el año pasado**… Sin embargo, el indefinido también puede usarse sin esos marcadores.

▸ En las zonas hispanohablantes en las que no se usa el perfecto, el indefinido se utiliza en su lugar.

PRETÉRITO IMPERFECTO

- Usamos el pretérito imperfecto para hacer referencia al desarrollo de una situación pasada, sin prestar atención al principio ni al final. La situación mostrada en imperfecto puede haber cambiado o terminado (o no) en el presente.
    - *La última vez que pasé por esa calle **construían** un edificio de ocho plantas. Aún no he podido verlo terminado.*
- Por la perspectiva que aporta, el imperfecto es muy útil para describir lugares o personas, y también para hablar de acciones habituales en una época del pasado, sin indicar cuándo empezaron ni terminaron.
    - *Mi padre **era** alto, muy delgado y de joven **llevaba** bigote.*
    - *Cuando yo **era** pequeño, este barrio **era** muy tranquilo y **tenía** muchos árboles.*
- En los relatos, el imperfecto suele utilizarse también para aportar explicaciones o mencionar circunstancias referidas a las acciones que se cuentan (esas acciones generalmente aparecen en pretérito indefinido o en pretérito perfecto).
    - *Como no **teníamos** dinero, ese año no fuimos de viaje.*
    - *Ayer me **sentía** mal y me acosté a las ocho.*
- Además, podemos usar el imperfecto cuando queremos realizar una petición cortés (presentar una petición actual como si perteneciese al pasado es una manera de suavizar la petición).
    - *Buenos días. **Llamaba** para concertar una cita con la doctora Leiva.*
    - *Hola, Luisa. **Venía** a verte para hablar de lo de Elisa.*

Quería una chaqueta gris.

PRETÉRITO PLUSCUAMPERFECTO

- Se forma con el verbo auxiliar **haber** conjugado en imperfecto más el participio del verbo.

	IMPERFECTO DE HABER + PARTICIPIO	
(yo)	había	
(tú)	habías	
(él / ella / usted)	había	hablado
(nosotros / nosotras)	habíamos	comido
(vosotros / vosotras)	habíais	escrito
(ellos / ellas / ustedes)	habían	

- Usamos este tiempo para referirnos a una situación pasada e indicar que es anterior a otra situación pasada ya mencionada.
    - *Cuando llegamos al cine, ya **había empezado** la película.*
        (La segunda acción es anterior a la primera; se perdieron parte de la película).

Más gramática

ALTERNANCIA DE LOS TIEMPOS DEL PASADO EN EL RELATO

▸ En un relato podemos utilizar varios tiempos del pasado. Hacemos avanzar la historia con cada nuevo hecho que presentamos en **pretérito indefinido** o en **pretérito perfecto**.
- Aquel día Juan no **oyó** el despertador y **se despertó** media hora tarde. **Salió** de casa sin desayunar y **tomó** un taxi. Por suerte, **consiguió** llegar a tiempo al aeropuerto.
- Hoy Juan no **ha oído** el despertador y se **ha despertado** media hora tarde. **Ha salido** de casa sin desayunar y **ha tomado** un taxi. Por suerte, **ha conseguido** llegar a tiempo al aeropuerto.

▸ En cada hecho podemos "detener la acción" y "mirar" las circunstancias que lo rodean. Para ello, usamos el **imperfecto**.
- Aquel día Juan **estaba** muy cansado y no **oyó** el despertador, así que se **despertó** media hora tarde. Como no **tenía** tiempo, **salió** de casa sin desayunar y **tomó** un taxi. Por suerte, no **había** mucho tráfico y **consiguió** llegar al aeropuerto a tiempo.
- Hoy Juan **estaba** muy cansado y no **ha oído** el despertador, así que se **ha despertado** media hora tarde. Como no **tenía** tiempo, **ha salido** de casa sin desayunar y **ha tomado** un taxi. Por suerte, no **había** mucho tráfico y **ha conseguido** llegar a tiempo al aeropuerto.

▸ A veces, queremos volver atrás para explicar alguna circunstancia pasada anterior. En ese caso, usamos el pluscuamperfecto.
- Aquel día Juan **estaba** muy cansado porque había estado estudiando hasta muy tarde y no **oyó** el despertador…

▸ La utilización de perfecto / indefinido e imperfecto no depende de la duración de las acciones, sino de la manera en la que queremos presentarlas y de su función en el relato.

- Ayer, como **llovía** mucho, **decidí** no salir.
  (No interesa el principio ni el fin de la lluvia; presentamos el hecho de "llover" como una circunstancia que explica la decisión de "no salir").

- Ayer **llovió** mucho y el jardín **se llenó** de agua.
  (Cuento dos cosas que ocurrieron ayer: que llovió y que el jardín se llenó de agua).

▸ Si queremos destacar la progresión de las acciones, podemos combinar los tiempos de pasado con la perífrasis **estar** + gerundio.

– Con pretérito perfecto, pretérito indefinido y pretérito pluscuamperfecto, destacamos que la acción duró cierto tiempo antes de terminar o interrumpirse. Es muy frecuente que la perífrasis aparezca junto a un complemento que expresa duración (toda la mañana, todo el día, durante x horas, etc.).
- *Estuvieron paseando* toda la tarde *y después se fueron a cenar a un restaurante.*
- *He estado* todo el fin de semana *durmiendo, pero mañana lunes tengo que levantarme temprano.*

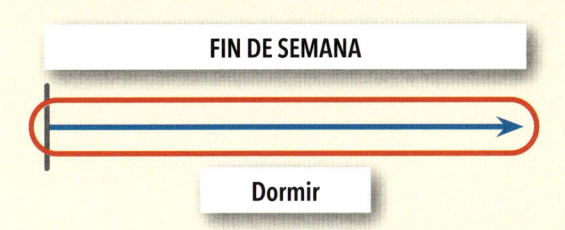

FIN DE SEMANA

Dormir

Atención
Para expresar la ausencia total de una acción durante un período de tiempo, podemos usar **estar sin** + infinitivo.
- *Laura* **ha estado** *dos días* **sin** hablar. *No sé qué le pasa.*

– Con pretérito imperfecto, la perífrasis **estar** + gerundio muestra el progreso de una acción, pero no su principio ni su final. Normalmente se usa para indicar que una acción estaba en desarrollo cuando algo ocurrió. Este uso exige la presencia de otro tiempo pasado (pretérito perfecto o pretérito indefinido) para representar lo que pasó.
- *Esta mañana* **estábamos limpiando** *el trastero y, de repente, se* ha ido *la luz.*

FUTURO SIMPLE

▸ Podemos usar el futuro simple para hacer predicciones o para expresar que algo ocurrirá inexorablemente. Este uso es más frecuente en el español de España que en el español de América.
- *Mañana* **lloverá** *en la costa norte.*
- *Veo en las líneas de tu mano que* **vivirás** *muchos años.*
- *En breves instantes,* **aterrizaremos** *en el aeropuerto de Barajas.*
- *El sol* **saldrá** *mañana a las 7 h.*

▸ También usamos el futuro simple para formular hipótesis sobre el futuro o sobre el presente. Este uso es muy frecuente en todos los países hispanohablantes. Cuando la hipótesis se refiere al futuro, el verbo suele ir acompañado de otras palabras que expresan probabilidad (como **quizás**, **probablemente**, **seguramente**, **creo que**…). Es necesario el uso de esas palabras para dejar clara la intención.
- *No sé dónde he dejado las llaves del coche.*
- *Las* **tendrás** *en la mesilla, como siempre.*

- *¿Qué vas a hacer este fin de semana?*
- *Pues* seguramente **iré** *al campo. ¿Y tú?*
- *Yo* creo que *me* **quedaré** *en casa.*

▸ El uso del futuro simple con sentido hipotético se encuentra también en otros tipos de construcciones. Especialmente, cuando quien habla invita al / a la interlocutor/a a especular o cuando quiere indicar que existe una contradicción entre las apariencias y la realidad, o entre una información previa y algo que ha observado después.
- *¿Dónde* **estará** *Pepa ahora mismo?* (Invitamos al / a la interlocutor/a a especular).
- *Ni idea.* **Estará** *trabajando, supongo.* (Planteamos una hipótesis).

- *Luis* **será** *muy listo, pero no lo parece.* (Es posible que Luis sea muy listo, pero no lo parece).

Más gramática

FUTURO COMPUESTO

▸ El futuro compuesto se forma con el verbo auxiliar **haber** conjugado en futuro más el participio del verbo principal.

	HAB**LAR**	BEB**ER**	VIV**IR**
(yo)	habré hablado	habré bebido	habré vivido
(tú)	habrás hablado	habrás bebido	habrás vivido
(él / ella, usted)	habrá hablado	habrá bebido	habrá vivido
(nosotros / nosotras)	habremos hablado	habremos bebido	habremos vivido
(vosotros / vosotras)	habréis hablado	habréis bebido	habréis vivido
(ellos / ellas, ustedes)	habrán hablado	habrán bebido	habrán vivido

▸ Podemos usar el futuro compuesto para referirnos a una situación futura y marcar que es anterior a otra situación futura, que tomamos como referencia.
- El sábado Juan ya **habrá hecho** el examen. Podremos celebrarlo.

▸ También podemos usar el futuro compuesto para formular hipótesis sobre el pasado.
- Luis casi no ha cenado nada.
- Bueno, **habrá comido** mucho al mediodía. (Supongo que ha comido mucho).

CONDICIONAL SIMPLE

▸ El condicional simple se forma agregando al infinitivo las terminaciones **-ía**, **-ías**, **-ía**, **-íamos**, **-íais**, **-ían**.

	ESTUDI**AR**	ENTEND**ER**	VIV**IR**
(yo)	estudiar**ía**	entender**ía**	vivir**ía**
(tú)	estudiar**ías**	entender**ías**	vivir**ías**
(él / ella, usted)	estudiar**ía**	entender**ía**	vivir**ía**
(nosotros / nosotras)	estudiar**íamos**	entender**íamos**	vivir**íamos**
(vosotros / vosotras)	estudiar**íais**	entender**íais**	vivir**íais**
(ellos / ellas, ustedes)	estudiar**ían**	entender**ían**	vivir**ían**

▸ El condicional simple tiene las mismas irregularidades que el futuro simple: si el futuro de un verbo es irregular, el condicional también lo es. Las irregularidades afectan a la raíz, pero no a las terminaciones.

tener	→ **tendr-**	-ía
salir	→ **saldr-**	-ías
haber	→ **habr-**	-ía
poner	→ **pondr-**	-íamos
poder	→ **podr-**	-íais
venir	→ **vendr-**	-ían

hacer	→ **har-**	-ía
decir	→ **dir-**	-ías
querer	→ **querr-**	-ía
saber	→ **sabr-**	-íamos
caber	→ **cabr-**	-íais
		-ían

- Usamos el condicional para expresar deseos que se ven como difíciles o imposibles de realizar.
    - ¡Qué sueño! Me **iría** a dormir ahora mismo. (Pero no puedo porque estoy en la oficina y todavía no he terminado de trabajar).
- Con verbos que expresan necesidad u obligación (**tener que** + infinitivo, **deber** + infinitivo), el condicional se usa para aconsejar (el contenido de un consejo es una situación deseable, pero no real).
    - **Deberías** empezar a estudiar.
    - **Tendrías** que ser más paciente con tus hijos.
- También se usa para opinar sobre acciones y conductas de otras personas (en esos casos, nos colocamos con la imaginación en una situación irreal para nosotros/as). A menudo es una forma de dar consejo.
    - Yo nunca me **casaría** por dinero.
    - Yo, en tu lugar, **hablaría** con el profesor.
- El condicional se utiliza también para pedir de manera cortés que alguien haga algo (presentar la petición como algo difícil de conseguir es una manera de ser cortés).
    - ¿Te **importaría** ayudarme con los deberes?
    - ¿**Podrías** abrir la puerta, por favor?

Qué hambre tengo… ¡Me **comería** un elefante!

+ Para saber más

El condicional simple se comporta como un futuro del pasado. Es decir, podemos usar el condicional simple para expresar una acción pasada posterior a otra (o, lo que es lo mismo, para mostrar una acción pasada, vista desde la perspectiva de otra acción anterior).

| Nació en Málaga. | Se trasladó a París. | Se hizo famoso. |

- Pablo Picasso **nació** en Málaga en 1881. En 1912 **se trasladó** a París, donde unos años más tarde **se hizo** mundialmente famoso.

| Nació en Málaga. | **Se trasladaría** a París. | **Se haría** famoso. |

- Pablo Picasso **nació** en Málaga en 1881. En 1912 **se trasladaría** a París, donde unos años más tarde se **haría** mundialmente famoso.

IMPERATIVO

- Usamos el imperativo para dar instrucciones.
    - **Retire** el plástico protector y **coloque** el aparato sobre una superficie estable.
- Y para dar permiso. En ese caso, es muy frecuente que el imperativo aparezca repetido. Esta repetición se percibe como más cortés, menos autoritaria.
    - ¿Puedo entrar un momento?
    - Sí, claro. **Pasa**, **pasa**.

Más gramática

- También lo usamos para ofrecer algo.
    - • **Toma**, **prueba** estas galletas. Están buenísimas.
- Y para aconsejar.
    - • *No sé qué hacer. Esta noche tengo una cena de trabajo y no sé qué ponerme.*
    - ○ **Ponte** *el traje azul, ¿no? Te queda muy bien.*
- A veces usamos el imperativo para dar órdenes y pedir cosas o acciones, pero solo en situaciones muy jerarquizadas o de mucha confianza. Solemos suavizar este uso con elementos como **por favor**, **anda**, **¿te importa?**, etc., o justificando la petición.
    - • *Por favor, Gutiérrez, **hágame** diez copias de estos documentos.*
    - • ***Ven** conmigo al cine, anda, que no me gusta ir solo.*

SUBJUNTIVO

- Este modo presenta cuatro tiempos principales (presente, pretérito perfecto, pretérito imperfecto, pretérito pluscuamperfecto), pero, por el momento, solo veremos el presente.
- El presente de subjuntivo puede hacer referencia a situaciones actuales o futuras.
    - • *No quiero que lo **tomes** mal.* (Ahora).
    - • *Cuando **vengas**, hablaremos.* (Sucederá en el futuro).
- En casi todos sus usos, el subjuntivo aparece en oraciones subordinadas. Por eso, consulta el apartado *La subordinación* para repasar los usos del subjuntivo.

PRESENTE DE SUBJUNTIVO

- La conjugación es como la del presente de indicativo, pero se invierte la vocal temática: **-ar** → **e**, **-er** / **-ir** → **a**.

VERBOS REGULARES

	ESTUDI**AR**	COM**ER**	ESCRIB**IR**
(yo)	estudi**e**	com**a**	escrib**a**
(tú)	estudi**es**	com**as**	escrib**as**
(él / ella, usted)	estudi**e**	com**a**	escrib**a**
(nosotros / nosotras)	estudi**emos**	com**amos**	escrib**amos**
(vosotros / vosotras)	estudi**éis**	com**áis**	escrib**áis**
(ellos / ellas, ustedes)	estudi**en**	com**an**	escrib**an**

ALGUNOS VERBOS IRREGULARES

	SABER	SER	IR	ESTAR	DAR	VER	HABER
(yo)	sepa	sea	vaya	esté	dé	vea	haya
(tú)	sepas	seas	vayas	estés	des	veas	hayas
(él / ella, usted)	sepa	sea	vaya	esté	dé	vea	haya
(nosotros / nosotras)	sepamos	seamos	vayamos	estemos	demos	veamos	hayamos
(vosotros / vosotras)	sepáis	seáis	vayáis	estéis	deis	veáis	hayáis
(ellos / ellas, ustedes)	sepan	sean	vayan	estén	den	vean	hayan

▸ Los verbos que tienen las irregularidades **e > ie y o > ue** en presente de indicativo también las presentan en presente de subjuntivo en las mismas personas.

	CERRAR (E > IE)	**QUERER (E > IE)**	**PODER (O > UE)**
(yo)	cierre	quiera	pueda
(tú)	cierres	quieras	puedas
(él / ella, usted)	cierre	quiera	pueda
(nosotros / nosotras)	cerremos	queramos	podamos
(vosotros / vosotras)	cerréis	queráis	podáis
(ellos / ellas, ustedes)	cierren	quieran	puedan

▸ Muchos verbos que presentan una irregularidad en la primera persona del presente de indicativo tienen esa misma irregularidad en todas las personas del presente de subjuntivo. Esto incluye los verbos con cambio vocálico -**e**- > -**i**- (**pedir**, **seguir**, **reír**…).

hago	→	haga…	pongo	→	ponga…	digo	→	diga…
conozco	→	conozca…	salgo	→	salga…	oigo	→	oiga…
tengo	→	tenga…	vengo	→	venga…	pido	→	pida…

▸ Algunos verbos de la tercera conjugación presentan una doble irregularidad.

	SENTIR	**DORMIR**
(yo)	sienta	duerma
(tú)	sientas	duermas
(él / ella, usted)	sienta	duerma
(nosotros / nosotras)	sintamos	durmamos
(vosotros / vosotras)	sintáis	durmáis
(ellos / ellas, ustedes)	sientan	duerman

SUBORDINACIÓN

▸ La subordinación es un tipo de relación entre oraciones. En ella, dos oraciones que podrían ser independientes aparecen unidas, formando una única estructura. Una de las dos frases se convierte en oración principal y la otra en oración subordinada.
  - *Mi hermano quiere que vaya con él a comprar los regalos.*
  - *Me encanta el libro que me has comprado.*
  - *Cuando pueda hablar con él, le daré la información.*
  - *Si bebes, no conduzcas.*

▸ El verbo de la oración subordinada tiene concordancia con el de la oración principal. Así, la construcción y el tiempo verbal de la oración principal determinan el modo y el tiempo verbal que podemos usar en la subordinada, o, por lo menos, limitan mucho las opciones posibles.
  - *Mi hermano quiere que vaya con él a comprar los regalos.*
    (El verbo **querer** en presente de indicativo en la oración principal determina la aparición del presente de subjuntivo en la subordinada).

Más gramática

- *Me encanta el libro* que me has comprado.
    (Una subordinada dependiente de la construcción "me encanta el libro"
    solo puede tener el verbo en indicativo).
- Cuando pueda hablar con él, *le daré la información*.
    (Si la oración principal se refiere al futuro, la subordinada
    que expresa tiempo va obligatoriamente en subjuntivo).
- Si bebes, no conduzcas.
    (El tiempo verbal de la oración que expresa la consecuencia
    condiciona el tiempo verbal de la oración que expresa la condición).

SUBORDINADAS SUSTANTIVAS

▸ La relación que existe entre una oración principal y su subordinada puede ser de distintos tipos. En algunos casos, la relación que la subordinada tiene con la principal equivale a la relación que podría tener un sustantivo. Por ese motivo, esas oraciones se llaman subordinadas sustantivas. Si en la oración subordinada hay un verbo conjugado, la subordinada se une a la principal a través de la conjunción **que**.

- *Mi hermano quiere* compañía y consejo.
- *Mi hermano quiere* comprar regalos de Navidad. (Oración subordinada sustantiva).
- *Mi hermano quiere* que vaya con él a comprar los regalos. (Oración subordinada sustantiva).

Indicativo y subjuntivo en las subordinadas sustantivas

▸ Cuando la oración principal expresa un sentimiento, un deseo, un objetivo o una valoración subjetiva, podemos usar para el verbo de la oración subordinada una forma conjugada en subjuntivo, o bien el infinitivo.

VERBOS QUE EXPRESAN UN SENTIMIENTO, UN DESEO, UN OBJETIVO O UNA VALORACIÓN SUBJETIVA	VAN SEGUIDOS DE INFINITIVO	VAN SEGUIDOS DE QUE + SUBJUNTIVO
gustar, encantar, querer, desear, necesitar, pedir, preferir, tener ganas de, intentar, conseguir…	Si el sujeto de la oración principal y el de la subordinada es el mismo. • *Me gusta* salir a bailar. • *No quiero* casarme. • *Tengo ganas de* hablar contigo.	Si el sujeto de la oración principal y el de la subordinada son diferentes. • *No me gusta* que siempre quieras ir a bailar. • *No quiero* que te cases. • *Tengo ganas de* que me escuches.
Es importante / necesario / bueno / estupendo… Hay que intentar / conseguir…	Para generalizar. • *Es importante* llegar puntual. • *Es bueno* tener amigos.	Para concretar la persona. • *Es importante* que llegues puntual. • *Es bueno* que te preocupes por tus amigos.

■ Oración principal   ■ Oración subordinada

> Quiero que saltes conmigo.
>
> ¡No, yo no quiero saltar!

Atención

Podemos expresar deseo con algunas construcciones que no dependen de un verbo principal, como **ojalá** + subjuntivo o **que** + subjuntivo.
- ¡*Ojalá* no *llueva* mañana!
- ¡*Que* te *vaya* bien el examen!

Que + subjuntivo se utiliza a menudo para deseos rituales en situaciones estereotipadas.
- ¡*Que aproveche*! (Antes de empezar a comer).
- ¡*Que* lo *pases* bien! (Cuando alguien se va a una actividad de ocio o de placer).
- ¡*Que* no nos *pase* nada! (Cuando estamos en una situación peligrosa).

▸ Los verbos que afirman o niegan la realidad de una información, y también los que expresan opiniones, van seguidos de **indicativo** en la oración subordinada.
- *Es evidente* que su declaración **es** cierta.
- *Está claro* que **dice** la verdad.
- *Creo* que los animales **pueden** pensar y sentir.
- *Dicen* que algo **va a cambiar**.
- *Estoy convencido de* que **aprobará** el examen.
- *Pensamos* que **estáis** equivocados.

Atención

No hay que confundir las oraciones que expresan una opinión con las que expresan una valoración subjetiva.
- *Me parece* que a Pedro le **alegra** la noticia.
 (Opinión: indicativo en la subordinada).
- *Me parece bien* que Pedro **se alegre** por la noticia.
 (Valoración: subjuntivo en la subordinada).

▸ En cambio, cuando en la oración principal dudamos o cuestionamos una información, en la subordinada utilizamos el **subjuntivo**.
- *No está claro* que **diga** la verdad.
- *No creo* que los animales **puedan** pensar ni sentir.
- *No digo* que la situación **vaya** a cambiar.
- *Dudo* que **apruebe** el examen.

SUBORDINADAS ADJETIVAS O DE RELATIVO

▸ En otros casos, la relación que la subordinada tiene con la principal equivale a la de un adjetivo, ya que expresa una característica o cualidad del nombre al que acompaña. Por ese motivo, esas oraciones se llaman subordinadas adjetivas o de relativo (van introducidas por un pronombre relativo como **que**, **el cual**, **quien**, **donde**, etc.).
- Me encanta el libro nuevo.
- Me encanta el libro *que me has comprado*. (Oración subordinada adjetiva).

▸ El pronombre relativo **que** puede referirse a personas, animales o cosas, y desempeñar diversas funciones en la oración.
- *Conozco a una chica* **que** *sabe mucho del tema*.
 (El relativo se refiere al sujeto de la subordinada: la chica sabe mucho del tema).
- ¡*Mira el ordenador* **que** *me compré*!
 (El relativo se refiere al objeto directo de la subordinada: yo me compré el ordenador).

Atención

Si el complemento al que se refiere el relativo **que** debe llevar preposición, el relativo también la lleva. Y el artículo que va situado entre la preposición y el pronombre **que** concuerda en género y número con el nombre al que se refiere.

▮ Oración principal   ▮ Oración subordinada

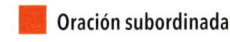

Más gramática

- *Esta es la pistola **con la que** se cometió el crimen.*
   (El relativo se refiere al complemento circunstancial:
   el crimen se cometió con la pistola).
- *¿Conoces al profesor **al que** le hice la traducción?*
   (El relativo se refiere al complemento indirecto de la subordinada:
   yo le hice la traducción al profesor).

▸ En las subordinadas de relativo, el pronombre **quien** solo puede referirse a personas. Equivale a artículo + **que**.
- *Te escribiré aquí el nombre de la persona **a quien** debes ver.*
   (= Te escribiré aquí el nombre de la persona a la que debes ver).
- *La directora no dijo el nombre del actor **con quien** rodará su versión del Quijote.*
   (= La directora no dijo el nombre del actor con quien rodará su versión del Quijote).

▸ En las oraciones de relativo, **donde** se refiere a lugares.
- *Esta es la casa **donde** nació Lucas.* (=Esta es la casa en la que nació Lucas).
- *Este es el lugar **por donde** entró el ladrón.* (= Este es el lugar por el que entró el ladrón).

Atención

Quien/es y **el / la / los / las que** pueden aparecer sin antecedente, como sujeto en oraciones de sentido generalizador.
- ***Quien** conteste a la pregunta recibirá un premio.*
- ***Los que** no estén de acuerdo, que se vayan.*

Indicativo y subjuntivo en las oraciones de relativo

▸ En las subordinadas adjetivas o de relativo, usamos el indicativo para señalar que la entidad de la que hablamos (persona, animal o cosa) existe realmente y está identificada.
- *Mis primos tienen un vecino **que** toca la trompeta por las noches.*
- *Es un país **donde** las mujeres no tienen derecho a votar.*
- *Es una persona **que** ha hecho muchas cosas por su pueblo.*
- *Tiene un secretario **que** habla cinco idiomas.*

▸ En cambio, si desconocemos la existencia o la identidad concreta de la persona, animal o cosa, la subordinada va en subjuntivo.
- *No conozco a nadie **que** toque la trompeta por las noches.*
- *¿Hay algún país **en el que** las mujeres aún no tengan derecho a votar?*
- *Necesita un ayudante **que** hable cinco idiomas.*

▸ El uso de algunas palabras y expresiones en la oración principal suele ir unido al uso del subjuntivo en la oración subordinada de relativo.

- Los verbos como **necesitar**, **buscar**, **desear** y **querer**, cuando se refieren a cosas no específicas que solo podremos conseguir en el futuro.
   - ***Necesito** una intérprete **que** me acompañe a la reunión de mañana.*

- La negación (**no**, **nadie**, **nada**), cuando dejamos abierta la posibilidad de que exista (o no) aquello de lo que se habla.
   - ***Nadie que** lo conozca diría eso de él.*

- Los cuantificadores indefinidos (**alguien**, **algo**, **alguna cosa**), en frases interrogativas, cuando dejamos abierta la posibilidad de que exista (o no) aquello de lo que se habla.
   - *¿Hay **alguien que** quiera un café?*

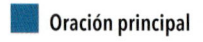

| ■ Oración principal | ■ Oración subordinada |

SUBORDINADAS ADVERBIALES

▸ Además de las subordinadas sustantivas y las de relativo, existen también estructuras subordinadas que expresan nociones como tiempo, condición, causa, consecuencia, finalidad o concesión. En estas estructuras, la oración subordinada va unida a la principal por medio de una conjunción (por ejemplo: **cuando**, **si**, **como**, **porque**, **por eso**, **para que**, **aunque**). Todos estos tipos de construcciones se denominan oraciones subordinadas adverbiales.
- *Cuando pueda hablar con él, le daré la información.* (Subordinada adverbial temporal).
- *Si bebes, no conduzcas.* (Subordinada adverbial condicional).
- *Como no le gustó la idea, decidió no venir.* (Subordinada adverbial causal).
- *No le gustaba la idea y por eso no vino.* (Subordinada adverbial consecutiva).
- *Te lo digo para que estés bien informada.* (Subordinada adverbial final).
- *Aunque no le gustaba la idea, no lo dijo.* (Subordinada adverbial concesiva).

Indicativo y subjuntivo con **cuando** en oraciones subordinadas temporales

▸ Las subordinadas adverbiales introducidas por **cuando** unen acciones simultáneas o consecutivas en el presente, en el pasado o en el futuro cronológicos. Estas subordinadas van en subjuntivo si se refieren al futuro, y van en indicativo si se refieren al presente o al pasado.
- *Ayer, cuando llegó, se fue a la cama.*
  (Referencia al pasado: indicativo).
- *Después del entrenamiento, cuando llegaba, se iba siempre a la cama.*
  (Referencia al pasado: indicativo).
- *Está muy cansada y por eso, cuando llega, se va siempre a la cama.*
  (Referencia al presente: indicativo).
- *No me encuentro bien. Cuando llegue a casa, me iré a la cama.* ~~Cuando llegaré~~*, me iré a la cama.*
  (Referencia al futuro: subjuntivo).

> **Atención**
> En las preguntas referidas a situaciones futuras, detrás del interrogativo **cuándo** debe aparecer el futuro simple.
> - *¿Cuándo volverás?*
> ○ *Cuando termine.*

■ Oración principal   ■ Oración subordinada

DISCURSO REFERIDO

▸ El discurso referido, también llamado estilo indirecto, es la transmisión de las palabras dichas por otras personas o por nosotros/as mismos/as.
- *Tengo mucho sueño.*
○ *Perdona, ¿qué has dicho?*
- ***Que** tengo mucho sueño.*

- (hoy por la mañana, en clase) *Mañana iré a tu casa para llevarte tus libros.*
  → (ese mismo día, por la tarde, en casa) *Me ha dicho que mañana vendrá a traerme mis libros.*

- *Llámame el jueves por la mañana.*
  → *Me ha dicho que lo llame el jueves por la mañana.*

▸ Si lo que referimos indirectamente es una pregunta, utilizamos la partícula interrogativa.
- *¿**Dónde** estudias alemán?*
  → *Me preguntó **dónde** estudio alemán.*

Más gramática

▸ Pero cuando se trata de una pregunta de respuesta cerrada (**sí** / **no**), la introducimos con **si** en el estilo indirecto.
- *¿Tienes la dirección de Analía?*
  → *Me preguntó **si** tenía la dirección de Analía.*

▸ Lógicamente, al cambiar las coordenadas espacio-temporales, es decir, la situación en la que se habla, se producen muchos cambios: desaparecen elementos, cambian las palabras con marca de persona (como los posesivos y los pronombres), se modifican las referencias temporales y los tiempos verbales, etc.

	LE DIJO QUE…
*"Llega **hoy**".*	*llegaba **ese / aquel día**.*
*"Llega **mañana**".*	*llegaba **al día siguiente**.*
*"Llega **esta tarde**."*	*llegaba **esa / aquella tarde**.*
*"Llega **dentro de** tres días".*	*llegaba **al cabo de** tres días.*
*"Puedes quedarte **aquí**". (en Cuenca)*	*se podía quedar **allí**. (si el que habla no está en Cuenca)*
*"¿Has probado **esto**?".*	*si había probado **eso**.*
*"María **vendrá** a Madrid".*	*María **iría** a Madrid. (el que habla no está en Madrid)*
*"¿Puedes **traer** los periódicos a casa?".*	*si podía **llevar** los periódicos a casa. (si el que habla no está en casa)*
*"**Mi** hermana se llama Alejandra".*	***su** hermana se llama Alejandra.*

PRESENTE	PRETÉRITO IMPERFECTO
"Trabajas demasiado.".	*Le dijo que trabajaba demasiado.*
PRETÉRITO PERFECTO	**PRETÉRITO PLUSCUAMPERFECTO**
"¿Has comido ya?".	*Le preguntó si había comido ya.*
PRETÉRITO INDEFINIDO	**PRETÉRITO PLUSCUAMPERFECTO**
"¿Al final fuiste ayer al cine?".	*Le preguntó si había ido al cine.*
PRETÉRITO IMPERFECTO	**PRETÉRITO IMPERFECTO**
"Antes mis padres vivían en Londres".	*Le contó que antes sus padres vivían en Londres.*
FUTURO SIMPLE	**CONDICIONAL SIMPLE**
"Este año no iremos de vacaciones al extranjero".	*Le comentó que ese año no irían de vacaciones al extranjero.*

El lunes a las 14 h:	El día siguiente a las 10 h:
• Alba: *Ahora estoy comiendo.*	• *Alba **me dijo que** estaba comiendo en aquel momento. (Ya no está comiendo).*
El lunes a las 14 h:	El día siguiente a las 10 h:
• Ramón: *Estudio chino.*	• *Ramón **me dijo que** estudia chino. (Todavía estudia chino).*

▸ El verbo más frecuente para introducir el discurso indirecto es **decir.** Sin embargo, disponemos de muchos otros verbos.

comentar	preguntar	afirmar	proponer	recordar
contar	pedir	negar	recomendar	invitar
explicar	repetir	sugerir	ordenar	

▸ Al transmitir mensajes en estilo indirecto, no solemos prestar atención a las palabras exactas, sino al sentido. Por eso es muy frecuente resumir los contenidos y sustituir partes de las frases por verbos que expresan la intención con que fueron pronunciadas. Hay verbos que por sí solos bastan para resumir toda una frase o un mensaje completo: **agradecer**, **alegrarse**, **despedirse**, **disculparse**, **felicitar**, **protestar**, **saludar**, etc.

- *¡Hombre, Paco! ¡Cuánto tiempo sin verte! ¡Qué alegría! ¿Cómo estás? ¿Y la familia?*
  → *Me he encontrado a Paco en la calle y me **ha saludado**.*

EXPRESIÓN DE LA CONJETURA

▸ Existen varios recursos para hacer suposiciones.
- **suponer que** + indicativo
- **quizás / tal vez** + indicativo / subjuntivo
- **a lo mejor / igual** + indicativo
- **es probable que / es posible que / puede (ser) que** + subjuntivo
- **lo más seguro es que / lo más posible es que** + subjuntivo
- **seguramente / probablemente / posiblemente** + indicativo / subjuntivo
- **seguro que / estoy seguro/a de que** + indicativo

▸ También podemos utilizar el futuro simple para hacer suposiciones sobre el futuro o sobre el presente, y el futuro compuesto para hacer suposiciones sobre el pasado.

- *¿Sabes dónde está Pablo? No lo he visto en todo el día.*
- ○ ***Estará trabajando**, como siempre.*
  (= Supongo que está trabajando).

- *Ricardo tiene la cara muy roja, ¿no?*
- ○ *Sí, es verdad. Creo que le gusta mucho tomar el sol en la playa.*
  ***Se habrá quemado**, ¿no?*
  (=Supongo que se ha quemado).

- *Qué raro que la profesora llegue tarde. **Estará enferma**, ¿no?*
- ○ *O **se habrá dormido**.*

AULA PLUS 4

AUTORES/AS **Jaime Corpas, Agustín Garmendia, Carmen Soriano**

REVISIÓN Y ASESORÍA GRAMATICAL **José Amenós**

REVISIÓN Y ASESORÍA DE *MÁS EJERCICIOS* **Ana Martínez Lara, Arancha Pastor**

COORDINACIÓN PEDAGÓGICA **Neus Sans**

COORDINACIÓN EDITORIAL Y REDACCIÓN **Agnès Berja, Pablo Garrido, Núria Murillo**

DISEÑO DE CUBIERTA **Laurianne López**

DISEÑO DE INTERIOR **Laurianne López, Pablo Garrido**

MAQUETACIÓN **David Caramés, estudio Moon, Miner Grillo, Pablo Garrido, Aleix Tormo**

CORRECCIÓN **Pablo Sánchez**

ASESORES/AS DE LA NUEVA EDICIÓN

José Amenós (Universidad Complutense de Madrid), Dori Noguera (EF Málaga), José Luis Cavanillas (CLIC International House, Sevilla), Alicia Cisneros (Estudio Sampere, Madrid), Carmelo Fernández Loya (Luiss Guido Carli University, Roma), Ivonne Lerner (Instituto Cervantes de Tel Aviv), Gemma Linares (Universität Tübingen), Yolanda López (Instituto Cervantes de Nueva Delhi), Silvia López y Juan Francisco Urban (Instituto Cervantes de Tokio), Ana Martínez Lara (Centro de Lenguas de la Universidad Politécnica de Madrid), Marta Mas (www.martamas.com), Miriam Navarro (Instituto Cervantes de Nueva Delhi), Pedro Navarro (Instituto Cervantes de Nueva Delhi), Marina Rabadán (University of Liverpool), Julián Vera (Instituto Cervantes de Nueva Delhi)

© Los autores y Difusión, S.L. Barcelona 2021
Reimpresión: mayo 2022
ISBN: 978-84-18625-00-8
ISBN edición híbrida: 978-84-19236-20-3
Impreso en la UE

Queda prohibida cualquier forma de reproducción, distribución, comunicación pública y transformación de esta obra sin contar con la autorización de los titulares de la propiedad intelectual. La infracción de los derechos mencionados puede ser constitutiva de delito contra la propiedad intelectual (arts.270 y ss. Código Penal).

difusión
Centro de Investigación y Publicaciones de Idiomas, S.L.

C/ Trafalgar, 10, entlo. 1ª
08010 Barcelona
Tel. (+34) 93 268 03 00
Fax (+34) 93 310 33 40
editorial@difusion.com

FSC MIXTO
Papel procedente de fuentes responsables
www.fsc.org
FSC® C125125

www.difusion.com

ILUSTRACIONES
Núria Frago (pág. 49) Alejandro Milà (págs. 54, 57, 64, 112, 113, 139, 142, 149, 153); Daniel Jiménez (págs. 58, 71); Ernesto Rodríguez (págs. 14, 47, 52, 53, 144, 181, 182, 183, 184, 185, 187, 189, 190, 191, 192, 193, 194, 195, 197, 198, 201, 203, 205); Roger Zanni (págs. 98, 126, 169)

FOTOGRAFÍAS E IMÁGENES
unidad 1: págs 10-11 Flaticon, pág. 12 Celina Bordino, pág. 15 lisegagne/iStock, pág. 16 visualspace/iStock, FG Trade/iStock, NADOFOTOS/iStock, fizkes/iStock, pág. 17 Cristian Castellana, pág. 20 solidcolours/iStock, pág. 21 Mariana Ferrari, pág. 22 Flaticon, pág. 23 Consejo Superior de Deportes; **unidad 2:** pág. 24 fightbegin/iStock, EdStock/Istockphoto, Pacific Press Media Production Corp./Alamy; pág. 25 Patrik Forsberg/Alamy; pág. 26 FotoPulp/Alamy; pág. 27 blueskybcn/Istockphoto, Benedicte Desrus/Alamy, pedrorufo/iStock; pág. 28 Tane4kaChe/iStock, Picnote/iStock, Alex/iStock, ilbusca/iStock, Lucapbl/Dreamstime, themacx/iStock; pág. 29 jacoblund/iStock, malerapaso/iStock; pág. 30 FG Trade/iStock, SDI Productions/iStock, ajr_images/iStock, xavierarnau/iStock, ajr_images/iStock, Capuski/iStock; pág. 31 Alberto Loyo/Photaki, Ian Canham/Alamy; pág. 32 v-graphix/iStock, cnythzl/iStock, TukTuk Design/iStock, appleuzr/iStock, appleuzr/iStock, panimoni/iStock, dutchicon/iStock, bubaone/iStock; pág. 34 denkcreative/iStock, Sonya_illustration/iStock, Iraida_Bearlala/iStock, Avector/iStock; pág. 35 slobo/iStock, JohnnyGreig/iStock, Highwaystarz-Photography/iStock, amoklv/iStock; pág. 36 Pepe Colsa/Photaki; pág. 37 © Defensoría del Pueblo de Perú; **unidad 3:** pág. 38 Kunal Shinde/Unsplash, Vinicius Löw/Unsplash, Jorge Gardner/Unsplash, FrankvandenBergh/iStock; pág. 39 DC_Colombia/iStock, PolacoStudios/iStock; pág. 40 Minnystock/Dreamstime, Slava296/Dreamstime; pág. 41 Jeanne Emmel/Dreamstime, Artem Bolshakov/Dreamstime, mangojuicy/Dreamstime, Elisa Izco/Dreamstime, stocknshares/Dreamstime, Tuulijumala/Dreamstime; pág. 42 Anchiy/iStock, Goodboy Picture Company/iStock, Phillip Gray/Ddreamstime, Eva Blanco/iStock, Catalina Zaharescu Tiensuu/Dreamstime; pág. 45 martin-dm/iStock; 115 Terraxplorer/iStock, Andrea La Corte/Dreamstime, IRYNA KURILOVYCH/iStock, MaRabelo/iStock; pág. 48 Co Rentmeester/Getty Images, Jesada Wongsa/Dreamstime; pág. 50 Dmitry Pichugin/Dreamstime, bymuratdeniz/Dreamstime, G0r3cki/Dreamstime, deepblue4you/iStock, pkazmierczak/iStock; pág. 51 © Mariel Galán (Mariel de Viaje); **unidad 4:** pág. 56 undefined undefined/iStock, kool99/iStock, fizkes/iStock, Juanmonino/iStock, skynesher/iStock, CiydemImages/iStock, JohnnyGreig/iStock, AaronAmat/iStock, lukas_zb/iStock; pág. 59 PeopleImages/iStock; pág. 62 MangoStar_Studio/iStock; pág. 63 fizkes/iStock, CareyHope/iStock, amoklv/iStock, Veronchick84/Dreamstime, Pablo Hidalgo/Dreamstime, JackF/iStock, D-Keine/iStock, Katarzyna Bialasiewicz/Dreamstime; pág. 64 fizkes/iStock; 65 © Jeronimo Freixas; **unidad 5:** págs. 66-67 Martín Azúa; pág. 68 Mauricio Graiki/Alamy, Dio5050/Dreamstime, Africa Studio/Fotolia, gavran333/Fotolia, EuToch/Istockphoto, gawriloff/Fotolia; pág. 69 Restaurante El Chapulín (@chapulinrest), Lindsay Lauckner Gundlock/Alamy; pág. 70 hatman12/iStock, DykyoStudio/iStock, GalapagosFrame/iStock, Matusciac/Dreamstime; pág. 72 John Parra/Getty, Newscom/Alamy, Joe Buglewicz/Getty; pág. 73 bombuscreative/iStock, Dean Mitchell/iStock, Kiosea39/Dreamstime, allou/iStock, Ed-Ni-Photo/iStock, Celina Bordino; pág. 74 arsenisspyros/iStock, Omm-on-tour/iStock, PamWalker68/iStock, homydesign/iStock; pág. 75 Doug Peters/Alamy; pág. 76 fpdress/iStock; Chekman/Dreamstime; pág. 77 Puhhha/Dreamstime, Yap Kee Chan/Dreamstime; pág. 78 Hugh Threlfall/Alamy, Karsten Eggert/Alamy; pág. 79 © Tendenciastv; **unidad 6:** pág. 80 william87/Fotolia, youngvet/iStock, Elenabsl/Dreamstime; pág. 81 Alexthq/iStock, Olha Klochko/Dreamstime; pág. 82 fcafotodigital/iStock, SOPA Images/Getty Images; pág. 84 Simone Obrien/Dreamstime; pág. 85 Arena73_Fotografie/iStock, TomFreeze/iStock, JAVIER LARRAONDO/iStock; pág. 86 Celina Bordino; pág. 87 Panuwat Dangsungnoen/iStock; pág. 88 LUHUANFENG/iStock, Agustin Vai/iStock, devilmaya/Alamy, gedzun/iStock, Liudmyla Liudmyla/iStock, Thammasak_Chuenchom/iStock; pág. 91 Lush/Dreamstime, Anton Starikov/Dreamstime, Krisana Antharith/Dreamstime, WestLight/Dreamstime, studiomode/Alamy, Zts/Dreamstime, Empire331/Dreamstime, Pelfophoto/Dreamstime, Boroda/Dreamstime, kickstand/iStock; pág. 92 Margie Adamson/Dreamstime, B.O'Kane/Alamy, EyeEm/Alamy, Pascal Saez/VWPics/Alamy, Ken Welsh/Alamy, Steve Estvanik/Dreamstime; pág. 93 © Asociación Creadores de Moda de España (ACME); **unidad 7:** pág. 94 MADDRAT/iStock, Andrew Ostrovsky/Photaki, Fernando Gregory/Dreamstime; pág. 96 Pablo Hidalgo/Dreamstime, DanielPrudek/iStock, Lindrik/iStock; pág. 100 Bowie15/Dreamstime; pág. 101 LuisPortugal/iStock; pág. 104 Lightfieldstudiosprod/Dreamstime, Alberto Jorrin Rodriguez/Dreamstime, Pictorial Press Ltd/Alamy; pág. 105 amir-babaei/Unsplash, Max Ilienerwise/Unsplash, Brooke Cagle/Unsplash, Jeffrey Keenan/Unsplash; pág. 106 Anastasiia-Ku/iStock, MaryLB/iStock, marrishuanna/iStock; pág. 107 © Esaú Dharma y Mar Delgado; **unidad 8:** págs. 108-109 elenabs/iStock, pág. 110 Padylla, Forges, Elkoko; pág. 111 eurobanks/iStock, Juanmonino/iStock, p. 114 Prostock-Studio/iStock, p. 119 Instituto Europeo de Inteligencias Eficientes, p. 121 Guido Simonetti (*Acqua*)
MÁS EJERCICIOS unidad 2: pág. 130 FotoPulp/Alamy; pág. 131 Banphote Kamolsanei/iStock; pág. 133 smorrish/iStock; **unidad 3:** pág. 143 FLHC3/Alamy, Science History Images/Alamy, Niday Picture Library/Alamy, GL Archive/Alamy; **unidad 4:** pág. 146 Dmytro Konstantynov/iStock; pág. 147 SolStock/iStock; pág. 148 MangoStar_Studio/iStock; **unidad 5:** pág. 151 JORDI CAMÍ/Alamy, nico martinez/Alamy; pág. 152 Mira / Alamy, venakr/iStock, Heritage Image Partnership Ltd / Alamy Stock Photo; pág. 155 ibphoto/Fotolia, Nolight/Fotolia, kornienko/Fotolia, Turnervisual/iStock, creativesunday2016/iStock; **unidad 6:** pág. 158 slandstock/Alamy, ALEKSEI BEZRUKOV/iStock; pág. 161 Kateryna Kukota/iStock